"十四五"职业教育国家规划教材

适老活动策划与组织

主　编　付　健　菅亚珏　屠其雷
副主编　吴彦云　李　娜　阮　利
参　编　刘园园　朱连蕊　王振杰
　　　　雷珊珊　张　蕾　岳　迪
　　　　秦金月　周巧群

北京理工大学出版社
BEIJING INSTITUTE OF TECHNOLOGY PRESS

版权专有 侵权必究

图书在版编目（CIP）数据

适老活动策划与组织 / 付健，菅亚珏，屠其雷主编. -- 北京：北京理工大学出版社，2021.10
ISBN 978-7-5763-0716-0

Ⅰ.①适… Ⅱ.①付… ②菅… ③屠… Ⅲ.①老年人－活动－组织管理学－教材 Ⅳ.① C936

中国版本图书馆 CIP 数据核字 (2021) 第 243397 号

出版发行 /	北京理工大学出版社有限责任公司
社　　址 /	北京市海淀区中关村南大街 5 号
邮　　编 /	100081
电　　话 /	（010）68914775（总编室）
	（010）82562903（教材售后服务热线）
	（010）68944723（其他图书服务热线）
网　　址 /	http://www.bitpress.com.cn
经　　销 /	全国各地新华书店
印　　刷 /	定州市新华印刷有限公司
开　　本 /	787 毫米 × 1092 毫米　1/16
印　　张 /	16
字　　数 /	384 千字
版　　次 /	2021 年 10 月第 1 版　2021 年 10 月第 1 次印刷
定　　价 /	45.00 元

责任编辑 / 孟祥雪
文案编辑 / 杜　枝
责任校对 / 刘亚男
责任印制 / 边心超

图书出现印装质量问题，请拨打售后服务热线，本社负责调换

前　言

本书适用于智慧健康养老服务与管理专业核心课程教学,以掌握适老活动服务对象的特征并认识适老化活动内涵为基础,来培养养老从业人员适老活动策划与组织的综合技能,使其具备在养老机构管家岗、社工岗以及一线管理岗位上合理安排适老活动的能力,大力提升他们的职业认同感和成就感。

本书根据机构、社区及居家养老岗位中活动管家及社工岗位特点和工作流程设计,对内容进行了项目化梳理,以"老年健康促进需求"为主线,以典型工作任务为载体,在参考了国际适老活动理论及实践的基础上,将教学内容分解为上篇(基础篇):认识老年人、认识老年活动、认识老年活动策划与组织3个教学项目,下篇(实践篇):体适能类活动策划与组织、心灵调试类活动策划与组织、教育发展类活动策划与组织、社区参与类活动策划与组织4个实践项目,共有31个教学任务(包括子任务),以更好地贴近养老服务实际需求、对接活动管家及社工类岗位的工作。

本书由天津城市职业学院付健、菅亚珏和北京社会管理学院屠其雷担任主编并进行总审校。天津城市职业学院吴彦云、李娜、阮利任副主编。项目一至三由天津城市职业学院的吴彦云、李娜、阮利共同编写。项目四由付健、菅亚珏和北京乐活堂养老服务促进中心的岳迪、秦金月编写。项目五由天津城市职业学院的雷珊珊、吴彦云、菅亚珏、周巧群编写。项目六由屠其雷和天津城市职业学院的王振杰、刘园园编写。项目七由天津城市职业学院朱连蕊和天津仁怀社会工作服务中心张蕾编写。本书既可作为高职高专老年服务类的课程教材,也可以作为老年服务行业的社会培训教材,还可供相关爱好者学习参考。另外,还要感谢北京社会管理学院、北京市科学技术研究院、北京乐活堂养老服务促进中心、天津仁怀社会工作服务中心各位专家的大力支持。

本教材按照二十大精神进教材的具体要求，结合"十四五"国家老龄事业发展和养老服务体系规划，将二十大报告所强调的"实施积极应对人口老龄化国家战略，发展养老事业和养老产业"及"推进健康中国建设"等相关政策要点与教材内容充分融合，并将为老服务使命感、乐于奉献的价值追求以及孝老爱老、吃苦耐劳等职业素养、精益求精的工匠精神、劳模精神等有机融入教材。

由于时间仓促，而且编者水平有限，书中难免存在疏漏之处，恳请各位读者批评指正。

编　者

目 录

上篇　基础篇

项目一　认识老年人 ……………………………………………………… 3
　　任务一　认识老年人的生理特征 ……………………………………… 4
　　任务二　认识老年人的心理特征 ……………………………………… 9
　　任务三　认识老年人的社会特征 ……………………………………… 15

项目二　认识老年活动 …………………………………………………… 20
　　任务一　认识老年活动开展的社会背景 ……………………………… 21
　　任务二　熟悉老年活动的相关理论 …………………………………… 25
　　任务三　掌握老年活动的内涵和作用 ………………………………… 29
　　任务四　理解开展老年活动的伦理原则 ……………………………… 33

项目三　认识老年活动策划与组织 ……………………………………… 35
　　任务一　了解老年活动策划的基本程序 ……………………………… 36
　　任务二　老年活动需求调研 …………………………………………… 38
　　任务三　老年活动策划书撰写 ………………………………………… 42
　　任务四　老年活动组织与实施 ………………………………………… 47
　　任务五　老年活动总结与评估 ………………………………………… 55

下篇　实践篇

项目四　体适能类活动策划与组织 ········· **63**
　　任务一　认识体适能活动 ········· 64
　　任务二　体适能活动测试 ········· 70
　　任务三　热身运动 ········· 77
　　任务四　辅具类的体适能活动 ········· 80

项目五　心灵调试类活动策划与组织 ········· **104**
　　任务一　艺术辅疗活动策划与组织 ········· 105
　　任务二　园艺辅疗活动策划与组织 ········· 119
　　任务三　怀旧辅疗活动策划与组织 ········· 131
　　任务四　戏剧辅疗活动策划与组织 ········· 142

项目六　教育发展类活动策划与组织 ········· **162**
　　任务一　健康教育活动策划与组织 ········· 163
　　任务二　传统文化教育活动策划与组织 ········· 178
　　任务三　新媒体运用教育活动策划与组织 ········· 196

项目七　社区参与类活动策划与组织 ········· **214**
　　任务一　文化娱乐活动策划与组织 ········· 215
　　任务二　社区治理类活动策划与组织 ········· 234
　　任务三　老年志愿服务活动策划与组织 ········· 238

参考文献 ········· **250**

上篇
基础篇

项目一　认识老年人

【项目概览】

当前，中国正在进入老龄化社会，国家统计局数据显示，截至2022年底，全国60岁及以上老年人口达2.8亿，占总人口的19.8%，特别是"十四五"时期，我国将从轻度老龄化进入到中度老龄化。党的二十大报告指出，"实施积极应对人口老龄化国家战略"。积极老龄化作为应对人口老龄化的一项重要规划，提出要最大限度地提高老年人"健康、参与、保障"的水平。老年人活动是践行积极老龄化的重要举措，对促进老年人融入社会、参与社会活动意义重大。开展老年人活动，首先应该了解老年人的群体特征。本项目主要从生理、心理及社会三个层面来介绍老年人的群体特征，从而为策划与组织老年人活动以及更好地服务老年人群体奠定基础。

【项目目标】

知识目标

（1）了解老年人的生理特征及常见的生理性疾病；
（2）了解老年人的心理特征及常见的心理问题；
（3）了解老年人的社会特征及常见的社会非适应性问题；
（4）了解老年人生理特征、心理特征及社会特征之间的关联。

技能目标

（1）能够系统掌握老年人生理、心理、社会特征和身心发展规律；
（2）能够对老年人的身心状况进行初步评估；
（3）能够根据老年人的身心状况做好初步的活动内容规划。

素质目标

（1）讲求科学精神，以科学客观的态度看待和分析老年人的身心特点与发展规律；
（2）具备同理心和仁爱心，做到以人为本，能够对老年人给予充分的理解；
（3）具备精益求精的工匠精神，全面系统掌握老年人身心特点的同时注重个性化差异。

作为生命周期最后的重要阶段,老年期是个体在各个生命阶段地位和状况的积淀与反映。人们对老年期的看法不一,在众多标准中,日历年龄无疑是最具操作性的关键标准之一。按照这一标准,世界卫生组织把60周岁以上的人定义为老年人。随着医疗水平的提高,人均寿命普遍延长,老年期的跨度变得更宽,这使老年群体在生理、心理和社会系统等方面表现出更为多样性、个体化的特征,但从总体上来看,处于这一阶段的老年人在生理和心理方面的老化以及在社会功能和社会角色方面的退化仍然具有普遍性特征。因此,对这一阶段老年人群体特征的了解是老年活动工作者为他们提供服务的前提和基础。

任务一 认识老年人的生理特征

情境导入

王奶奶今年69岁,是一位退休教师,老伴早年去世。刚退休时,王奶奶的身体很健康,经常参加社区活动,讲究卫生整洁,爱收拾屋子。最近,王奶奶的家人发现她经常手上抓着钥匙却四处寻找钥匙,东西也经常随处乱放;把电视机遥控器放在冰箱里,下楼忘记关煤气;做的饭要么太咸,要么没味道;和她说话时要很大声她才可以听到,于是家人有点不太适应王奶奶现在的样子。

问题讨论

1. 案例中王奶奶都存在哪些方面的问题?
2. 王奶奶的表现体现出老年人的哪些典型生理特征?

【知识导学】

个体进入老年期之后最典型的特征就是"老",而人的老化首先表现在生理方面,这种生理特征的变化不仅体现在老年人的外观形态上,而且反映在人体内部的细胞、组织和器官以及身体功能系统的变化上。

一、老年人的身体形态变化

随着年龄的增长,老年人在身体形态特征方面表现出不同于其他生命阶段的显著特征,主要包括细胞的变化、组织和器官的变化以及整体外观的变化。

(一) 细胞的变化

这一变化是人体衰老的基础,主要表现为细胞数的逐步减少。人体细胞大约有60万亿个,通常每秒就会死亡50万个,同时再生50万个。如此反复两年,人体的细胞差不多更换一新。随着年龄的增长，老年人再生细胞数愈来愈少，死亡数则愈来愈多，最终导致细胞整体数量下降。根据日本学者的长期研究显示，细胞数目的下降是导致衰老的主要原因。据研究测定，男性在40岁以后、女性在20岁以后细胞数就开始缓慢减少，不论男女，70岁以后细胞数更是急剧下降。除此以外，还会发生细胞分裂、细胞生长及组织恢复能力降低、细胞萎缩等现象。

（二）组织和器官的变化

由于内脏器官和组织的细胞数减少，脏器会随之发生萎缩，而且重量减轻。据估计，70岁老年人的肺、肾、脑和肌肉的细胞数相当于20岁人的60%左右，70岁老年人的脾脏和淋巴结的重量减为40岁左右人的50%。器官在长期活动中的消耗和劳损也发生了功能衰退。例如，心脏每时每刻都在不停地跳动，日久天长，就会使弹性减弱，使心肌发生萎缩，功能也不断衰退。

（三）整体外观的变化

随着年龄的增长，老年人的体态和外形也逐渐发生变化，具体表现在以下几个方面。

1. 头发

老年人头发变白是一种明显特征，因皮下血管发生营养不良性改变，毛发髓质和角质退化可发生毛发变细及脱发；黑色素合成障碍可出现毛发及胡须变白，少数人在30岁前头发已经发白，随着年岁日增，白发的数量不断增多，通常到60岁以后，人的头发都会变白。此外，很多老年人还会脱发甚至秃顶。

2. 皮肤

老年人随着年龄增长，皮肤变得粗糙，弹性减退，皮下脂肪含量减少，细胞内水分含量减少，从而导致皮肤松弛，褶皱加深，并出现老年性色素斑。

3. 身高

进入老年期后，老年人会出现弯腰驼背等体态特征，因此身高会逐渐变矮。据统计资料显示，与30岁时相比，男性90岁时的身高平均降低2.25%，而女性的身高平均降低2.5%。

4. 体重

老年人体重的变化因人而异，有些人随年龄增大而逐渐减轻，这是因为老年人细胞内的液体含量比年轻人减少30%~40%；但也有老年人体重逐渐增加，这是因为脂肪代谢功能减退导致脂肪沉积增加，尤其是更年期时内分泌功能发生退化以后更为显著。

5. 其他

肌肉松弛、牙齿松动脱落、语言缓慢、耳聋眼花、手指发抖、运动障碍等也是常见的老年人生理特征。

需要注意的是，上述这些变化在个体间也存在很大差异，与一个人的健康状况、生活方式、营养条件、精神状态和意外事件等因素都有密切关系，例如，"一夜白头"就是指人在遭受重大精神创伤后，头发在短期内急剧变白，皮肤皱纹增多，顿时显出老态。当然，头发的变白和脱落程度往往也和家族遗传有关。此外，患有慢性病的人也可能发生未老先衰的现象，这些与年龄无关的老化现象是一种病理现象，并非自然的生理现象。

二、老年人的生理功能特征

随着个体进入老年期，身体中的诸多系统也呈现出老年人特有的功能性特征。总体来说，个体的生理功能随着年龄的增长而发生的变化是有规律的，各个组织、器官都会出现一系列的功能性退化，并呈现出各自的特点，具体情况如下：

（一）心血管系统

心血管系统是由心脏和血管构成的循环系统。血液的流动一方面为人体提供所需要的氧气和营养物质；另一方面也将人体的代谢物运送至肾、肺和皮肤等器官排出体外，以维持体内环境的相对稳定及功能的正常发挥。

随着年龄的增长，心血管系统出现老化现象的第一个表现就是心脏机能下降。进入老年期后，心脏的心肌逐渐萎缩，心室变得肥厚而缺乏弹性，从而使心脏收缩功能减弱，心跳频率减慢，导致每次的输出血量减弱，心脏负荷增加，储备能力和适应能力下降，这些退行性变化又会进一步造成由于供血不足而影响其他器官功能的正常发挥。心血管系统老化的第二个表现是动脉硬化。动脉的弹性随着年龄的增长而降低，血管变得粗糙狭窄，导致血流阻力增加，血压升高，进而对肌体的主要器官——心、脑、肾供血不足，造成这些器官的功能性障碍。如果冠状动脉硬化，供给心肌血液不足时，就会引发冠心病，其主要表现是心绞痛、心律失常或心肌梗死等。因此，在老年群体中，心血管系统最常见的疾病就是冠心病、脑血管疾病及高血压。

（二）呼吸系统

呼吸系统是人体中专门负责与外界环境之间进行气体交换的系统，主要包括上呼吸道、下呼吸道、肺脏和参与呼吸运动的肌肉与骨骼。呼吸系统是人体最早衰退的系统。

进入老年阶段，一方面，老年人的肺泡总数逐渐减少，肺脏的柔软性和弹性减弱，膨胀和收缩能力减弱；另一方面，老年人出现骨质疏松，脊柱后凸，肋骨前凸，胸腔发生桶状变形，加上呼吸肌力量减弱，限制了肺的呼吸运动，造成通气不畅，肺活量下降。呼吸系统的老化使老年人容易发生肺气肿和呼吸道并发症，如老年支气管炎等。

（三）消化系统

消化系统由消化道及消化腺组成，主要包括口腔、食管、肠胃、唾液腺、胃腺、胰腺、肠腺和肝脏等。

进入老年期之后，人体牙龈萎缩，牙齿组织老化，容易造成松动和脱落，从而引起食物在口腔内咀嚼不充分，影响食物消化。同时，舌肌因老化而萎缩，运动功能减弱，食物在口腔内无法获得充分的搅拌。另外，口腔内唾液分泌量的减少，也会导致牙齿咀嚼食物能力的下降。食管的退化导致食物在食管内的蠕动幅度降低，而胃部消化酶分泌量的减少，容易造成消化不良。大肠和小肠的萎缩也造成了肠道对食物消化吸收功能的退行性变化，导致老年人便秘。消化系统的老化容易导致老年人罹患胃炎、便秘及大小便失禁等疾病。

（四）运动系统

运动系统包括肌肉、骨骼和关节。随着年龄增长，肌肉弹性降低，收缩力减弱，肌肉变得松弛，容易疲劳，因此老年人耐力减退，难以坚持长时间的运动；骨骼中无机盐含量增加，而钙含量减少，骨骼的弹性和韧性降低，脆性增加，故老年人易出现骨质疏松症，极易发生骨折；由于关节面上的软骨退化，还易出现骨质增生、关节炎等疾病。

（五）内分泌系统

内分泌系统包括脑垂体、甲状腺、肾上腺、性腺和胰岛等。老年人内分泌器官的重量随年龄的增加而降低。同时，内分泌腺体发生组织结构的改变，尤其是肾上腺素、甲状腺素、性腺素、胰岛素等激素分泌量减少后，可引起不同程度的内分泌系统紊乱。比较典型的如胰岛素分泌量的减少，容易导致老年人患糖尿病。同时，由于老年人内分泌机能下降，机体代谢活动减弱，生物转化过程减慢，解毒能力下降，机体免疫功能减退，更易患感染性疾病。

（六）泌尿和生殖系统

肾萎缩变小，血流量减少，肾小球滤过率及肾小管再吸收能力下降，导致肾功能衰退。再加上膀胱肌萎缩，括约肌松弛，老年人常有多尿现象。性激素的分泌自40岁以后逐渐降低，性功能减退。因此老年男性前列腺多有增生性改变，因前列腺肥大可致排尿发生困难。

（七）神经系统

神经系统包括中枢神经系统和周围神经系统。进入老年期后，人的大脑逐渐萎缩，脑重量减轻，神经细胞数量逐渐减少，导致老年人的神经传导功能衰退，对刺激的反应时间延长，大多数感觉减退、迟钝甚至消失。这些改变标志着老年人的脑力劳动能力减弱，只能从事节律较慢的活动和负荷较轻的工作。由于神经中枢机能衰退，脑血管硬化，脑血流阻力加大，氧及营养素的利用率下降，致使脑功能逐渐衰退并出现某些神经系统症状，老年人变得容易疲劳、睡眠欠佳、睡眠时间减少、记忆力减退、健忘、失眠，甚至产生某些精神症状。此外，由于脑功能失调而出现的智力衰退还可能引发阿尔茨海默病。

（八）感觉系统

感觉系统包括视觉、听觉、味觉、嗅觉、皮肤感觉等。老年人的感官功能随着年龄的增加会发生退行性变化，具体表现在以下几个方面：一是视觉上老年人均会出现不同程度的视力障碍，如远视，而且还易出现视野狭窄、对光亮度的辨别力下降以及老年性白内障等。二是听觉上老年人对声音的感受性和敏感性持续下降，表现出生理性的听力减退乃至耳聋。三是味觉上，由于舌面上味蕾数量的减少，使老年人味觉迟钝，常常感到饮食无味。四是鼻内感觉细胞逐渐减少，导致嗅觉变得不灵敏，而且对从鼻孔吸入的冷空气的加热能力减弱，因此老年人容易对冷空气过敏或容易患感冒。五是皮肤感觉上表现为老年人的触觉和对温度的感觉减弱，容易造成烫伤或冻伤，而且触觉也会变得相对迟钝，难以及时躲避伤害性刺激的危害。

三、老年期常见的生理性疾病及患病的体态特征

（一）老年期常见的生理性疾病

生理衰老是人类生命过程中不可避免的自然现象，在这一过程中，随着整个肌体在形态、结构与功能等方面的退行性变化，人身体的某些部位或器官很容易发生功能性的障碍，这些障碍如果得不到及时的排除或减缓，各种疾病就会随之而来。通常，我们把老年期容易出现的疾病统称为老年病，具体来说其可以分为以下三类：

一是老年人特有的疾病，即只有进入老年阶段才会患这样的疾病，如阿尔茨海默病、动脉硬化、老年性耳聋等。

二是老年人常见的疾病，这类疾病也有可能在中年期就发生，但在老年期表现得更为明显，如冠心病、高血压、糖尿病等。

三是人生的每个阶段都可能发生的疾病，但老年人的发病率和临床表现与青壮年有所区别。例如肺炎，虽然任何年龄段的人都可能患病，但老年人肺炎往往具有症状不典型、病情较严重的特点。

（二）老年期患病的总体特征

1. 患病多样性

由于老年人肌体各器官的退化，身体的抵抗力较差，很容易在老化的基础上患各种疾病，而且是多种疾病同时存在。据统计，老年人平均同时患4~6种疾病，有些人甚至超过6种。

2. 症状和特征的不典型性

由于老年人肌体形态的改变和功能的衰退，反应性减弱，对于疼痛和疾病的反应会变得不敏感，病症往往容易被忽略，因此要提高警惕，以免延误治疗。

3. 发病急而且快

老年人各器官功能衰退，应激能力及储备能力均减弱，因此发病后，病情可能迅速恶化，甚至很快死亡。

4. 容易引发并发症

由于老年人的免疫功能低，对外界微生物及其他刺激物的防御能力也弱，所以患病时容易出现并发症。

> **思考与讨论**
>
> 1. 随着年龄的增长，老年人在生理特征上是否都会出现退行性的变化？这种变化有差异吗？
> 2. 在策划与组织老年活动时，应考虑老年人的哪些生理特点？

实训案例

最近一段时间以来,李奶奶发现自己的记忆力越来越差,总是丢三落四的,比如出门忘记带钥匙,好几次都是让社区门卫给自己儿子打电话回来帮忙开门。现在为了避免给儿子添麻烦,她很少出门,就在家里给儿子做饭,最近儿子总感觉饭菜不合口,吃起来太咸了,可是她自己尝过之后,总感觉不够味,觉得儿子是以饭菜为借口,嫌弃自己了。晚上看电视的时候,儿子也说她开的音量太大,可是声音调小了,自己又听不清楚。想看书,但眼神不好;想跟儿子聊天,儿子总说工作太忙,回家还要工作。有时候为了避免打扰儿子,只好呆呆地坐着,有好几次在厨房烧水却忘记关火,差点酿成大祸。现在李奶奶感觉自己真是老了,不中用了,不用说照顾儿子,连自己的生活都快不能自理了。

1. 阅读以上案例,并分析以下问题:
(1)案例中,李奶奶都存在那些方面的变化和问题?
(2)你如何看待李奶奶生理特征的变化?
2. 以小组为单位,进行讨论。

任务二 认识老年人的心理特征

情境导入

陈大爷今年63岁,曾任某行政部门领导多年,在工作上勤勤恳恳,有极好的口碑。他三年前退休,现与老伴住在一起,儿女都在外地工作,一年难得回来几次。退休后他每天就是帮着老伴买菜做家务,时间长了,渐渐感到时间过得很慢。每天早上起床后感到没什么事可做,十分无聊,心里有一种说不出的失落感,常坐在那里叹气,闷闷不乐。老伴发现他不像以前那么开朗了,问他有什么烦心事他也不说,劝他去公园走走,他也不感兴趣。陈大爷表示不知道怎么安排生活,觉得自己是一块朽木了,老了,不中用了,最近饭量也变小了,身体也没有以前好了。

问题讨论

1. 退休后的陈大爷发生了哪些心理变化?
2. 你了解老年群体在心理方面呈现出不同于其他生命阶段的典型特征吗?

【知识导学】

生理上的衰老是个体进入老年期所面临的最为显著的变化，同时这些个体还必须面对心理上的老化。心理因素和生理因素往往是互相影响的，而且心理上的老化感使人加速生理衰退。个体进入老年期后，在心理方面也会呈现出不同于其他生命阶段独有的特征，更加关注老年人的心理特征并为他们提供有针对性的服务，有利于提高老年人的心理健康水平。

一、老年人认知活动特征

人的认知是心理活动产生发展的前提和基础。认知方面的变化是指老年人在智力、记忆力、学习能力和创造性思维方面发生的变化。随着年纪的增长，老年人的认知活动呈现出一系列的变化，具体表现在以下几个方面：

（一）智力的变化

智力是个人收集信息，对其加工处理，生成新的想法，并在日常生活中将其用于新的和熟悉的情境中的方式。人的智力分为晶态智力和液态智力两种。晶态智力主要是通过后天习得的，与知识、文化和日常生活经验的积累相关，包括调适能力、动机、常识、语言理解能力和社会认知能力等；液态智力包括记忆力、推理能力、计算能力和联想能力等，主要和神经的生理结构与功能相关，而与知识、文化背景的关系较小。

随着年纪增长，知识和经验逐渐积累，人们是否实际上变得更聪明了？还是像普通人认为的智力会发生全面的退行性变化呢？相关研究表明，人在进入老年期之后，液态智力会发生退化，而与晶态智力相关的分析能力、判断能力和思维能力等却随着年龄的增长有所提高。如果没有疾病，晶态智力直到快70岁的时候才会有缓慢的几乎觉察不到的下降。快到80岁的时候，这种下降更容易觉察到。当然，人的智力水平的提高与发挥是一个非常复杂的问题，文化、职业、营养、环境等诸多因素都会对其产生影响。

（二）记忆力的变化

记忆是人类心理功能的重要组成部分，是人们对于感知过、思考过、体验过或操作过的事物的印象，经过加工保存在大脑中，以后又在一定的条件下以再认、再现的方式表现出来的或者回忆起来的心理过程。在没有疾病的情况下，人脑的记忆能力是无限的，而人的思维记忆东西的过程却会随着机体的老化而有所改变。

1. 从记忆的过程来看

从记忆的过程来看，人的记忆分为初级记忆与次级记忆。初级记忆是人们对于刚刚看过或听过的，当时还在脑子里留有印象的事物的记忆。初级记忆随着人的年龄增长而减退，但这个过程较为缓慢，与年轻人此种记忆的差异并不明显。次级记忆是已经看过或听过了一段时间的事物，经过复述或其他方式加工编码，由短时储存转入长时储存，进入记忆仓库，需要时加以提取的记忆，这类记忆保持时间较长。老年人对信息加工的效率较低，速度较慢。因此，次级记忆随年老而衰退的程度明显多于初级记忆。大量实证研究表明，老年人对年轻时发生的事情往往记忆犹新，而对于最近发生的事情的记忆能力却较差，甚至会出现事实混乱、情节支离破碎、张冠李戴的现象。

因此，进入老年期之后，人的初级记忆状况明显强于次级记忆状况。

2. 从记忆的内容来看

从记忆的内容来看，人的记忆分为意义记忆与机械记忆。由于老年人对有逻辑关系和有意义的内容，尤其是一些重要的事情或与自己专业、先前的经验和知识相关内容的记忆保持得较好，这说明目前的信息储存与过去已学过的内容能很好地保持联系，意义记忆保持较好；相反，老年人对于需要死记硬背、无关联的内容很难记忆，机械记忆减退较多，出现较早。

由此可见，老年人出现意义记忆减退的时间明显晚于机械记忆。

3. 从记忆的再认来看

从记忆的再认来看，老年人再认能力明显比再现能力要强。再认能力即所谓再认识，当事人对于看过、听过或学过的事物再次呈现在眼前时的辨认能力，而再现能力则是让曾经的记忆对象在头脑中呈现出来的记忆，老年人在再现方面的能力要弱于再认。

总之，老年人的记忆有衰退的趋势，但在衰退出现的时间、速度和程度等方面存在着很大的个体差异，而且记忆的衰退也不是全面的，而是部分的，其中主要是次级记忆、机械记忆与再现记忆衰退较快。同时，老年人的记忆减退与很多因素有关，在一定条件下是可以得到延缓与逆转的。如果采用适当的干预措施（如记忆训练），学会使用策略，则可以保持并改善老年人的记忆能力。

二、老年人的情感活动特征

情感和情绪是人对客观事物的态度体验，有积极与消极之分。老年人积极的情绪情感包括愉快感、自尊感等；而常发生的消极情绪包括紧张害怕、孤独寂寞感、无用失落感以及抑郁等。总体来说，老年人的情绪和情感体现了以下几个特点：

一是关注自身健康状况的情绪增强。随着年龄的增长，健康状况日益下降，老年人变得更加关注自己的身体，对于疾病较为重视。尤其是老年女性，怀疑自己患病和有失眠现象的显著多于男性。

二是对自己的情绪表现和情感流露倾向于控制。老年人在日常生活中常常会掩饰自己的真实情感，如遇喜事，他们不再欢呼雀跃；如遇悲事，也不易痛哭流涕。

三是消极悲观的负面情绪逐渐开始占上风。调查显示，在描述自己情感的用词中，老年人用以表达喜悦情绪的用词明显少于中、青年人。一般来说，老年人较多表现出失落感、孤独感、疑虑感、抑郁感等消极的情绪和情感。

三、老年人的人格特征

人格是指一个人与社会环境相互作用表现出的一种独特的行为模式和情绪反应特征，

也是一个人区别于他人的特征之一。心理学中经常用"个性"一词表达人格的概念。有心理学家按照人格与调适情况，将老年人分为下列五种类型。

（一）成熟型

这类老年人从幼年至中年，环境顺遂，事业成功，从而能够平稳地进入老年期，对于退休和身体的老化能够理智地接受，不悲观、不退缩，既不过度激进也不过于自我防卫。

（二）摇椅型

这类老年人属于依赖型的人，不拘小节，也无大志，把退休视为卸下责任的一个有利时机，正好安享晚年而不用在工作单位里再忙忙碌碌，他们对于年龄的老去并不在意。

（三）防卫型

这类老年人防卫心很强，固执刻板，通常在年轻时工作勤奋负责，遵守规范，重视事业方面的成就及贡献。退休后不太容易适应晚年生活，依然想寻找工作，期望通过忙碌的工作来保持活力和消除对衰老的恐惧。

（四）愤怒型

这类老年人通常在年轻时碌碌无为，甚至有失败和遭受重大挫折的经历，因此到了晚年就非常悲伤。这类老年人常将自己的失败归咎于客观因素，或者埋怨环境太差使其无法发展，或者指责别人从中作梗致使自己不能作为等，故而常常牢骚满腹，愤世嫉俗，常和别人发生冲突。情绪方面的失衡，又会导致这类老年人在生理方面的病症，最终影响自己的健康和寿命。

（五）自怨自艾型

这类老年人和愤怒型的老年人相比较，相同之处在于年轻的时候事业都没有成就，或者遭受重大挫折。总之，人生不顺利或不得志时，愤怒型的老年人常把自己的不得志都归罪于别人，而自怨自艾型的老年人则只埋怨自己，认为都是自己不努力或者没有能力才虚度终生。因此，他们心里郁闷、沮丧、消沉，常有"人老珠黄不值钱""活着没意思，只有死了才解脱"的消极和悲观思想。

因此，我们应根据老年人的不同心理特点和人格类型来策划老年活动，有针对性地制订老年活动内容，采取符合不同类型老年人的活动方法。当然，在开展老年活动的过程中也要小心避免因刻意关注不同人格类型而给老年人贴上人为标签，从而给老年人造成伤害的情况出现。

四、老年人常见的心理问题

进入老年期后，由于身体和社会的原因，老年人在心理方面也出现一些典型的问题及特征，这些问题及特征表现在以下几个方面：

(一)离退休综合征

离退休综合征是指老年人由于离退休后不能适应新的社会角色、生活环境和生活方式的变化而出现的焦虑、抑郁、悲哀、恐惧等消极情绪,或因此产生偏离常态的行为的一种适应性心理障碍,这种心理障碍往往也会引发其他生理疾病,影响身体健康。

离退休综合征主要表现在以下几个方面:

1. 无力感

许多老年人不愿离开工作岗位,认为自己还有工作能力,但是社会要新陈代谢,必须让位给年轻一代,离退休对于老年人来说实际上是一种牺牲,面对"岁月不饶人"的现实,老年人常感无奈和无力。

2. 无用感

在离退休前,一些人事业有成,受人尊敬,掌声、喝彩、赞扬不断,一旦退休,一切化为乌有,退休成了"失败",由有用转为无用,面对如此反差,老年人心理上便会产生巨大的失落感。

3. 无助感

离退休后,老年人离开了原有的社会圈子,社交范围变窄了,朋友变少了,孤独感油然而生,要适应新的生活模式往往使老年人感到不安、无助和无所适从。

4. 无望感

无力感、无用感和无助感都容易导致离退休后的老年人产生无望感,对未来感到失望甚至绝望,加之身体的逐渐老化,疾病的不断增多,有的老年人简直觉得自己已经走到生命的尽头,油干灯尽了。

(二)老年抑郁症

老年抑郁症是指年龄在 55 岁或 60 岁以上的抑郁症患者,在狭义上也可以指首次发病年龄在 55 岁或 60 岁以上。老年抑郁症在症状上表现出与其他年龄阶段不同的特点,在临床上常见为轻度抑郁,但危害性不容忽视,如不及时诊治,会造成生活质量下降、增加心身疾病(如心脑血管病)的患病风险和死亡风险等严重后果。典型抑郁发作表现为情绪低落、思维迟缓及言语活动减少等。老年抑郁症在症状表现上表现出与其他年龄阶段不同的特点,认知功能损害和躯体不适的症状较为多见,具体表现为情绪低落、思维迟缓、意志活动减退、压抑沮丧、自责焦虑,甚至出现自杀倾向和自杀行为,老年抑郁症一般病程较长,且有复发倾向。

(三)阿尔茨海默病

阿尔茨海默病又称为老年性痴呆,是发生于老年期和老年前期的中枢神经系统退行性疾病,它的主要特征是进行性发展的认知功能障碍和行为损害。它是人体脑功能失调的表现,是以脑组织的退行性变化和智力衰退缺损为特征的一种高级神经活动功能障碍。

阿尔茨海默病在不同阶段呈现出不同的特征。第一阶段是遗忘期(初期),主要表现为记忆力明显减退，但患者本人未必意识到。比如，炒菜时忘记放调料；一些患者在性格上也会有所改变，变得主观、任性、多疑、敏感等；第二阶段为混乱期（中期），突出的表现是对时间、空间的辨认障碍明显加重，记忆力严重衰退，在情绪、人格、智力方面都出现了严重的障碍，行为紊乱，言语重复，动作幼稚，甚至会出现一些怪异和令人感到羞耻的行为，生理自理能力越来越差；第三阶段是极度痴呆期（晚期），一些患者进入全面衰退状态，智能完全丧失，情绪反应迟钝或缺乏，运动障碍明显，终日卧床，大小便失禁，语言能力丧失，生活不能自理。

（四）老年疑病症

老年疑病症就是以怀疑自己患病为主要特征的一种神经性人格障碍。其症状表现为：患者长时间相信自己体内某个部分或某几个部分有病；患者对自身变化特别敏感和警觉，哪怕是一些微不足道的细小变化，也显得特别关注，并且会不自觉地加以夸大和曲解别人的意思，形成患有严重疾病的证据；患者常常感到烦恼、忧虑甚至恐慌，认为病的严重程度与实际情况不符，别人劝得越多，疑病就越重；即便面对客观的体检结果和医生的解释，患者依然不能消除疑虑，甚至怀疑医生有故意欺骗和隐瞒的行为。

思考与讨论

1. 抑郁症是否是老年阶段特有的心理性疾病？与其他年龄阶段相比，老年期的抑郁症呈现出怎样的特点？
2. 在策划与组织老年活动时，应考虑老年人的哪些心理特点？

实训案例

翟阿姨今年67岁，身体比较好，除了有时偏头疼外，没什么大毛病，三年前与老伴一同入住养老院。三个月前，翟阿姨的老伴患胃癌去世，这件事给了她很大的打击。从此之后，翟阿姨的精神状态一直不好，总说自己胃不舒服，吃不下饭，觉得自己胃里有异物，尽管女儿多次带她去医院做各种检查，医生也反复告知她很健康，身体没有任何问题，但翟阿姨仍顽固地认为自己已经得了胃癌，只不过是早期，不能被医生发现而已。从此她开始变得病恹恹的，不再参与机构组织的各种活动了，也不合群了。当老朋友和老邻居关心地来探望时，她毫无热情，只是反复跟别人哭诉她的"病情"，甚至还经常怀疑别人偷她的存折或者监视她，算计她。由于她性情古怪，养老院里和她来往的老年人越来越少了。

1. 阅读以上案例，并分析以下问题：
（1）请指出材料中翟阿姨存在哪些心理问题？
（2）作为养老院中的老年活动工作者，请分析翟阿姨不愿意参加活动的心理原因。
2. 根据材料完成上述问题，并在小组内讨论。

任务三 认识老年人的社会特征

情境导入

张大爷在退休之前是某国有企业的领导，退休前在单位可是大忙人，找他办事的人络绎不绝，经常电话铃声不断，饭局更是需要赶场，几乎没有闲着的时候。但自从退休之后，前簇后拥的人没了，电话铃声也沉闷了许多，偶尔有电话响起，不是广告就是打错了，张大爷感到一下子落空了，没着没落的张大爷把矛头指向自己的老伴和儿子，经常无故找茬和老伴吵架，甚至有一次还把老伴推倒了；而且还经常训斥自己的儿子工作不努力，老伴和儿子为此非常生气，儿子甚至开始经常不回家了。

问题讨论
1. 张大爷在退休之后，社会角色出现了哪些转变？
2. 这些转变会对个体产生什么影响？这种影响是否具有普遍性？

【知识导学】

个体进入老年期后，不仅在生理和心理方面都表现出这一阶段独有的特征，而且在社会群体与社会组织方面也都呈现出相应的变化。个体进入老年期的社会特征集中表现在其社会角色、社会地位与家庭角色的转变方面。

一、老年人社会角色的变化

60岁不仅是个体进入老年期的标志，而且是一般意义上个体职业中断的标志。随着个体的退休，其社会角色也随之发生变化，而与其社会角色相关的生活方式也随之改变，标志着老年人进入了一个新的人生阶段。老年人社会角色的变化主要表现在以下两个方面。

（一）从职业角色进入赋闲角色

在中国目前的社会体制下，女性55周岁、男性60周岁进入退休年龄（特殊工种除外）。个体退休后，在角色上的显著变化就是从职业角色进入赋闲角色，尽管退休并不意味着与原有的工作单位完全脱离关系，但与其在岗期间相比，离退休职工除了享受国家及原单位提供的各项福利之外，大都不需要继续履行曾经的岗位职责，即使有部分老年人继续从事其他职业，但其职业角色在他们的生活中所占的比重也比较少，主要仍表现为赋闲状态，逐渐退出劳动第一线。由于退休所造成的社会联系中断会直接影响老年人的精神和心理状态。

（二）从主体角色演变为依赖角色

进入老年期之前，个体会觉得自己是有能力的，对许多社会资源是可以自己把握而不需要依赖别人的，他们是家庭收入的主要来源之一，可支配地履行抚养子女的义务。可是，随着年龄的增长，老年人一方面是生理机能的退化，生活变得极不方便，健康状况明显下降；另一方面是认知能力（包括记忆能力）和学习能力等开始衰退，这些变化不可避免地使他们需要得到子女或者社会的帮助，于是逐渐由主体角色过渡到依赖角色，这种社会资本的显著丧失虽然是一种自然过程，但是对于老年人而言是非常难以适应的，因为从婴儿到成人，他们都是社会资本的增加受益者，几十年来自我负责的惯性并不能立刻消除，在老年人看来，成为依赖角色是对自己社会可控资本的剥夺。

二、老年人社会地位的变化

社会地位实际上是指伴随社会角色而来的社会责任和社会尊严。一般来说，社会角色重要，社会责任和社会尊严就高；社会角色不太重要，社会责任和社会尊严就不太高。随着社会角色发生变化，社会责任和社会尊严也会发生相应的变化。老年期是社会角色变化的时期，也是社会地位转变的时期，老年人社会地位变化的典型特征是呈下降趋势，具体表现在以下几个方面。

（一）在制度上，按规定年龄退休

这主要是针对城镇职工而言。一般来说，个体的社会地位往往随着其工作岗位的变化而发生变化。退休制度也可以理解为社会认为老年人无法承担社会角色所赋予的责任，因此让其退出岗位，给年轻人提供更多就业机会。退休将社会角色赋予年龄标志，并以年龄而非身体健康作为衡量个体能否胜任社会角色的唯一尺度，本身就反映出老年人的无足轻重甚至有碍大局，也是老年人社会地位削弱的体现。

（二）在经济上，收入明显减少

随着老年人退休，其社会角色中断，老年人的实际收入明显减少。对城镇职工而言，随着个体的退休，其可以领到的退休金及相关福利要远远低于在岗职工；对于农民而言，在农村社会保障尚不完善的情况下，自身的劳动力几乎是其收入的支柱性来源，随着自身劳动力的丧失，其主要收入来源也中断，他们不得不依靠以前的积蓄及儿女的供养，甚至靠社会救助生活，这些导致生活质量下降，有的老年人因此陷入贫困之境。

（三）在社会上，漠视老年人的合法权益

老年人与中年人和青年人一样，拥有自己的合法权益，而且大多数老年人的合法权益也都能得到维护，但是也有部分老年人其合法权益会被漠视和侵犯，导致产生针对老年人的人身伤害、财产纠纷、干涉婚姻、住房纠纷、歧视、虐待甚至遗弃等。虽然我国已经于1996年颁布了《中华人民共和国老年人权益保障法》，对维护老年人权益也起到了很好的促进作用，但在具体的社会实践中，漠视甚至侵害老年人合法权益的事件屡屡发生，而受到侵害的老年人要么不知应如何维护自身的合法权益，要么抱着"家丑不可外扬"的思想选择默默忍受。

（四）在思想上，忽视老年人的价值和作用

不可否认，即便进入老年期，老年人也在经济创造、文化传承、政治参与等方面发挥着重要的价值与作用，但随着社会的变迁，与年轻群体相比，老年群体所呈现的诸如体力下降、知识更新能力较慢以及稳重有余而创新不足的缺点逐渐显现，加之老年人对自身评价不高，以及社会对老年人的价值缺乏全面的认知，造成了老年人社会地位的下降。

由此可见，要想提高老年人的社会地位，除了需要建立健全各项法律制度之外，最迫切的也是最重要的还是正确认识老年人的价值与作用。

三、老年人家庭角色的变化

家庭是老年人退休后的主要生活场所，老年人对家庭、家人的依赖程度也逐渐增大。随着老年人社交范围逐渐回归家庭，婚姻和家庭关系成为影响老年人晚年生活质量的关键性因素，而老年人在家庭中的角色也有着不同程度的转变。

（一）老年人家庭结构的变化

家庭生命周期是家庭从形成到解体呈循环运动过程，在家庭生命周期的各个阶段有不同的家庭角色要扮演，不同的角色有着不同的期待，而随着时光流逝，年岁渐增，个人观念因受外在环境影响亦不断改变。从家庭的生命周期理论的观点来看，老年人的家庭状态处于空巢期、鳏寡期。

1. 空巢期

家庭生命周期理论认为，自某一家庭的最后一个子女长大成人并离家开始单独生活开始，就标志着这个家庭生命进入了空巢期，家庭空巢期持续的时间一般约20年。子女的离家不仅给父母留下无尽的空虚与孤独，而且在角色方面，也让父母由最初的家庭支配的角色转向需要扶持的角色。

2. 鳏寡期

进入老年期后，失去配偶的可能性日益增大，老年人很容易进入鳏寡期。随着老年夫

妇一方的离去，鳏寡期的老年人的社会角色由夫妇二人相互扶持转变为独守空巢。

家庭的分化对老年人的生活和心理都会产生一定的影响，子女的分居以及配偶的去世，不仅使老年人的日常生活难以得到无微不至的照顾和关心，而且对于传统家庭观念也有着较大的冲击。

（二）老年人家庭角色的变化

家庭角色的变化是老年期的一个重要表现形式。在家庭角色中，能够作为老年期表征的是父母角色和配偶角色，其变化反映了老年人角色和代际关系的变化。在老年期，家庭结构的变化将导致父母角色在权利、义务和社会期望方面的变化。丧偶及老伴角色也属于老年人家庭角色变换的范畴。丧偶对老年男性来说，意味着精神上和生活上无人照料；对老年女性来说，意味着妻子角色转变为寡妇角色再转变为自我角色，孤独和悲哀有时会伴其余生，这大概就是丧偶对老年女性的打击要大于老年男性的原因。总之，丧偶会给老年人的身心带来很大影响，这种影响不仅表现在生活方面，也表现在心理方面。

（三）老年人家庭地位的变化

老年人家庭角色的变化会引起老年人家庭地位的变化。老年人的家庭地位由主要降为次要，不再是家庭中起重要决定作用的成员，他们的意见往往只是被家庭成员参考。家庭重要活动的开展往往不再以老年人为主，而是以下一代为主。

思考与讨论

1. 导致老年人社会角色转变的原因除了年龄因素之外，还有哪些制度化因素？这些制度化因素对老年人社会角色的转变产生了怎样的影响？

2. 在具体实践中，应该如何设计活动才能尽量降低制度化因素给老年人社会角色转变带来的负面影响？

实训案例

罗女士，某医院的退休职工，丈夫早逝，她独自一人将两个孩子抚养成人。退休前，罗女士是医院外科最年轻的专家之一。她在业务方面出类拔萃，常被患者点名要其主刀做手术，即便没有手术的时候，也经常被邀请到外地讲学或作为专家会诊，成天忙得不着家。有时候，她也觉得挺对不起自己的孩子的，好在两个孩子非常懂事，很少让她操心。退休之后，她与自己的小儿子生活在一起。儿子、儿媳工作也十分繁忙，虽然在一个屋檐下生活，但一天都见不着面，外孙学业压力也很大，平时回家一吃完饭，便到自己的小房间写作业，难得与其进行交流。习惯于繁忙工作的罗女士一下子清闲下来，感觉十分不适应，好在她工作时就养成阅读的好习惯，退休之后，她订阅了大量的医学杂志，平时无事时，依然了解医学前沿的相关知识，倒也过得十分充实。

上篇　基础篇

　　最近一段时间，罗女士感觉眼睛十分不舒服，经常觉得眼前一片模糊，别说读书看报和照顾外孙了，连自我照顾都变得十分困难。这一变故给罗女士造成了很大的打击，一向开朗的她变得沉默寡言，总感觉自己变成了一个废人，成为家人的负担。

1. 阅读以上材料，回答以下问题：
（1）罗女士退休后，社会角色发生了怎样的转变？这些转变对她有什么影响？
（2）作为一名社区老年活动组织者，你将如何改变罗女士的处境？
2. 根据材料完成上述问题，并在小组内讨论。

项目二 认识老年活动

【项目概览】

《中共中央关于制定国民经济和社会发展第十四个五年规划和二〇三五年远景目标的建议》提出，要培育养老新业态，构建居家社区机构相协调、医养康养相结合的养老服务体系。老年活动作为提升老年人生活质量和幸福感的载体，在社区及各类养老机构中不断发展，逐渐成为养老服务体系中不可或缺的重要组成部分。老年活动是针对老年人所开展的一系列服务内容的总和。其包括老年活动工作者提供服务和老年人接受服务两个方面，是老年活动工作者与老年人互动及合作的过程，包含了双方在这种持续互动中所持有的价值观、理念、感情甚至个人的行为特点，它是为老服务的重要体现。因此，要想做好老年活动的策划与组织工作，必须要对老年活动的基础知识进行系统学习。

【项目目标】

知识目标

（1）了解开展老年活动的社会背景；
（2）熟悉老年活动的相关理论；
（3）掌握老年活动的内涵和作用；
（4）理解开展老年活动的伦理原则。

技能目标

（1）能够运用老年活动理论指导开展老年活动；
（2）能够根据老年活动的内涵正确开展老年活动；
（3）能够运用适宜的伦理原则处理活动中的问题。

素质目标

（1）具备严谨的职业精神与职业素养，注重维护老年人的合法权益；
（2）拥有尊老敬老、爱岗奉献的职业精神；
（3）具有良好的沟通能力、协作精神和与时俱进的学习精神。

上篇　基础篇

任务一　认识老年活动开展的社会背景

情境导入

随着老年期人口在各国总人口中所占的比例越来越高,老龄化问题也越来越引起世界各国的关注。联合国把1999年确定为国际老人年,目的在于提高全球的老龄意识。2002年,时任世界卫生组织总干事布伦特兰夫人在马德里第二次老龄化问题世界大会闭幕式上指出:"20世纪人类寿命平均增加了30岁,发达国家如此,发展中国家也是如此。"她认为,这是人类在20世纪最伟大的成就之一,不管人类如何努力控制,地球上人口数量有朝一日很难不达到100亿这个天文数字,而且老年人的比例会大幅度增加。老龄化问题已经超越了国界,成为世界性问题。

问题讨论

1. 什么是人口老龄化?它对世界各国的社会发展会产生怎样的影响?
2. 作为老年工作者,如何看待老龄化背景下的老年人?

【知识导学】

任何活动的开展都离不开它所处的社会背景,老年活动的策划与组织有其特殊的社会背景,下面主要从目前我国所处的人口老龄化的背景与积极应对人口老龄化的战略背景两个方面进行介绍。

一、我国已进入人口老龄化社会

人口老龄化是现代社会出现的人口现象,是随着死亡率和生育率的下降而必然出现的人口年龄结构的变动趋势,少儿人口比例的下降和老年人口比例的增长都会导致人口结构的老龄化。一般而言,当一个国家或地区60岁以上的人口占总人口的10%或65岁以上的人口占总人口的7%时,即可宣告这一国家或地区进入人口老龄化社会。2000年第五次人口普查显示,我国60岁以上的人口达1.3亿人,占总人口的10.2%。到2020年第七次人口普查,我国60岁及以上人口的比重达到18.70%。根据以上标准,我国已经进入老龄化社会,并呈现出人口老龄化社会所具有的特点,其具体表现如下。

(一)老年人口基数大

我国老年人口绝对数量居世界之首。截止 2022 年底,我国 60 岁及以上人口为 2.67 亿。根据预测,到 2025 年将突破 3 亿,2033 年会突破 4 亿,2053 年将达到峰值 4.87 亿。相关预测显示,到 2040 年,预计全世界每 4 位老年人中就有 1 位中国人,全亚洲每 2 位老年人中就有 1 位中国人。

(二)人口老龄化速度快

我国是世界上人口老龄化速度最快的国家之一。从 1980 年至 1999 年不到 20 年的时间里,我国人口年龄结构基本完成了从成年型向老年型的转变,而英国完成这一过程大约用了 80 年,瑞典则用了 40 年。

(三)老龄化地区差异大

我国幅员辽阔,各地区经济发展水平不均衡,人口发展控制程度不同,人口老龄化差异很大,上海早在 1980 年就进入老龄化社会,先于全国 20 年,而欠发达的青海、宁夏等地在 2010 年前后才进入老龄化社会,与上海相差近 30 年。

(四)人口老龄化滞后于经济发展

发达国家人口老龄化是伴随着工业化、城市化自然发展的,经济的发展为人口老龄化奠定了丰厚的物质基础。欧美一些老年型国家,在 1950 年时的人均国民生产总值就超过 5 000 美元,城市化水平超过 50%,而且还制定了比较完善的社会养老保障制度,是"先富后老"型社会。我国人口老龄化是在经济不发达的条件下,主要原因是成功推行计划生育政策加速促成的,是政策性老龄化。我国 2000 年进入老年型国家,当时的人均国民收入仅为 860 美元,是世界人均国民收入(5 130 美元)的 1/6,属于"未富先老"型社会。

(五)人口高龄化显著

在人口老龄化的进程中,我国老龄人口持续增长。2020 年,我国 80 岁以上高龄老年人口规模为 3 600 万,2033 年将超过 5 000 万,2049 年将达到 1 亿,2073 年将达到峰值 1.34 亿。从高龄比(高龄老年人口在老年人口中的比例)来看,2010 年为 11.4%,2050 年将达到 22.3%,2100 年将达到 33.6%,届时老年人口中的 1/3 是高龄老年人。

(六)老龄化与家庭小型化相伴随

人口老龄化在家庭层面表现为家庭小型化、少子化、老年人家庭户比重提升。全国人口普查资料以及国家应对人口老龄化战略研究显示,1982 年,我国平均家庭规模为 4.41 人,到 2010 年减至 3.1 人,到 2050 年将进一步减至 2.51 人。2010 年,我国有无子女家庭 840 户、无配偶老年人 5 162 万人、丧偶老年人 4 786 万人,到 2050 年,这些数据将分别增至约 4 000 万户、1.57 亿人、1.5 亿人。

二、积极应对人口老龄化的战略任务

在人口老龄化机遇与挑战并存的背景下，相继出现了成功老龄化、健康老龄化、积极老龄化和和谐老龄化四种老龄观，为积极应对人口老龄化提供了战略任务框架。

（一）成功老龄化

成功老龄化是由美国学者 Rowe 和 Kahn 于 1987 年在对老年医学和老化过程研究之后提出的第一个系统的老龄理论。该理论主张通过保持个体在生理、心理和社会三方面的平衡来延缓衰老，并在这个过程中使老年人的价值实现最大化。与此同时，也使整个社会在生产性老龄化的推动下能够逐渐实现人的全面发展、代际之间的公平和公正以及人口与政治、经济、文化、生态方面的全面协调发展。在社会总体可持续发展的框架里，我们需要关注的不仅是自然的生态，还应关注社会的生态甚至人们心态的秩序，这种人文的思考和关怀绝对是社会可持续发展必备的内在力量。

（二）健康老龄化

健康老龄化是在 1990 年第四十届世界卫生组织哥本哈根会议上提出的，其中"开辟解决人口老龄化的通道"，是第一个站在全球化战略的高度提出的老龄观。这种老龄观将老年人的健康视为解决老龄化问题的关键，它认为，只要绝大多数老年人都处于生理、心理和社会良好适应的健康状态，那么社会发展就不会过多地受到过度人口老龄化的影响。从广义上理解，健康老龄化应包括老年人个体健康、老年人群体的整体健康和人文环境健康三个主要方面，一个国家或地区的老年人中若有较高的比例属于健康老龄化，老年人的作用能够充分发挥，老龄化的负面影响得到抑制或缓解，则老龄化过程或现象就可算作健康老龄化。

（三）积极老龄化

在经历了"成功老龄化""健康老龄化"阶段之后，1997 年 6 月，西方七国首脑在丹佛会议提出了"积极老龄化"的主张。1999 年 5 月，欧盟召开了积极老龄化国际研讨会，同年，世界卫生组织发起和开展了一场"积极老龄化全球行动"。2002 年，联合国在西班牙马德里召开第二届世界老龄化大会，其间，世界卫生组织向大会提交一份"积极老龄化"的书面建议书。2002 年，世界卫生组织在《积极老龄化——政策框架》中提出，积极老龄化是指老年人要积极地面对老年生活，不仅应保持身心健康，而且作为家庭和社会的重要资源，要融入社会，参与社会发展。

积极老龄化是以尊重老年人的人权为前提，以独立、参与、尊严、照料和自我实现为原则，总体战略框架在横向上表现为"参与""健康"与"保障"，其最终目标是在保持老年人身体健康和完善的保障的前提下实现老年人的社会参与，使老年人认识到自己在一生中能够发挥自己在体力、社会精神等方面的潜能，按自己的权利、需求、爱好、能力参与社会活动，并应得到充分的保护、照料和保障，这能够使老年人保持身体健康，提高预期寿命；积极参与社会活动，继续为社会做出贡献；保证生活质量，提高生活水平。积极老龄化要求国际社会以积极的态度主动应对人口老龄化，采取积极行动，提出应对措施，使社会保持活力，实现和谐发展。

（四）和谐老龄化

穆光宗教授认为，"健康老龄化"和"积极老龄化"更多是从个体或者群体的角度来理解老年人和社会老龄化问题，"和谐老龄化"更多是从个体和个体之间、个体和群体之间以及群体与群体之间，甚至从老年人与环境之间的关系来理解老年人和老龄问题，"和谐老龄化"要促进家庭关系、社会关系、人际关系、天人关系的和谐，这些关系的和谐不仅有助于社会的总体和谐，也必然有助于提高老年人的幸福感和满意度，如果将"和谐"理解为和而不同、存异求同的过程，"和谐老龄化"实际上是经济学中所描述的帕累托最优状态，可将其定义如下：老年人在行使公民权利的时候不损害别人和社会的利益，在不损害别人利益甚至增进社会总福利的前提下，享受和增进老年人自身的福利。

三、我国科学养老的任务目标

我国《"十四五"国民健康规划》指出要提高老年人的主动健康能力，就要树立健康老龄化、积极老龄化的观念。实现"老有所养、老有所医、老有所为、老有所学、老有所教、老有所乐"不仅是我国老龄工作的重要目标，也是对老年人生活需求的高度概括。

其中老有所养是核心，是其他"五个老有"的前提和基础，老有所养就是满足老年人衣、食、住、行的基本需要以及生活照料和精神慰藉的特殊需要。老有所医是重点和保障，就是满足老年人看病治病的需要，也是老年人生活中最关心的问题。老有所为是很多老年人晚年生活不可缺少的组成部分，他们用自己掌握的知识和技能，继续为我国现代化建设做出新的贡献。老有所学是许多老年人生活的组成部分，他们根据自己的爱好，学习掌握一些新知识和新技能，既能陶冶情操，又能丰富生活。老有所教是通过思想政治教育，使广大老年人做到政治坚定，思想常新。老有所乐内容极其丰富，通过开展各种各样适合老年人特点的文体活动，为老年人增添欢乐，使他们可以安度晚年。

思考与讨论

1. 你认为哪种应对人口老龄化的战略思想更符合当前的老龄化社会？
2. 你会策划与组织哪些老年活动来促进老年人积极参与社会活动？

实训案例

随着城市精细化管理工作的不断深入，北京市昌平区的一大批热衷于参与社区发展建设的老年志愿者主动承担起"小巷管家"的职责，每天在自己的管片内巡查走访，成为街巷治理的"千里眼""顺风耳"和"好帮手"，共同守护美好家园。

曹碾村的"小巷管家"们,不仅是街巷治理的助推者,也是入户倾听民意、沟通协调、科普宣传的践行者。他们走进村民家中,及时了解村民的需求,架起了村党支部、居委会与村民沟通交流的桥梁,帮助村民解决了一大批烦心事、揪心事。除了北七家镇曹碾村外,他们在龙泽园街道的龙泽苑社区也培养了一批热爱社区、服务居民的"小巷管家",62岁的左朝辉就是其中一员。他退休担任"小巷管家"后,就成了社区文体活动中心里的"大忙人",还主动承担了活动区域的清洁工作。

据了解,自昌平区"小巷管家"工作开展以来,截至2019年11月11日,共在22个镇街完成招募"小巷管家"1 834名,组织开展了3 000余人次的培训,已上岗"小巷管家"累计巡访57万小时,共处理各类事件11 631件。依托"小巷管家"机制,不仅推动了街巷治理工作,群众的主人翁意识也进一步增强,有效地推动了"共治共管、共建共享",实现城市精细化管理在基层的全覆盖。

1. 阅读以上资料,回答以下问题:材料中的老年人是通过何种方式实现社会参与的?体现了六个"老有"中的哪些方面?
2. 分小组讨论,并进行汇报。

任务二 熟悉老年活动的相关理论

情境导入

小王在为社区老年人开展活动时,发现自己的理论还不足够。老年作为人生的最后一个阶段,在方方面面都展现出自身的特点。例如,有些老年人长期闭门不出,有些老年人常年郁郁寡欢。怎么看待老年时期的独特现象,又有哪些理论可以用来解释这些现象并提供活动依据呢?

问题讨论

1. 你认为理论的应用在老年活动策划与组织过程中重要吗?
2. 你了解哪些老年活动的相关理论呢?

【知识导学】

与老年活动相关的理论涉及社会学、心理学、医学、生物学、经济学等多学科多领域，包括社会撤离理论、活动理论、延续理论、角色理论、人生回顾理论、人格类型理论等多种理论，熟悉和掌握老年活动的相关理论，有助于科学地策划与组织老年活动，从而使老年活动的开展更有针对性。本任务将以本书中实践篇所介绍的老年活动为基础，进行相关理论的介绍。

一、活动理论

活动理论是20世纪50年代在西方最为流行的与老年及老化现象有关的理论，这个理论的观点如下：

（1）老年期是中年期的延长，老年人仍与中年人一样可以从事社会工作，参与社会活动。

（2）活动水平高的老年人比活动水平低的老年人更容易对生活满意，也更能够适应社会。

（3）老年人应该尽可能长久地保持中年人的生活方式，用新的角色来取代因丧偶或退休而失去的角色，从而把自身与社会的距离缩小到最低限度。

活动理论对于老年人活动的意义在于，无论从医学和生物学的角度，还是从日常生活的角度出发，"用进废退"基本是生物界的一个规律，因此，老年活动工作者不仅要在态度和价值取向上鼓励老年人积极参与他们力所能及的一切社会活动，而且更要为老年人的社会参与提供更多的机会和条件。需要注意的是，在开展老年活动时，也要考虑老年人的个性因素，因此设计活动内容时要遵循个别化原则。

二、延续理论

延续理论认为，不论是年轻还是年老，人们都有着不同的个性和生活方式，而个性在适应衰老时起到了重要的作用。总是消极或退缩的人不可能在退休后成为积极分；同样，一贯活跃、自信和参与社会的人在老年时不可能安静地待在家里。在延续理论看来，如果一个人在老年时仍能保持中年时代的个性和生活方式，那么他便会有一个幸福的晚年。因此，每个人不用适应共同的规范，而是根据自己的个性来制定标准，这是使老年人对生活感到满意的基础。对个体而言，延续又可分为内部延续（如个性、爱好）和外部延续（如年轻时爱踢足球，年老时踢不动了仍爱看足球）。

延续理论与活动理论不同的是更多考虑老年人个性因素，因此它对于老年活动的意义是可以有效指导老年活动工作者根据老年人年轻时的兴趣爱好或行为模式进行活动的设计，活动内容更具针对性，例如，针对农转非社区的老年人，老年人年轻时都是农民，以种地为主业，进入农转非社区后，在如何适应新的社区环境方面，我们就可以设计一些园艺活动来延续老年人年轻时的职业。

三、人生回顾理论

布特勒在1963年提出了人生回顾理论。这一理论认为，有许多老年人在老年期的一个基本的人格特征就是喜欢回顾往事。这种特征的产生主要源于老年人的一种观念，认为自己已经日渐暮年，余日无多，因此在心理上产生了人生回顾过程。老年人回顾往事的方式包括：

（1）与亲朋好友或晚辈谈论往事。

（2）怀念家乡，尤其回顾自己孩童时期家乡的生活情景。

（3）对镜凝视追忆自己从前的容颜，与目前的鸡皮鹤发相比较，并发出由衷的感慨。

（4）一些有较高文化的老年人还喜欢撰写怀旧文章。

人生回顾理论对老年活动的启发在于：在开展老年活动时，通过设计个体和集体怀旧活动，恰当地引导老年人怀旧和回顾往事，对老年人的自信心和能力的提升有极大的帮助。

四、角色理论

角色理论认为，每个人一生中都要扮演多种角色，角色是个人和社会相互接纳的一种形式。个体通过角色形成自我概念，获取相应的社会地位和社会回报；社会通过角色赋予个人相应的权利、义务、责任和社会期望。老年人的角色变化与中年人不同，不是角色的变换或连续，而是一种不可逆转的角色丧失或终结，如因退休而丧失劳动角色，因丧偶而丧失配偶角色等。虽然并非所有老年人都无法重返原劳动岗位，但至少绝大多数老年人或因知识陈旧，或因体力衰弱，或因单位满员，或因制度限制而没有再次扮演原角色的机会，这种变化自然会引起老年人心理失衡，郁郁寡欢，从而损害其健康状况。

角色理论对老年活动的组织与开展提供了思路，其有两个作用，一是通过活动让老年人正确认识角色变换的客观必然性；二是通过活动引导老年人积极参与社会，寻找新的次一级的社会角色。

五、马斯洛需要层次理论

马斯洛需要层次理论认为，人的需要由生理需要、安全需要、归属与爱的需要、尊重的需要、自我实现的需要五个等级构成。马斯洛认为，人在低层次需要被满足后会转而追求更高层次的需要。人的任何一种需要都不是仅仅依靠自己就可以实现的，特别是较高层次的需要。因此老年活动的开展必须要满足老年人的需要，根据马斯洛需要层次理论，老年人的需要具体表现在以下几个方面：

（1）生理需要，具体包括衣、食、住、行等方面需求能够有效满足。

（2）安全需要，具体包括对自身的安排，日常生活能够自理；财产遗产安全；疾病安排；侵权安全方面的考虑等。

（3）归属与爱的需要，具体包括社交需要，有一定朋友圈定期聚会，家中有电话可以经常联系一些亲朋好友，能够使用一些常规的社交工具；组织归属需要，参加社区的各种兴趣小组，参加社区的志愿服务，帮助他人参加社区组织的集体活动；心理方面的需要，心情舒畅，无衣食之忧，没有压力，能够有效地排遣心中的苦闷，儿孙满堂，子女有出息。

（4）尊重的需要，具体表现为内部尊重和外部尊重，前者主要表现为老年人自己能办到的事情，不想麻烦子女；不喜欢与子女住在一起，担心不自由；不喜欢子女强行将自己送到养老院；想按自己的饮食习惯吃饭，不想和子女一起吃饭；害怕别人说自己"老年痴呆"。后者主要表现为想让子女按照自己的意图去办事；希望子女能在做决定时听取自己的意见；想让子女经常来看望自己；想收到子女送的礼物；想获得同龄人的认可，想在某些方面超过其他老年人。

（5）自我实现的需要，具体包括：想写回忆录；做个人纪录片；喜欢有人听自己讲过去风光的故事；见到有人慰问，就会将自己的工作证、奖状拿出来；有专长的老年人喜欢年轻人，想将自己的为人处世方法教给年轻人；有才艺的老年人喜欢参加各类比赛；喜欢参加各种志愿服务活动。

六、社会损害理论

社会损害理论是柴斯门于1966年提出的，该理论认为：有时老年人一些正常的情绪反应，会被别人视为病兆而做出过分的反应，从而给老年人的自我认知带来损害。比如，一位因患老年病而健康受损的老年人，询问子女自己是否应该搬过去与其同住。这种询问就很可能被子女视为老年人无能力再做出任何决定的表现，从此凡事处处为老年人做决定，这种关心久而久之就会让老年人觉得自己的确缺乏能力而把一切决定权都交给子女，接受消极标志的老年人随后进入消极和依赖的地位，丧失原先的独立自主能力。现实生活中有太多的案例表明，对老年人的过分关心导致老年人认为自己无用，给老年人的身心带来损害。

社会损害理论对于老年活动的意义在于，有些所谓的"老年人问题"大多是被贴标签的结果，也是老年人自己受消极暗示所产生的连锁反应，因此，在开展老年活动的过程中，不仅要切实地帮助老年人解决实际问题，同时也要协助老年人增强自信心并提升生活自理能力。

七、社会重建理论

社会重建理论是由库柏斯和本斯东于1973年提出的，他们认为老年人所处的环境及其自我概念之间的消极互动，造成了社会上许多的老年人问题，因此必须打破这种不良标签的恶性循环，社会重建理论则意在改变老年人生存的客观环境以帮助老年人重建自信心。社会重建理论的基本模式如下：第一阶段，让老年人了解到社会上存在的对老年人之偏见及错误观念。第二阶段，改善老年人的客观环境，通过提倡政府资助的服务来解决老年人的住房、医疗、贫困等问题。第三阶段，鼓励老年人的自我计划、自我决定，增强老年人自我解决问题的能力。

社会重建理论对于老年人活动的意义在于，该理论有助于人们思考如何开展老年人活动，它告诉我们，社会环境会直接关联到老年人的行为和心理，社会上人际关系的互动也会对老年人的自我形象产生重大影响。因此，老年活动工作者可以凭借改善环境以便于老年人性格的表达，使有自贬或自卑倾向的老年人得以独立地做出决定，从而让老年人的日常活动与内心平衡能在积极的互动环境中得到改善。

思考与讨论

1. 老年活动的相关理论对老年活动的意义是什么？
2. 以某一理论为指导，讨论可以为老年人策划哪些活动？

实训案例

天津市河北区的枫叶正红老年志愿服务队，自2008年建队以来将服务社区老年人为主要服务对象，而团队的老年志愿者的组成党员占50%。这群平均年龄为63岁的老年志愿者在新冠肺炎疫情爆发期间成为河北区林古里社区里面最有效率的社区配送力量，"我们平时的志愿服务主要是助老理发，但疫情爆发后，考虑到现实因素，大家决定为社区里的高龄老年人家庭以及独居高龄老年人采买蔬菜，解决家庭生活暂时遇到的困难。"枫叶正红老年志愿服务队队长孔令智说道。他们入户派发宣传资料、在小区站岗执勤、为高龄老年人送菜、手提小喇叭宣传防疫知识、为楼道消毒……这些老有所为、乐于奉献、服务他人的志愿者忙得不亦乐乎。

阅读以上材料，并运用老年活动相关理论来分析材料中的老年人通过志愿服务活动实现了自己的哪些需要？还可以为他们设计哪些活动？

任务三 掌握老年活动的内涵和作用

情境导入

小王在某社区日间照料中心实习，在熟悉了工作环境和了解了日间照料中心老年人的需要之后，小王准备为老年人策划和组织一些活动来丰富他们的生活，请问他可以策划哪些活动呢？

问题讨论

1. 老年活动包括哪些类型？
2. 老年活动对于老年人的意义是什么？

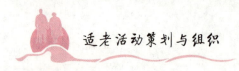

【知识导学】

一、老年活动的内涵

老年活动是根据老年人的身心特点，在社区、团体组织等开展的肢体活动、兴趣活动、文娱活动、交流活动、公益活动及大型组织活动等的总称，其目的在于增进老年人的身心健康，满足其发展需要，提高老年人的晚年生活质量。

老年活动是一项有目的、有计划、有步骤地组织以老年人为主题的众多人参与的社会协调活动。包含以下四个方面内容：

（1）目的性。老年人活动的开展是以满足老年人的某些需求为基础的，活动目的明确。如果只要求老年活动开展得热闹、规模大、规格高，但不明白为什么开展老年活动，也不清楚在老年活动中应该传播什么信息，这显然是没有目的性的。

（2）计划性。既然开展老年活动是有一定目的的，为了达成这一目的，就需要制订一系列周密的计划，包括前期宣传准备、活动策划、场地布置、应急预案等都需要提前计划。

（3）参与性。既然是活动，就需要有老年人的积极参与，这就需要老年社会工作者准确把握老年人的需要，提升老年人的活动参与度。

（4）安全性。在组织老年活动过程中，尤其需要注意的是老年人的安全，老年群体在生理、心理等方面有不同于其他群体的特征，因此，无论是在活动内容的选择，还是在活动场地的布置及应急处理方面，都要考虑老年人的安全问题。

二、老年活动的类型

按照不同分类标准，老年活动可以分为不同的类型，具体如下。

（一）按照活动内容划分

按照活动内容，老年活动可以分为社交、旅游、文娱、体育、艺术、会议、展销、节庆、公益、宗教、心理等。如养老机构为老年人举办的生日庆祝会、中秋赏月活动、社区志愿服务活动、艺术活动、园艺活动、老电影回放、珍贵记忆展览等活动。

（二）按照活动人群划分

1. 低龄老年人康乐活动

主要针对65周岁以下、体力、精力仍然很充沛的老年人。这类老年人，除长时间、强体力活动之外的一般活动均可参加。

2. 中高龄老年人康乐活动

一般针对65~75周岁、活动能力尚可、无肢体功能障碍的老年人。这类活动的活动量稍大，范围也更广，可以安排户外或室内的安全系数高的综合活动。

3. 高龄老年人康乐活动

一般针对 75 周岁以上、年老体迈的老年人，以交谈、静养等形式为主，同时辅以活动量较少的游戏、功能补偿性的康复运动等形式为宜。

4. 病患老年人康乐活动

有些老年人由于疾病而导致某些生理机能丧失，比如失语症、瘫痪等。针对这部分老年人开展活动时，可以借助器具进行。结合老年人的身体状况，尽量通过活动维持其现存的生理机能，并争取恢复一些已丧失的功能。例如音乐照顾活动，开发了一系列健康促进辅具，特别适用于有肢体残疾、功能障碍的老年人，使其在音乐的帮助下逐渐融入集体。

（三）按照活动专业性划分

1. 专业活动

专业活动主要指由社会工作者、志愿者、康复治疗师等组织引导，运用专业指导方法和技能开展的活动，具有娱乐、治疗、社会支持、促进交往等作用，如兴趣激发小组、缅怀往事小组、现实辨识小组等。

2. 业余活动

组织者可以使老年人自身或团体、活动人员本着共同的兴趣、爱好、目标，积极进行策划、组织、参与活动。活动应主要体现娱乐性、自我满足感、再创造原则。

（四）按照活动功能划分

1. 治疗型活动

这一类活动主要以小组活动形式出现，由工作人员组织一系列活动，对参与者在认知和行为上存在的问题进行矫正、治疗，如缅怀往事、人生回顾、现实辨识、园艺辅疗、艺术辅疗、戏剧辅疗等活动。

2. 发展型活动

这类活动主要是参与者通过参加活动来习得一定的处理问题的能力，参与者自身获得成长，从而更好地适应周围的环境。如通过小组，在老年人中搜集和寻找留下时代印记的物品、照片、报纸、图片、故事、图书等，利用怀旧角之老照片展、怀旧角之"古董"展、怀旧角之"过去的故事"讲述比赛、童年的游戏比赛等多种形式。同时，合理穿插今昔对比的内容，将今日的城市风貌、现代的电脑游戏、数码产品等内容加以介绍，使怀旧不仅成为交流互动的平台，也成为老年人重新认识自我、肯定自我，了解新生活，重整生命经验的舞台。

3. 支持型活动

尽管所有类型的活动都是向老年人提供某种社会支持，但是这一类活动主要以小组活动形式出现，专门用来帮助老年人应对与年迈联系在一起的艰难的生活转变，如丧偶、患慢性病、变更住所或者是令人困扰的家庭关系，再如糖尿病支持小组、代际关系改善小组等。

三、老年活动的作用

老年人积极参与老年活动对于增进身心健康、顺利完成社会适应、实现第二人生价值具有重要意义，其具体表现在以下几个方面。

（一）老年活动有助于增进老年人身心健康

医学研究表明，适度的体力活动可以提高机体新陈代谢的能力，使身体各器官的功能增强，延缓机体衰老；此外，通过脑力活动（如思考、想象、记忆等思维活动），老年人的大脑功能得到锻炼，思维能力加强，脑细胞的衰老速度也延缓了。

（二）保持积极情绪

老年人在活动中心情轻松愉快，精神振奋，可很好地调节脉搏、呼吸、调节血液、消化液的分泌及新陈代谢，使之处于正常及稳定状态。这时，身心也会感到舒服、轻松，这样形成一种良性循环，对身体和心理的健康有着积极的作用。

（三）促进自我实现

成功的活动可以激发老年人对新事物的兴趣，协助老年人获得支持，发挥自己的特长；可以消除老年人的自卑心理，在活动过程和活动结果中体现老年人的优势和价值。

（四）增进社会交往

老年人在退出主流社会后如何进行社会交往，形成新的良好的信息和情感交流渠道，形成一定的社会网络，以调整思想和行为，保持良好的精神状态，为社会和家庭发挥余热，是整个社会需要关注的问题。老年人通过参与各种活动，能在活动中获得来自邻居、同辈群体、社区等方面的支持，为老年人及家庭提供经济、生活和情感等方面的支持，有利于帮助老年人建立良好的社会支持网络。

思考与讨论

1. 治疗型活动是否适用于健康老年人呢？
2. 老年活动对于老年人的身心健康有什么意义？

实训案例

在5G不断发展的网络时代，越来越多的人从中受益。智能化设备的发展在日常生活中随处可见，从智能家电、智能手机到电子支付，都为人们的生活带来了极大的便利。但在此情景下，老年人由于自身视力不佳、记忆力退化，不容易接受新事物，因此逐渐被边缘化。

针对这种情况，我们可以为老年人设计哪些类型的活动呢？

任务四
理解开展老年活动的伦理原则

情境导入

小王在开展老年人活动中接待了一名60多岁、有听力障碍的老年人。由于事先没有了解到老年人的听力有问题,因此在与老年人的沟通中轻柔细语,老年人不耐烦地大吼起来,怪罪小王话说得太小声。这时,小王不仅向老年人道歉而且继续向老年人提供服务。

问题讨论

1. 上述案例中,小王的做法是否恰当?
2. 老年活动工作者应遵循哪些伦理原则?

【知识导学】

老年活动的伦理原则是一套指导老年工作者开展老年活动的道德指引,它清晰地告诉我们"应该做什么"以及"不应该做什么"。

开展老年活动时,我们应遵循以下伦理原则。

一、从价值观上尊重老年人

活动组织者要认真反思自己的价值观,学习老年学理论,改变社会上有些人对老年人的偏见和歧视,如有人认为老年人只能消极地适应生活,是社会和家庭的负担等。因此,我们要从观念上接纳并尊重老年人,真心为他们提供帮助,以改善老年人的生存环境,提高他们的生活质量。

二、热爱老年人

活动组织者要真正热爱老年人群体,甘愿付出,乐于组织和参与老年人活动。不少活动组织者组织活动时很有条理,讲解也很清晰,但唯独缺少了热情、热爱。组织者对活动的热爱能对老年人产生很强的感染力,令老年人感到带领者不是为了工作而工作,而是为了与老年人分享快乐。所以,组织者要将每次活动都当作新的体验,除了让成员玩得高兴外,也要表现出自己与老年人共同分享活动的愉悦感。

三、尊重老年人的自决权

有些老年人根本不想参加活动，他们可能不喜欢按部就班地跟陌生人或自己熟悉的人交往。他们不喜欢谈论彼此的感受或烦恼，对回忆往事或者学习新技能没什么兴趣，也不愿意结交新朋友或者探索早年未解决的冲突。尽管认识到这一点会让老年人活动的组织者产生挫败感，但是老年人有权利这样做。尊重老年人的尊严意味着尊重他们拒绝活动的权利。

在老年人参与活动时，有时需要老年人自己做出决定，或者自己制定活动规则，这时，工作者扮演的是协助者的角色，这样才能让老年人有最大的收获。

四、个别化原则

事实上，每位老年人都是独特的个体，切不可用某一固定的模式要求他们。有些60岁的老年人可能比30岁的年轻人在生理上更健康，在思想上更愿意接受新事物。一些老年人健康、健谈且风趣幽默，欣然接受老之将至；一些老年人则可能唠叨抱怨、心灰意冷。有的老年人把生活安排得井然有序，有固定的生活目标，积极自修大学课程，参加各类活动；有的老年人则终日无所事事。因此，活动组织者应根据老年人的性格特点和需要，组织不同种类、不同形式的活动。当然，也不能仅以参与活动的积极性来判断老年人对生活的满意程度，有些老年人不积极参加活动却很快乐。在现实生活中，经济收入、生活方式、人际关系等都是影响老年人晚年幸福的重要因素。

五、保密原则

在组织开展老年活动时，尤其是涉及老年怀旧、戏剧辅疗等活动时，会涉及老年人的隐私，这些隐私可能是老年人不愿意让参与活动之外的其他人知道的，所以活动组织者也应帮助老年人保护隐私。

思考与讨论

1. 请结合具体情况讨论如何遵循老年活动的伦理原则；
2. 如果一位非常信任你的老人在某次活动中要赠予你贵重的财物，请问你该怎么处理？

实训案例

组织集体观看影片《飞越老人院》后，回答以下问题：
1. 片中老人院里的老年人，都组织与开展了哪些活动？
2. 片中老人院院长在为老年人开展活动时是否遵循了相关伦理原则？

项目三　认识老年活动策划与组织

【项目概览】

老年活动策划可以被看成是对老年活动组织行为的一种预先筹划，其是对老年活动过程和资源等一系列外部事件进行精心设计和安排的过程。其包括对老年活动的需要调研、策划案撰写、活动过程的组织与实施以及活动评估等。

【项目目标】

知识目标

（1）了解老年活动策划的基本程序；
（2）掌握老年活动策划案撰写的内容；
（3）了解老年活动组织与管理的各种要素；
（4）理解开展老年活动评估的内容和方法。

技能目标

（1）能够组织开展精准的活动需求调研；
（2）能够根据活动需求撰写规范的活动策划方案；
（3）能够执行策划方案并实现活动目标；
（4）根据有效组织老年活动的评估。

素质目标

（1）具备活动策划的创新意识和精神；
（2）具备活动组织的团队协同、沟通与合作精神；
（3）具备活动组织的爱心、耐心、细心、责任心等职业素养；
（4）具备活动组织风险防控的严谨意识和科学精神。

适老活动策划与组织

任务一 了解老年活动策划的基本程序

情境导入

温馨之家养老院里住着上百位老年人。一年一度的中秋佳节就要到了，可近一半的老年人因为子女不在身边或是孤寡老年人，无法与家人团聚。为了帮助老年人度过一个欢乐热闹的中秋节，养老院的工作人员决定举办一场中秋歌舞晚会，让老年人忘却寂寞和孤独。养老院的负责人让新来实习的小王提前做好策划案。

问题讨论

1. 小王应如何开展策划工作？
2. 老年活动策划的基本程序是什么？

【知识导学】

老年活动策划是一项系统性工作，是遵循老年人活动规律并按照一定的科学合理的流程进行的策划。老年人活动策划的程序是指在策划过程中必须遵循的相对规范的过程及步骤。

一、老年活动策划程序的方程式

老年活动策划的基本程序可以概括为"6W+2H+I+E"活动设计方程式，分别代表了活动策划的几个相关联的要素，涵盖了老年活动策划程序中的概念和主体内容形成的诸环节，具体见表3-1-1。

表3-1-1 老年活动程序设计方程式

6W	目标（Why）——为什么要组织这次活动？有什么目标？ 分工（Who）——由什么人组织？谁负责这次活动？ 对象（Whom）——参加者是什么人？如年龄、健康情况、特殊需要等。 性质（What）——活动内容，活动以何种形式进行？ 时间（When）——举行日期、时间、后备（延期时间）。 地点（Where）——在哪里举行？可有后备地点？

2H	程序（How）——如何进行（事前宣传、招募工作、活动次序） 资源（How Much）——可包括三方面： 人力 物力 财力（如收费、资助、财政预算等）
I	如果（If……Then，What）——应急预案，预先假设可能的问题（如天气、地点、资金、受伤等）及可行的解决方法
E	评估反思（Evaluation）——尽可能在展开工作之前策划好评估反思的内容，所采用的方法、形式及何时进行。如有需要，可在活动进行期间进行评估，以减少问题的产生，更好地控制活动进展。 评估的内容大致可分为： 目标是否达到； 反应是否良好； 工作方法是否正确； 合作是否充分； 可改良之处

二、老年活动策划的基本流程

老年活动策划的程序大致可以分为以下六个阶段：

1. 明确活动策划问题

策划者需要与委托方或上级领导进行沟通，明确活动策划的目标、意义、宗旨和方向，条理清晰地列出策划的范围、内容及过程中的重点内容。

2. 调查和分析

老年活动策划必须充分考虑老年人的需要和偏好，寻找具有新颖性、特殊性的活动主题。还要了解活动中各利益相关者（如举办方、当地社区、赞助者、媒体、合作者、参与者和观光者等）参与的动机和目的。

3. 活动的具体设计

活动的具体设计是将活动设想具体化，按照实际操作的需要进行细节策划和设计的过程。在活动的具体设计环节，策划者需要从实际的运作角度考虑，对活动的场地、时间、流程、内容、配套服务等进行详细考虑。

4. 策划书的编制

策划书是策划方案的成果表现形式，是策划思想的实质性载体。因此，作为老年活动策划人，需要在策划方案确定之后，制作一份完整详尽的策划书，并将其提供给活动组织者或其他有需要的部门。

5. 活动审查及审批

《中华人民共和国行政许可法》第二十九条规定："公民、法人或者其他组织从事特定活动，依法需要取得行政许可的，应当向行政机关提出申请，待取得相关部门批准后方可实施。"其中的特定活动主要指：直接涉及国家安全、公共安全、经济宏观调控、生态环境保护以及直接关系人身健康、生命财产安全等的特定活动。因此，在具体实施与控制前，某些活动还需要到相关管理部门备案，待其审核批准后方可举行。

6. 活动评估

老年人活动的实施并非活动的全部，活动策划需要策划者以一个不断循环、提升的态度来对待每个策划案。所以，在活动结束后，策划者以及活动组织方都需要对此次活动的策划及实施进行评估和反思，从而不断提升自己的能力和水平。

思考与讨论

在进行老年活动策划时，应注意哪些事项？

项目实训

请结合情境导入中的案例，分组进行头脑风暴，按照活动设计程序方程式的要求列出各个要素。

任务二　老年活动需求调研

情境导入

在某社区居住的大多数老年人很难接受身体逐渐衰退的事实。据他们反映，年纪越大，越觉得生活很沉闷，自己很孤独，由于身体原因，常常觉得力不从心，以前能做到的事情，现在已经做不到了，因此觉得自己越来越没有价值，整天唉声叹气，度日如年。作为社区工作人员，小王想通过开展老年活动来改善此状况，他需要在进行调研的基础上设计相应的活动。

问题讨论

1. 老年活动需求调研是否重要？
2. 如何进行老年活动需求调研？

【知识导学】

活动要求调研是一种有计划、有组织的策划活动，必须遵守一定的工作程序。同时，准确的市场调研有助于减少风险。活动开始前的市场调研做得越好，越能达到组织者的期望。具体来说，活动调研一般包括确定调研专题、制订调研计划、实施调研计划、撰写调查报告四个阶段。

一、确定调研专题

活动调研的问题很多，不可能通过一次调查就能解决所有的问题。因此，在组织活动调研前，应找出关键性问题，若能够很好地回答任务一中的6W，也就确定了调研的专题，对组织一次成功的活动将是非常有益的。

策划老年活动主题时，工作人员往往会根据时间性进行策划。春天到来，老年活动主题可以与春天紧密相关，如"春游""春季养生""春之园艺""风筝涂色""树叶贴画"等主题。遇到节庆日，活动主题则一般围绕着节庆主题来展开，比如重阳节的重阳主题活动、圣诞节的圣诞主题活动、七月一党日主题活动、老年人集体生日的生日主题活动等。活动主题紧扣时间性的好处，是为了让老年人紧跟时代步伐，获得生活上的节奏感。

重大重要的节日之外，可以在活动调研阶段发现老年人的需要，了解他们关心的话题，结合时下热点，发现其他的活动主题并且进行合理的设计。比如怀旧主题、保健主题、红歌主题、棋牌主题等都是老年活动中喜闻乐见的主题类型；而公益主题、学习主题、宠物主题、旅游主题、心理主题等又是老年活动中比较时髦、新颖、受欢迎的主题活动类型。总之，无论工作人员举办何种老年活动，确切的主题是申办和举办活动的关键，并且必须在活动策划中旗帜鲜明地提出来。

二、制订调研计划

调研专题确定后，紧接着要制订调研计划。调研计划主要包括调研渠道和调查方法。

（一）调研渠道

活动调研首先要注意的事项就是对资料的搜集整理，对当地资源的发现与分析。根据6W的信息，明确可以在哪些层次，通过哪些渠道开展调查活动。

事先向相关政府管理部门，如民政部门、街道社区、老干部活动中心等了解历史性的活动或同类活动的举办情况，活动是否有竞争价值，是否能策划出既不与别人雷同又有创意性的活动，是否能获得一定的资金支持。

向各类老年社团、老年协会、老干部之家、老干部大学、老干部活动中心、退休职工活动中心、老年艺术团体、文化艺术机构等获悉可利用的活动人力、物力、课程、技术等资源。到涉老网站、广播电台、报纸期刊、电视栏目、微信公众号等探索可行的宣传途径。

调研当地产业链的企业或知名企业的需求，如在一些新开办的老年公寓、养老机构、知名的老年保健品企业寻求活动潜在的赞助商。

调研国家政策和法律法规，了解活动的举办是否在法律和政策的允许范围内，有没有忽略什么细节。

调研活动中最重要的是调研潜在服务对象的诉求。要对服务对象的需求进行分析和归纳，在这基础之上再对这些资料进行过滤，哪些可以转变成亮点，哪些是以前做过这次不再考虑的。综合这些元素之后才能更好地对整个活动的主题方向、节目形式加以把控。需要注意的是，一味迎合活动参与者的需求是远远不够的，往往会让参与者觉得没有新意，找到潜在活动参与者的需求，再加以引导、策划、升华，才会受到欢迎。

（二）调查方法

1. 典型调查

典型调查是指从调查对象的总体中选取一个或几个具有代表性的单位，如个人、群体、组织、社区，进行全面、深入的调查。其目的是通过直接地、深入地调查研究个别典型，来认识同类物的一般属性和规律。

选择典型是进行典型调查的关键。典型选得适当，调查的结果可以真实地反映同类事物的一般属性。典型选错了，调查的结果就不可能真实地反映同类事物的共性，只会得出错误的结论。调查者选择典型的过程，是根据调查目的，在调查对象中发现和确定典型的过程。

2. 重点调查

重点调查是通过对重点样本的调查来大致地掌握总体的基本数量情况的调查方式。所谓"重点"，是指总体中那些在某一或某些数量指标上占有较大比重的单位或个体。与典型调查一样，它们都不是采取随机抽样的方法确定具体的调查对象，因而都易受主观因素的影响。但它们调查对象的数量都较少，因此都比较省时、省力，两者的差异在于：重点调查的具体对象是重点，重点不一定要有代表性或典型性，而要求在总体中具有重要地位或在总体的数量总值中占有较高比例，典型调查的对象要求其具有代表性或典型性。另外，重点调查主要是数量认识，而典型调查主要是性质认知。

3. 抽样调查

抽样调查是指从调查对象的总体中抽取一些个人或单位作为样本，通过对样本的调查研究来推论整体的状况。与典型调查相比较，抽样调查一般是标准化、结构式的社会调查，它具有综合定性研究和定量研究的功能，因此，抽样调查已成为现代社会调查的主要方式。

抽样调查的调查对象一般要求采取随机抽样的方法来确定。随机样本的代表性较少受到抽样者主观因素的影响，其代表性是由随机抽样方法来保证的，因此抽样调查的可信度首先依赖于科学的抽样方法。

根据调查任务的具体要求，确定总体的范围，即抽样的范围。如果不能明确抽样的具体范围，就不能采取随机抽样的方法进行抽样。

有计划地选择合适的调查方法，在活动前期对活动策划者把握活动对象的需求、爱好、倾向等进行调研，可以起到事半功倍的作用。

三、实施调研计划

在调研计划制订出之后，就可以正式实施调查了，这个阶段就是收集信息、加工信息和分析信息的过程。为了便于以后的加工、储存和传递，在进行信息收集以前，要按照信息收集的目的和要求设计出合理的收集提纲和表格，编制调查问卷和调查表。提纲是搜集资料的依据，是调查报告的梗概。在调查过程中有时提纲要不断修改，有时要增添原先没有的项目，有时要删减已有的项目，有时还要修改各种细节。提纲编写好后，要根据提纲要求设计必要的调查表和问卷。一般来说，调查表侧重于事实及数字材料的搜集，问卷则侧重于意见的征询。编制调查表要注意：每份调查表应有问卷编号，方便今后统计分析和查找数据；标题应简明醒目；表中须能容纳所有的调查项目；复杂表格应配有填表说明；有的表末尾应注明填表单位和填表日期以备查用，以示负责。要以调查报告、资料摘编、数据图表等形式把获得的信息整理出来，并将这些信息资料与收集计划进行对比分析，若不符合要求，还要进行补充收集。

四、撰写调查报告

调查报告是将调查数据分析结果书面化的形式，也是对整个调查工作的总结。调查报告一般由标题和正文两部分组成。

（一）标题

标题可以有两种写法。一种是规范化标题格式，即"发文主题"+"文种"，基本格式为《×关于××××的调查报告》《关于××××的调查报告》《××××调查》等。另一种是自由式标题，包括陈述式、提问式和正副题结合使用三种。

（二）正文

正文一般分前言、主体、结尾三部分。

1. 前言

有几种写法：第一种是写明调查的起因或目的、时间和地点、对象或范围、经过与方法，以及人员组成等调查本身的情况，从中引出中心问题或基本结论；第二种是写明调查对象的历史背景、大致发展经过、现实状况、主要成绩、突出问题等基本情况，进而提出中心问题或主要观点；第三种是开门见山，直接概括出调查的结果，如肯定做法、指出问题、提示影响、说明中心内容等。前言起画龙点睛的作用，因此要精练概括，直切主题。

2. 主体

这是调查报告最主要的部分，这部分详述调查研究的基本情况、做法、经验，以及分析调查研究所得材料中得出的各种具体认识、观点和基本结论。

3. 结尾

结尾的写法也比较多，可以提出解决问题的方法、对策或下一步的工作改进建议；或总结全文的主要观点，进一步深化主题；或提出问题，引发人们的进一步思考。

思考与讨论

活动需求调研的方法有哪些？

项目实训

将学生分成若干小组，选择某一社区，针对在其中居住的老年人的教育需求状况进行调研，并撰写调研报告。

任务三 老年活动策划书撰写

情境导入

幸福之家养老院是一家规模较大、人员设施齐备的养老康复机构，主要为老年人提供生活照料、医疗、护理、康复、心理和营养治疗等服务。为进一步丰富老年生活，院里决定组织老年人开展一系列活动，以促进老年人彼此之间的感情交流，提高他们的精神生活质量，促进他们的身心健康发展。

问题讨论

1. 你会策划组织哪些适合老年人的活动？
2. 如何撰写一份老年活动策划书？

【知识导学】

老年人活动策划就是为了让老年人的活动顺利进行，是对老年人活动的整体战略策划。把策划过程用文字完整地记录下来就是老年活动策划书的写作。策划书的写法很灵活，没有固定的写作模式，因此本书只论述策划书的基本结构和基本要求。

一、老年活动策划书的写作结构和要求

1. 标题

老年活动策划书的标题通常由两部分组成，基本部分（活动性质和类型）和补充部分（人员、时间、地点、规模等），如 2014 年 ×× 社区老年人广场舞大赛，基本部分是广场舞、大赛，补充部分是 2014 年、×× 社区老年人。

2. 封面

封面应注明以下三点：①活动的全称，点明所策划的是什么活动，是总体方案还是分项方案，是策划方案还是实施方案。②策划人姓名及其隶属的单位和职位。③策划书完成日期。

3. 序文

序文要求高度概括策划书的全貌，能引起阅读者的兴趣。序文阐述本次策划的背景、目的、主要构思，策划的主体层次等。内容要求简明扼要，让人一目了然，字数不超过 500 字。

4. 活动背景及目的

活动背景及目的要求说明此活动的特性，老年人对于此活动的需求形成可行性，最终达到什么样的活动目的。在表述方面要求层次清晰，文笔生动。

5. 活动时间

在活动时间方面除了应点明活动开始的时间外，还应该点明每段活动所需的时间和结束的时间。

6. 活动地点

主要应点明活动的报到地点和主要活动的举办地点。如果有分项活动，还应点明分项活动或分会场的地点。

7. 活动主题

活动主题就是举办本次活动的中心思想，必须十分鲜明，并能够用简明扼要的语言表达出来。有些活动比较复杂，用一两句话很难将主题概括出来，因此还可以用活动的宗旨或举办原则之类的方式对其进行补充。

8. 组织单位

主办单位、承办单位、协办单位统称组织单位。应该先介绍主办单位再介绍承办单位，然后再介绍协办单位。有些活动为了显示主管部门对于活动特别重视，还可列出特别支持单位、赞助单位、冠名单位等。

9. 组织领导

重大活动一般都要成立组委会，同时设正、副主任。一般是由主要主办单位的领导担任组委会主任，次要主办单位的领导担任组委会副主任。有的活动主办单位只是挂名，主要组织工作由承办单位负责。因此，在设组委会的同时，还要设一个筹委会，筹委会主任

一般是由承办单位的主要负责人担任，筹委会副主任由次要承办单位的主要负责人担任。有的活动还会设特邀顾问，特邀顾问一般是社会名流、德高望重的行业领导。介绍时，特邀顾问一般排在组委会领导之前。活动组委会和筹委会下面还可设立若干个部门，各部门应尽量做到在一起办公，对外只公布一个办公地点。组委会组织结构一般采用直线制或直线职能制管理形式，在策划书中以画管理网络图的方法表现出来。

10. 组织结构及任务分工

老年活动策划实施的工作组织的构成及人员组成与分工。

11. 主体活动策划

老年活动策划及操作流程等。

12. 活动具体组织办法

应根据委托单位的意见和策划者的思考，将活动的组织方式、活动组织程序、活动涉及事项尽量列明，让人一目了然。

13. 活动所需物品及场地

何时何地需要何种环境布置及所需使用物品的详细安排。

14. 活动的宣传口号与媒体支持

在媒体支持方面，一是协办媒体，主要是在活动预定辐射区与委托单位关系密切的媒体。二是指定媒体，主要是那些对活动感兴趣，能够拿出较重要的版面或时段来对活动进行宣传的媒体。三是一般合作媒体，是指主办单位、承办单位仅仅想借助他们的阵地进行宣传的媒体。活动策划书中的宣传口号应力求生动准确，朗朗上口。

15. 策划进度表

策划进度表包括从活动策划到实施的全部过程的时间，何月何时要做何事都在进度表上标示出来，而且在时间安排上要留有余地，具有可操作性。

16. 安全事项

安全事项要提出明确的安全建议。

17. 资金预算及来源

说明资金来源及保障。明确各项经费收支，把各种费用控制在最小规模上，以获得最优的效益。

18. 风险分析

对可能遭遇的经济风险、政策风险、自然风险、安全风险、不可抗力风险等预先考虑，要有明确的规避风险的意见。

19. 效益预测

对策划蓝图进行前瞻性预测，促进投资者和策划委托方对策划书做出付诸实施的决策。

20. 其他事项

策划者需要强调的建议。

21. 落款

策划人的姓名和文本形成的时间。

22. 附件

附件主要点明随策划方案一起呈送的附属文件。包括预测策划前景的相关资料及相关的批文和批示;支持策划的权威性、可行性系列材料。若有附件,应注明序号,以便核对。

二、老年活动策划书示例

幸福家园社区母亲节活动策划书

(1) 活动目的:丰富老年人社交文化,提升生活品质,促进老年人身心健康,让老年人以积极的生活态度安度晚年。

(2) 活动主题:"感恩父母"系列活动。

(3) 活动对象:幸福家园小区全体老年人及子女。

(4) 老年人现状分析:幸福家园小区由于是年代较为久远的老型社区,居民老龄化比重较高,很多退休的老年人,在心理上和生理上都不可避免地出现了久居室内情绪低下、生活态度不积极、身体亚健康等问题,更有些老年人由于子女长期在外地工作,思念成疾。

(5) 活动时间:2014年5月11日(星期日)。

(6) 活动地点:幸福家园社区户外体育活动中心。

(7) 活动形式:活动采取运动比赛、亲子互动的形式,还包括为父母洗脚、理发等。

(8) 活动内容:具体内容如下。

第一篇:父爱如山——亲子运动会。

第二篇:母爱似水——我为妈妈唱首歌。

第三篇:浓情感恩——我为父母做点事。

(9) 人员安排:具体人员安排详见表3-3-1。

表3-3-1 "感恩父母"活动人员安排

工作小组	任务安排
采购组	购买活动所需要的物品
设备采购组	活动前设备的准备、调试 外联组现场布置 活动中,设备的操作
外联组	联系赞助商;理发店的支持;联系老年人子女
现场布置组	活动当天的现场布置和宣传
机动组	处理突发状况
活动策划组	策划组织活动

（10）宣传计划：具体的宣传计划详见表3-3-2。

表3-3-2 "感恩父母"活动宣传计划

项目	数量
宣传单页	500份
地方电视台	5天
地方广播电台	5天
现场条幅	4条
现场展架	2个
现场展板	2个

（11）费用预算：本次活动的费用预算详见表3-3-3。

表3-3-3 "感恩父母"活动费用预算

项目	数量	单价/元	数量	总额/元	备注
宣传费用	宣传单页	0.1	500份	50	赞助方承担
	地方电视台	100	5天	500	赞助方承担
	地方广播电台	200	5天	1 000	赞助方承担
	现场条幅	45	4天	180	赞助方承担
	现场展架	50	2个	100	赞助方承担
	现场展板	240	2个	480	赞助方承担
奖品	血压计	300	1套	300	主办方承担
	茶具	120	3套	360	主办方承担
	花生油	80	5桶	400	主办方承担
现场布置	现场音响设备	400	1天	400	主办方承担
	主持人	200	1天	200	主办方承担
	现场气氛布置	100	—	100	主办方承担
	矿泉水等	35	6箱	210	主办方承担
合计	总费用为4 280元，其中赞助方承担2 310元，主办方承担1 970元				

（12）活动注意事项如下。

①本活动适用范围为幸福家园社区全体老年人及其子女，参加者需要提前向居委会报名。

②"亲子运动会"由于活动较为激烈，不适宜患有高血压、心脏病等的老年人参加。

③针对行走不便的老年人，组织人员应及时给予帮助。

④要确保"亲子运动会"比赛的公平、公正、公开。

⑤活动期间要注意活动现场秩序的维护，确保老年人的人身安全。
⑥提前制订应急方案，活动现场应配备医护人员。
（13）活动总结和效果评估。
①活动配备摄影师全程录像，并在活动结束后刻录光盘，送给参加活动的老年人，留作纪念。
②活动期间可注意与老年人的沟通和交流，以便获得反馈意见，及时改进活动。
③活动结束后，对整个活动流程以及活动现场状况进行分析，总结失误，积累经验，并形成书面总结报告。

思考与讨论

组织策划老年人的活动需要注意哪些事项？

项目实训

将学生分成若干小组，让他们结合情境导入中的案例背景，确定活动主题，撰写活动策划书。

任务四 老年活动组织与实施

情境导入

长乐老年公寓里的许多老年人喜欢在别人面前（尤其是在年轻的工作人员及前来探望的儿女面前）提及往事，追忆自己年轻时的意气风发，重提当年未能实现的理想时，常常老泪纵横。于是，工作人员决定组织一次往事回顾活动，让老年人尽情回顾往事，一方面，可以丰富老年人的生活，让他们找到自己的价值，重拾生活热情；另一方面，也让工作人员更好地了解公寓内居住的老年人的生活经历，探知他们的心理活动，提取有效信息，更好地为他们服务。工作人员为此策划了以"忆往昔"为主题的活动方案，现已进入活动组织与实施阶段。

问题讨论

1. 在活动组织与实施过程中，应注意哪些事项？
2. 如何进行活动管理？

子任务一　做好老年活动的时间管理

一、老年活动持续时间估算

老年活动持续时间（历时）估算是指根据现有条件估算出完成某一活动所需要的时间。活动时间估算是老年人活动进度中非常重要的工作，直接关系到各项任务起止时间的确定，以及整个活动的完成时间。活动持续时间的估算方法主要采用类比法。类比法又称经验比较法，这是由老年活动的负责人或具有丰富活动组织经验的人员来估算完成的。根据以前类似的实际活动时间来推测大致时间，是一种非常有效的方法。例如，某福利院有一次举行老年人麻将比赛，由于错误估算了老年人每局所需时间，最终造成福利院食堂已经开饭，而活动还没有结束，最终只得草草收场。

二、老年活动进度

进度计划是在确定老年活动目标时间的基础上，根据相应完成的活动量，对各项过程的顺序、起止时间和衔接关系以及所需的人力和物资进行统筹安排。相关影响因素主要有以下几个方面：

1. 资金的影响

资金的影响主要来自政府拨款、企业赞助等，活动负责人应根据资金的供应情况，合理安排进度，及时督促预付款和进度款，以免时间延误。

2. 利益相关者的影响

只要是与活动进展有关的利益相关者（如政府部门、设计单位、赞助商、银行以及运输、通信、供电等部门），其工作进度的延后必将对进度产生影响。因此，要充分发挥监督作用，以保证对进度的控制，协调各相关单位之间的关系。

3. 物资供应的影响

在老年活动的举办过程中，食物、饮料和必要的设施设备等能按时送到活动现场，且质量符合要求。

4. 情况变更的影响

在活动过程中，发生变更是难免的，如老年人临时改变想法，或者出现了意外情况。活动策划人应加强审查，严格控制随意变更。

5. 各种风险因素的影响

风险因素包括政治、经济、技术以及自然等方面的各种不可预见的因素。

6. 承办单位自身管理水平的影响

现场情况千变万化，承办单位的方案不当、计划不周、管理不善、解决问题不及时等，都会影响活动进度。

正是由于上述各种因素的影响，进度计划的执行过程难免会产生偏差，一旦发生偏差，就要及时分析原因，然后采取必要的纠偏措施或调整原进度计划，这是一种动态控制过程。

三、老年活动举办及持续时间

1. 活动举办时间

对于大多数老年人而言，因为没有固定的上下班时间限制，所以举办活动的时间相对比较宽裕，但要考虑到老年人的生活安排和日常作息时间，尽量不打乱他们的常规生活节奏。

2. 避开事项

为了保证活动效果，要避开在天气恶劣（如酷暑、下雪、狂风暴雨、雾霾等）时举办活动。同时，还要避开上下班高峰时段，节省老年人来回赶路的时间。

3. 活动持续时间

一般活动时间不宜过长，应控制在 1.5 小时以内，如果超过 1.5 小时，应安排中场休息，避免让老年人感觉劳累。

4. 活动中提醒事项

对于老年群体，在活动中需要给他们留出时间上厕所、短暂休息等。在活动开始前，要了解老年人是否需要固定时间点吃药。如有，后勤人员需要按时提醒老年人。如果不是一次可完成的活动，在每次活动结束后需强调下次活动时间，且在下次活动开始前，用电话、短信、上门提醒等方式再次告知老年人活动时间。

子任务二　做好老年活动场地的布置及管理

一、场地选择

1. 场地的类型

（1）室内场地。

老年人活动可选择在固定的建筑物内举办，如会议中心、展览馆、活动中心、电影院、宴会厅等。这种场地往往是永久性、多功能的，在装饰和调整后，适合举办不同类型的活动。

（2）临时搭建的凉棚式场地。

凉棚式场地是指临时搭建的用来举办节事活动的暂时性场地，往往选择在无建筑设施阻挡，有一定范围的草坪、广场或其他较为平坦的开阔场地。

（3）露天场地。

有些老年活动由于有流动性或受活动性质和类型的限制，不需要顶棚，可在草坪、广场等露天场所，或有规定路线的街道上举行。如广场音乐会、运动会、老年人草坪婚礼等。

2. 选择场地应考虑的主要因素

（1）活动的性质：比如春游活动，就只能外出，不能在室内举行。

（2）活动的规模：应考虑到场观众的数量、活动的级别、参加的领导嘉宾等因素。

（3）场地条件对活动项目的适合性：如在室外举行老年人羽毛球比赛，在室内举行花车巡游活动，都不太适宜。另外，还要考虑活动场地地面是否平整；若要进行教学类活动，要使用投影仪，需考虑是否有电源、是否有适合投影的墙壁等。

（4）场地的区位因素：如活动举办地点交通是否便利；食、宿、游、购等是否方便；如在院内，是否有电梯方便到达；是否有卫生间供老年人使用等。

（5）设施设备要求：老年人活动组织者要考虑活动场地的照明强度、温度湿度、场地尺寸、衣帽间、评委和观众席、停车场等是否适宜本次活动。对于出入口，一定要能够确保老年人畅通无阻，而疏散通道、急救车辆的通行区一定不能堵塞。

二、场地布置

活动场地的布置都必须围绕整个活动的主题而展开。在安排座位时，必须考虑到座位是固定的还是移动的、老年人数量、老年人到来的方式。安全因素包括安全门位置、过道位置和大小等。主要的场地布置模式有以下几种：

1. 剧院礼堂式

这种布置最前面是主席台，主席台有若干个座位（数量视会议需要而定）。观众座位围绕主席台，有正面向座位、左面向座位和右面向座位。这种形式多适用于参与人数多，较为正式的会议或主题报告讲座等。

2. 教室式

这种布置和学校教室一样，最前面是投影屏幕和白板，接着是主席台，主席台后面有桌子和椅子，中间留有1~3个通道，方便主持人走进老年人中间与大家交流。教室式较剧院礼堂式，参与人数少，形式可自由活泼一些。

3. 宴会式

这种形式较为随意，有利于调动参会老年人的积极性。这种布置形式多用于宴会、年会、招待会等。

4. 体育馆式

大多数赛事采取体育馆式布置形式，座位设置在赛场四周，这种布置能提高观众对比赛的参与度。

5. T型台式

即主席台向观众区延伸，三面被观众席环绕，这样能拉近表演者和观众之间的距离，便于欣赏。老年时装秀即可采取这种场馆布置模式。

6. U型或圆桌型

这种形式可以把观众和组织者连在一起，感觉更随意一些，如茶话会即可采取这种场馆布置模式。

子任务三　做好老年活动人员管理

一、老年活动人力资源管理基本原则

1. 科学标准管理与个性化的人际管理相结合的原则

（1）确定标准。没有标准就不可能具有衡量评估实际绩效的根据。标准就像靶子一样，可以作为比较过去、当下和未来行为的准则。正常情况下，人都有其共同之处，因此无论人的问题多么变幻莫测，只要制订了具有弹性的相对完整的制度，任何人事问题的处理结果都会趋于稳定和一致。

（2）科学管理。老年活动策划在人力资源上必须运用相关的科学知识及方法进行管理，基于经验、魄力、主意或资金方面的条件，并不能取代科学的管理方法。科学的管理方法是确保活动达到目标的重要条件。

（3）尊重人才。一次老年活动的成败，既不取决于得天独厚的政策条件，也不取决于雄厚的资金，而是取决于对全体组织者及人力资源的有效应用，掌握正确处理人际关系的原则是赢得人才并有效运用的关键。其中，人格尊严、个别差异、相互作用和激励是最重要的几个因素。

（4）人尽其才。世上少有无才之人，只有用才不当的混乱管理。常言道，"金无足赤，人无完人"，用人不能求全责备，而要用其所长。因此，人尽其才是人力资源开发与管理中必须遵循的一条重要原则。

2. 挖潜和培养相结合的原则

目前，尽管国家利用各种学校加速培养老年服务与管理领域的专业人才，但一时也难以满足现实需求。因此，老年活动的人才开发应该坚持以挖掘和培养相结合的原则。

（1）在社区内办培训班或将人才送到外面培养。

（2）挖掘现有的人才潜力。第一，将使用不当的人调到能发挥所长的岗位上；第二，返聘或延长那些已到退休年龄但身体好的，适合做老年服务工作的人。

（3）轮岗。让有一定文化素质和组织能力的毕业生轮岗从事更具挑战性的工作。许多经验证明这些方法都是行之有效的。

3. 教育与培训相结合的原则

老年活动对策划者及活动推行者的素质要求越来越高,一方面,只有经过教育或培训的人员才能适应各种新观念的运用和老年群体差异性的变化;另一方面,活动组织者可以要求工作人员学习活动手册或说明书等的规范要求,甚至进行培训,以保证工作人员的操作能力可以随着活动的要求不断发展,以利于长期保持进取的活力。

教育与培训是老年活动推行中对工作人员施加影响的重要方式。这种影响方式既可以使工作人员从工作态度、生活习性到精神状态都发生变化,引导或诱发他们做出有益于活动的决定和行为,又可以增强他们对工作效率的关切感和对组织的忠诚度。

二、老年活动志愿者管理

根据《中国青年志愿者注册管理办法(试行)》中的定义,志愿者是指不为物质报酬,基于良知、信念和责任,自愿为社会和他人提供服务和帮助的人。对于许多活动来说,志愿者是维系活动生命的血液,绝大部分活动完全依赖志愿者的推动才能进行。能否有效地招募、培训和奖励志愿者成为许多老年活动组织管理运作中一个生死攸关的部分。志愿者通常参与的工作包括引座员、礼仪员、记录员、急救员、安全员等。

1. 志愿者招募

市民和互助性组织是志愿者招募渠道之一。这些组织的使命之一是为社区提供服务。

另一个渠道是高校或中学。有些地区的学校要求学生必须完成最低限度的志愿服务。有很多学校的学生组织数量很多,他们都有提供服务的意愿和任务。

吸引这些志愿者的关键是"我能从中得到什么?"因此,了解志愿者的需求,然后利用活动来帮助他们实现自己的需求,最终实现双赢。

2. 志愿者培训

参加老年活动的志愿者必须接受三个基本方面的培训,即活动基本框架、场地情况和具体工作任务情况。

(1)活动基本框架。

向活动志愿者提供老年活动的策划案,让志愿者对活动有充分的了解,以便志愿者向每位老年人提供最佳的服务和可靠的信息。

(2)场地情况。

带领志愿者在场地进行考察,有助于他们了解所有场地设施和设备,了解不同区域的服务程序。另外,这一阶段也是组织者为志愿者讲解各类应急措施的最佳时机。

(3)具体工作任务情况。

参加老年活动的志愿者要了解并知道如何履行他们的工作职责,在接触老年人之前,组织者要组织志愿者进行一些预演和角色扮演练习,这样有助于他们熟悉自己的工作。

3. 志愿者奖励

不要等到活动结束才对志愿者说"谢谢"。有很多组织通过发布志愿者新闻通报向他们表示感谢,还有一些组织则举行假日聚会表达谢意。另外,还可在志愿者团队成员中开展类似的正当竞赛等。归纳起来，可分为非物质奖励和物质奖励。非物质奖励包括通过个人和团队的努力实现工作目标，组织志愿者与运动员、明星、音乐家和艺术家见面，表扬和口头认可，培训和技能发展等。

物质奖励包括商品、入场券、聚会、证书、胸章、纪念品等。

子任务四　做好老年活动的危机管理

一、老年活动危机管理的概念

老年活动举行过程中发生的火灾、暴风雨、设备故障、参加者突发性疾病等，都可称为危机性事件。危机具有突发性、破坏性、不确定性、紧迫性几个特征。危机事件给组织和个人带来了严重的损害，为阻止和降低这种损害出现的概率，需要在时间紧迫、人财物资源缺乏和信息不充分的情况下，立即进行决策并组织行动。

二、老年活动危机的防范

1. 选择场地

一旦确定了举办活动的区域，就应该立即着手深入全面地调查这个区域的安全状况，包括考察建筑物、室内场地、户外场地、院区和健康安全性。

（1）建筑物的安全性：建筑物必须坚固安全，建材必须经久耐用，以达到防风、防震、防火的功能。

（2）室内场地的安全性：组织者要经常检查活动室的物质环境，如设备、橱柜等有无会伤害老年人的锐角或突起，出入门的门面是否光滑、无棱角；出入的通道和洗手间是否为防滑地面。

（3）户外场地的安全性：户外活动应选择安全耐用的器材，注意器材的安全间距；老年人活动时应有专人监督；运动器材应定期检查和维护；户外活动场地的地面应能防止老年人跌倒与擦伤。

（4）院区的安全性：户外设备应固定在地上，以免翻倒；室外的插座及电线设备应设置在一般人够不到的地方；楼梯的两边应设老年人专用扶手，楼梯层级不宜过高，以老年人的跨度为准；在安全疏散和经常出入的通道上，不应设台阶。

（5）健康安全性是保证老年人生理的健康。一是布置场地的材料是安全的，不应该出现过于艳丽或者暗淡的颜色、刺鼻的气味、尖锐的角、物体掉落的危险、过量的重金属等有害物质。二是有利于老年人的心理健康。环境要轻松愉快，能为老年人带来安全感和舒适感；应为老年人提供成功体验，让老年人感受到成功后的快乐；创设一些可供老年人发泄情绪的空间，以帮助老年人保持良好的情绪。

2. 规章制度

制订规章制度是为了使活动组织者和参加者避免因安装、拆卸设施而导致的相关风险。这些规章制度通常有两大类，即场地风险和活动风险。场地风险指的是那些直接与设施有关的风险。要询问安全措施，检查易于被人忽略的地方，看是否有乱涂乱画、垃圾等。因为这些地方最能说明安全工作是否到位。注意查看该场地是否安装了监控系统，这些监控系统是何时、通过什么方式工作的。活动风险是指活动组织者与参加者就活动的规章制度和政策的理解不同而产生的问题。

3. 财物与人身安全

在考察场地时，第一步就应该开始着手制订安全计划。第二步是确保管理者和参加方购买足够的保险，保证在遭遇失窃、自然灾害以及其他一些情况时，能够获得足够的赔偿。第三步则是建立一个全面综合的登记系统监控活动，观察所有参加者的活动情况。第四步是制订计划，确保参加者的人身安全。

4. 自然灾害

最常出现的是与天气有关的自然灾害，预防这类灾害发生的首要原则是不要低估自然的力量，要想减少自然灾害对活动的影响，关键在于做好准备工作。在考察场地时就应该对活动区域的情况进行全面调查。了解这个区域在历史上是否遭受过自然灾害，是否在冬季出现过暴风雪，每年春天是否有洪水肆虐，夏季是否存在高温酷暑等天气。所有这些有关自然灾害方面的信息可以到当地的公共安全或紧急服务部门、国家气象局等相关部门查询。

5. 人为灾害/暴力行为

活动组织者不仅要关注自然灾害，更要关注人为灾害或暴力行为。因为，只要是大量的人群聚集在一起，就有可能突发意外情况。这些意外情况可分为四大类，即食物中毒、火灾、暴力行为、示威或对抗，此外不再详细介绍。

三、制订安全计划和程序

制订一个安全计划，一是要熟悉活动的所有细节，了解活动的特点，如预期的参加者人数、场地、办公室、休息室和会议室的地点和使用等；二是了解和协调道路交通和交警，了解建筑物的安全和活动的安全状况；三是组织者应该与场地的活动协调员、建筑物保安人员等密切合作，共同制订安全计划。

四、综合各项因素制订危机管理计划

制订危机管理计划是以一系列决定为基础的，这些决定旨在避免或最大限度地减少危机对个人、本次活动贵重物造成的损失。保护的顺序依次是人员、本次活动和财产。

五、评估危机管理计划

危机管理计划是一个动态的"活文件"，需要不断对其进行改进和更新。首先，外界形势不断变化，危机管理计划应该随着外界因素对活动的影响而不断变化。其次，不论何时发生危机,都应该及时对危机管理计划的价值进行评估,以便更好地确保所有参加者的安全。最后,任何活动都是独一无二的。参加者的人数会变化,活动的场地也可能变化,每当出现这种变化时,组织者都必须重新审阅已制订好的危机管理计划,不让危险钻任何空子。

六、应变处理

活动危机出现的形式是多种多样的,不论何种形式,任何危机都会对活动构成威胁。应付不测,以求得生存,是一切危机管理的基本原则。第一,组织者应该在危机发生前制订危机应变方案,以确保危机到来时可以有准备地应对;第二,高度重视;第三,临危不乱;第四,快速反应,及早处理;第五,行胜于言,在危机突然降临时,积极的行动要比单纯的广告和宣传手册中华丽的词汇更有意义;第六,把握信息发布的主动权。通常,出现危机时最好成立一个新闻中心,将危机真相告诉公众,有必要安排专人写稿,介绍危机的详细情况以及活动管理者所做出的决策,以保证活动的顺利进行,同时也可以维护组织者的信誉。

思考与讨论

谈谈你对老年活动组织管理中应变处理重要性的认识。

项目实训

在为老年人组织集体活动时,可能会发生哪些风险?怎样才可以有效应对和降低这些风险发生的概率?

任务五
老年活动总结与评估

情境导入

长乐公寓的工作人员为老年人成功举行了"忆往昔"之夕阳正红的小组活动。活动结束后,工作人员准备对此次活动进行总结和评估。

问题讨论

1. 作为长乐公寓的工作人员,应该从哪些方面进行活动评估?
2. 应该怎样进行活动评估?

老年活动评估包括对已经发生的活动总结，以及对活动未来的预测。通过评估能总结活动策划、筹备、实施和运作过程是否合理得当，并通过预测对活动的未来进行新的分析评估，其目的是总结经验教训，为下一次组织活动提供建议，也提供更完善的管理体系。

子任务一 认知老年活动评估

一、老年活动评估分类

在老年活动的整个实施过程中，都可以进行活动评估。根据活动评估的时机，老年活动评估可以分为以下三类：

1. 目的性活动评估

这种评估通常发生在活动的研究和策划阶段，评估的目的是确定举办该活动可能需要的资源量大小和延续这一活动的可能性，确认其是否可以立项。它建立在活动项目可行性研究基础之上，站在活动项目的起点，从经济角度、社会角度和环境角度对活动进行评估，是衡量活动能否成功的基准。

2. 形成性活动评估

形成性活动评估是通过对参加者活动进展情况的评估来影响参加过程的一种评估模式，这种评估通过了解、鉴定活动的进展，及时获取调节或改进活动的依据，以增强活动的实效。

3. 总结性活动评估

总结性活动评估是指在完成某个活动或某个阶段性活动之后进行的总结评估，是对活动目标的达成程度的调研，其通常是在活动之后实施的一种评估。

二、老年活动评估的目的

1. 通过对活动的时间进行总结和评估，检查活动的预期目标是否达到，策划与管理是否有效，以此来提高活动组织者的水平。

2. 通过调查和分析有效的反馈信息，确定活动参加者是否满意，活动的主要效益指标是否达到，以增强活动利益相关者的投资信心。

3. 通过对活动的目的、实施过程、效益、作用和影响进行全面系统分析，从正反两方面总结各种经验和教训，找出成败原因，为以后的老年活动策划提供决策方案和管理依据。

4. 通过编写活动评估报告，给利益相关者提供翔实资料和数据，以提升活动形象，为创造老年活动品牌提供支持。

三、活动评估方法

通常使用的老年活动评估方法有以下几种：

1. 调查法

调查法既可用来获得定量的数据，也可用来获得定性的描述，调查法针对那些不可能深入了解的问题，通过调查、访问、谈话、问卷等方法搜集有关资料，调查法主要有以下两种形式：

（1）问卷调查。

问卷调查是调研工作中最常用的工具，就是为了调查老年活动的成败与影响，而专门设计印制有涉及评估内容的各方面问题的表格，并要求被调查者以书面文字或者符号的形式做出回答，然后进行归纳、整理、分析，并得出一定结论的方法。

（2）谈话调查。

谈话调查是指评估主体通过与评估对象及其他相关人员进行面对面交谈、讨论，收集与评估有关的信息资料，并就评估对象的情况做出评估的一种方法，这种方法最大的特点在于，整个过程是评估者与访问者在交谈过程中相互影响、相互作用，因此，其所获得的信息更全面、更直接、更真实。

①电话访谈。这种方法可以在短时间内调查多数对象，而且成本低，获得资料方便迅速，但由于时间限制，很难询问比较复杂的问题，这种方法可用于对活动进行定性分析。②面谈。访问者可以提出较多问题，以补充个人观察的不足，交谈可以相互启发，获取的资料往往比较真实可靠，在整个谈话过程中要保持一种轻松、和谐的气氛，并随时观察被调查者，谈话的形式可以是有组织的座谈、专访，也可以是随机采访，借此机会收集他们对活动的意见和评估。

2. 总结述职

活动结束后，要求每个工作人员对自己在活动过程中的工作做出总结，不论是提交书面材料，还是口头汇报，都可作为活动评估的组成部分。

子任务二　了解老年活动评估的内容

一、评估人员

1. 聘请专门机构评估

为了保证评估的客观性和科学性，由专门的机构对活动效益等进行评估，从第三方的角度论证，避免出现偏颇。

2. 参加活动的老年人

参加活动的老年人是活动评估的重要调查对象。

3. 活动组织者及所有工作人员

活动组织者及所有工作人员参加了整个活动，亲身经历了从策划到执行的全过程，对活动的评估最有发言权。

4. 赞助商

从赞助商提供赞助的出发点来看，他们是为了提高产品知名度，提升企业形象，增加产品的销售量而为活动提供支持的。他们对活动进行评估的目的是关注有没有达到预期的赞助目标。

二、评估时机

活动评估是活动后续管理中的重要组成部分，不能在活动结束后若干年才开展。活动评估一定要具有时效性。所以，评估时机应选在活动完成后立即进行或在短期内进行。有的活动由若干子活动组成，持续时间较长，因此可以分阶段进行评估。

三、老年活动评估内容

老年活动评估主要包括两个方面，即从组织者角度出发对老年活动策划与指导和从老年参加者角度出发对活动参与的有效性进行评估。

1. 对老年参加者的评估

对老年参加者活动状态的关注主要涉及四个方面：情绪状态、注意状态、参与状态、交往状态，因此，对活动过程中老年参加者进行评估可以包括以下几个方面。

（1）老年参加者对活动的参与度。主要评估在活动进程中，参加者注意力的集中程度，表现出来的态度、情感和动作等。

（2）老年参加者的情感态度。主要评估老年人在活动过程中的情绪状态，包括他们在活动中表现出来的态度、情感和动作等。

（3）老年人在活动中的互动程度。主要涉及对老年人在活动过程中与他人互动交流状况的评估，包括在活动中与他人的合作交流，互动的次数、形式以及有效性等方面。

（4）老年人在活动中的能力。主要评估活动中老年人在能力展示水平上的表现和反应，包括活动中的语言表达能力；是否敢于答题、经验迁移、分析判断能力等；动手操作能力以及创造性表达能力等。

2. 其他方面的评估

（1）工作人员。

工作人员对老年参加者的态度。人手的安排是否恰当；各工作人员是否清楚自己的分工及责任；活动过程中工作人员的表现及合作情况如何；工作人员事前准备工作是否足够；主持人的气质、风格、形象是否与活动相得益彰；主持人是否对观众有吸引力；主持人表达是否清楚等。

(2)活动安排。

活动安排是否紧密围绕活动的主题;各个组成部分的先后顺序是否恰当;活动程序是否如期进行;活动程序出现了哪些预期外的后果等。活动场所音乐是否悦耳;音响设备是否出现故障;活动场地布置是否符合活动主题;活动场所的温度、湿度、光线如何;活动场所指引标志是否醒目和美观;活动场所是否受到外部噪声的干扰等。

(3)宣传促销与融资。

广告投入的数量和金额;宣传促销的方式好不好,效率高不高;参加活动的人数如何;活动能为赞助者带来的收益情况如何等。

(4)其他。

活动过程中曾遇到哪些困难,将来如何避免或解决;如何加强活动的正面效果,降低负面效果;在活动过程中疏忽了哪些重要的事;不同的人对于活动程序的进行情况抱有什么样的观点等。

思考与讨论

根据本任务内容探讨活动评估对活动开展的重要性。

项目实训

就"老年常见疾病误区"讲座活动,讨论一下评估的具体内容有哪些,以及如何才能为老年人提供理想的活动体验。

下篇

实践篇

项目四　体适能类活动策划与组织

【项目概览】

党的二十大对新时代新征程上加快推进健康中国建设作出了新的战略部署、赋予了新的任务使命，提出了"把保障人民健康放在优先发展的战略位置，完善人民健康促进政策"。通过全民健康教育，普及健康的生活方式和行为，增强人民群众维护自身健康的意识与能力，提高居民健康素养是建设"健康中国"的重要路径和方法。从具体实施全民健康的角度看，可从"体适能"等体育休闲活动入手提高老年人的身心健康程度。

【项目目标】

知识目标

（1）掌握体适能的内涵、主要活动内容及活动方法的知识；
（2）掌握体适能活动测试的操作要点及测试结果分析的知识；
（3）掌握热身运动的必要性和操作要点的知识；
（4）掌握辅具类的体适能活动的类型与特点等知识。

技能目标

（1）能够按照规范流程进行柔软度、肌力、心肺耐力等方面的体能测试；
（2）能够在充分热身的基础上应用不同辅具开展体适能活动；
（3）能够根据体能测试的数据分析老年人活动开展的适宜度；
（4）能够根据不同类型的体适能活动制定应急处理的预案。

素质目标

（1）遵循体适能活动组织中个别化、自愿性、保密性和无害性的专业伦理；
（2）具备活动组织中的热情耐心、爱岗敬业的职业精神；
（3）具有精准测量的工匠精神以及实事求是的科学精神；
（4）鼓励体适能活动的形式创新和辅具应用创新，培养创新精神。

适老活动策划与组织

任务一 认识体适能活动

情境导入

近期，某养机构受天气活动影响，院所的老年人户外活动偏少。院长打算安排活动管家小王为居住在院内的老年人组织体适能活动，那什么是体适能活动？策划和组织的要点是什么？活动负责人请小王分析和撰写一下老年健康体适能锻炼方案，总结出策划和组织体适能活动的步骤。

问题讨论

1. 体适能活动有什么作用？
2. 体适能活动的内涵是什么？
3. 如何策划和组织体适能活动？

【知识导学】

体适能是身体适应能力的简称，是身体健康的基础，也是预防慢性疾病的重要因素。国际上将体适能定义为机体在不过度疲劳状态下，能以最大的活力从事体育休闲活动的能力，以及应付不可预测紧急情况的能力和从事日常工作的能力。体适能因其对象和个人的需求不同，可分为竞技体适能和健康体适能，与竞技有关的体适能是指身体从事和运动有关的体能，又称为竞技体适能，它包括爆发力、敏捷性、协调性、平衡性、速度、反应时间六大重要指标；健康体适能是指与健康有密切关系的心肺血管及肌肉组织的功能，促进健康体适能可保证身体避免因"坐式生活型态"所引起的慢性疾病，如心脏病、脑卒中、高血压及糖尿病等，一般成年人的健康体适能有五大指标，可由肌肉力量、肌肉耐力、心肺耐力、柔韧度与身体组成五大指标测量出个人健康体适能的状态。

一、体适能概念的确立

体适能概念最早出现在1897年，但是作为一门学科引起科学界的注意始于1950年。1954年，美国组建了青年体适能总统委员会，体适能概念就在此期间产生。美国健康体育休闲协会组织和制订的《国家青年适应能力测试》文件中提及了体适能一词。

美国运动医学会认为，体适能是由健康体适能和技能体适能组成。健康体适能包含三个要素：身体成分、肌适能、有氧适能，技能体适能包含六大要素：速度、爆发力、灵敏性、平衡能力、协调性、反应时间。

二、国内体适能研究现状

体适能一词在我国多被译为"体质",科研工作中也均以"体质"来代替"体适能"。自改革开放以来,我国无论在理论还是实践方面均做了大量工作。1981年成立了中国体育科学学会体质研究委员会,这标志着我国体质研究学科的确立。1984年至2004年,我国开展了四次大规模的学生体质健康调研,为建立多民族学生体质健康状况的动态资料库打下基础,也初步建立了一个关于学生体质健康的调研制度。1995年,《全民健身计划纲要》出台,该文件对国民参加体育锻炼、增强体质、增进健康提出要求。1997年制订和颁发了《中国成年人体质测定标准》且首次在全国18个省、区、市开展了成年人体质监测工作。1998年,着手在全国范围研究3~6岁儿童和老年人的体质测定标准,进一步完善了我国国民体质监测系统。2003年,我国第一个《国民体质测定标准》由国家体育总局等单位共同签署后正式颁布实施。2004年5月,中国国民体质数据库正式建立。

三、老年体适能的概念

老年人体适能,主要是指老年人健康体适能,又称为老年人功能性体适能,其通常是决定老年人是否能独立自理日常生活功能的基本身体活动能力,例如,轻松容易的爬楼梯、走路、沐浴更衣、自理膳食与进出机动车,甚至灵活使用轮椅。构成老年人功能性体适能的八大要素由肌肉力量、肌肉耐力、心肺耐力、身体柔软度、平衡能力、协调能力、反应时间与身体组成。老年人功能性体适能是一般成年人健康体适能的延伸,由于生理老化,老年人的平衡能力、协调能力、反应时间日益变慢,经常跌倒,甚至造成卧床,导致体能快速衰退。

老年人功能性体适能在活动强度与活动项目上和一般成年人健康体适能可以略有不同。因为老年人的身体状况随着年龄渐增,因身体自然老化而导致体能衰退,在身体结构上、休息与运动时的反应及心肺功能的调整方面皆与一般成年人不同。因此,活动强度可以稍调低。低强度、长时间的运动增进其心肺耐力的效果与高强度、短时间的运动相当,但可以减少运动伤害的机会及增加运动依附性。即使不在健身房接受正式训练,只要保持运动,都会获得显著成果,比如简单的身体伸展、力量训练或步行这种最方便且大多数老年人容易接受的有氧运动方式,也能够达到有效的低中等强度的运动训练目的,并且也能保证老年人的运动安全。

四、老年体适能的作用

2002年,世界卫生组织对老龄化社会的来临提出活力老化政策框架,强调社会参与体系的建立,身心健康环境的形成,社会、经济及社会安全的形成。为了确保安全,65

岁以上的健康老年人或 50 岁以上患有慢性疾病以及部分身体机能受损的成年人，在进行运动之前应先和医生或健康指导员讨论自身的健康状态，并与他们一起拟定运动处方。

1. 体适能活动对老年人心肺耐力的影响

心肺耐力水平是维持健康和体质的基础，具备高水平的心肺耐力是增强体质和促进健康的重要条件。

2. 体适能活动对老年人肌肉力量和耐力的影响

进行有氧运动和肌肉力量练习时，机体血液循环速度加快，肌肉血流量增加，新陈代谢的速率加快，肌肉组织得到改善，分布在肌肉毛细血管的密度增加，肌纤维增多增粗，肌肉力量得以提高。大量研究证实，运动能改善老年人的肌肉力量和耐力。太极拳训练可以明显改善老年人下肢肌肉力量，有效地发展膝关节屈、伸肌群的力量和耐力。体适能（弹力带）活动如图 4-1-1 所示。

图 4-1-1　体适能（弹力带）活动

3. 体适能活动与老年人身体成分

人体内脂肪的堆积随着年龄的增长而增加。大量流行病学调查证实，体内堆积过多的脂肪是导致老年人患心血管疾病、高血压、高血脂、糖尿病等的危险因子。研究还发现，身体脂肪的分布与健康有密切关系，如果脂肪过多堆积在腰腹部，其患病（如高血压、高血脂等）的危险性会大大增加。老年人要通过规律的中低强度的有氧运动来降低随年龄增加而不断增长的身体脂肪，降低 BMI（身体质量指数）和 WHR（腰臀比），减少脂肪的堆积，从而降低慢性疾病发生的概率，改善老年人的健康状况。体适能（纱巾）活动如图 4-1-2 所示。

图 4-1-2 体适能（纱巾）活动

4. 体适能活动对老年人柔韧性的影响

柔韧性是指在无疼痛的情况下，关节所能活动的最大范围。柔韧素质的好坏主要取决于人体各关节的灵活性，肌肉的弹性及神经系统的协调能力。个体进入老年期后，关节囊、韧带、肌腱等会逐渐老化，从而影响肢体的伸展能力。强身健骨操能明显提高老年人的坐位体前屈、单足站立等机体素质指标。另外，还有研究表明，民族健身操练习通过上肢各个关节的转动、膝关节和踝关节的屈伸等动作使老年人的柔韧性明显提高。太极柔力球锻炼能改善胯骨关节各韧带、肌腱、肌肉皮肤的伸展性，使老年人关节的柔韧性增强。体适能柔韧度测试如图 4-1-3 所示。

5. 体适能活动对老年人平衡能力的影响

体适能活动可以干预老年人随着年龄增加而下降的平衡能力，如太极拳、太极柔力球、秧歌、背向行走等运动都证明体育运动对老年人的平衡能力有良好的作用，但是也有数篇文献提出太极拳锻炼对闭目站立稳定性增加不明显，可能由于太极拳主要通过增强动态平衡调节能力来改善老年人平衡能力。长期坚持体育锻炼的老年人能有效地保持其运动平衡器官和肌肉组织的良好状态，从而降低跌倒和发生骨折的危险性。由此可见，老年人可以长期不懈地坚持体育运动来提高自己的平衡能力，从而起到预防跌倒的作用，为健康生活打下良好的基础。

图 4-1-3 体适能柔韧度测试

【技能操作】

一、案例分析

老年人健康体适能锻炼方案

居家锻炼可以提升老年人的免疫力,但初次接触或以前较少锻炼的人群仍需要注意,切勿操之过急。

在锻炼时需注意以下几点:

(1)运动强度:中等强度体力活动。

65%~75%最大心率(最大心率=220-年龄)或心跳加快但不急促,身体发热,额头微微出汗,完成动作后肌肉略感疲劳。

(2)运动频率:每周3~5次。

(3)运动时间:每次30~60分钟(可以累积,但至少保证每次10分钟)。

(4)运动中的呼吸控制:注意呼吸节奏,不要憋气(肌肉发力时呼气,反之则吸气)。

(5)锻炼中的其他注意事项:①锻炼前要进行10分钟伸展和拉伸运动,锻炼后要放松和拉伸;②锻炼过程以"无痛"为原则,一旦出现疼痛则应立即停止或降低强度到无痛感为止;③锻炼过程中注意保持身体平衡,如身体易出现晃动或不稳的状况,可用手扶桌子等。接下来为大家介绍一套适合老年人的居家体适能锻炼方案。

从图4-1-4中可以看出此方案是居家锻炼的活动方案,如果作为团体活动的方案,在养老院里实施,一定是需要补充和完善一些步骤的,具体需要增加哪些环节呢?

图 4-1-4 上肢力量训练案例展示

（a）案例一；（b）案例二

二、策划体适能活动的一般步骤

通过对多年来在养老院和社区带领老年人活动经验的总结，我们认为开展团体或个体的体适能活动应按以下几个步骤进行。

1. 评估：健康评估、活动前测

体适能活动不同于一般的活动，只有对老年人的身体状况有初步的评估和了解，才能找到真正适合老年人的体适能活动。避免在活动中受伤或者所进行的训练并不适合老年人。老年人体适能评估的方法将在任务二进行详细介绍。

2. 连接：营造氛围、热身沟通

通常，在开展活动之前，需要营造有形的和无形的两种环境和氛围，这样才能保证活动的顺利进行。对于有形的环境，需要提前对活动场地进行布置，考量该场地是否防滑，确认活动面积、活动需要的器材是否准备齐全等。对于无形的氛围，需要做的是营造一个温馨、放松、充满爱的氛围，为后面的主体活动打下基础。暖场、调动气氛，一首老歌、一个小游戏，甚至一套手指操都会让现场气氛活跃起来，让更多的老年人愿意参与到活动中来。如果能在此环节中加入体适能活动的讲解，如该活动对身体的促进作用的分析，将会使老年人的参与度更高。

3. 呈现：应用方案、落实目标

现场气氛调动起来之后，就可以按照步骤呈现我们的活动了，而且要注意每位老年人的表现与反应，志愿者团队应分为主带领者和辅助带领人员，主带领者在舞台中央示范，辅助带领人员时刻关注老年人的需要，以及是否能够跟上活动的节奏，有需要的时候及时给予帮助。如果遇到老年人身体不适的情况，及时处理。

4. 反思：提炼得失、调整优化

活动末期，可以进行一次简单的体适能后测，询问老年人此次活动的感受。活动结束之后，小组成员应对本次活动进行总结和反思，思考是否还有调整的空间，哪些环节需要进一步改进，哪些环节还有安全隐患需要规避，切记，进行体适能活动需要时刻把老年人的安全放在第一位。

5. 应用：转换条件、二次创造

结合老年人的反馈和带领活动的心得，小组成员思考是否在人员管理、活动组织、活动步骤方面还有可以创新的空间。随时针对老年人的情况进行及时调整和应变。

【实战演练】

以小组为单位，修改本书中提到的体适能活动策划方案，或从网上搜索相关的体适能策划书进行讨论和修改。

任务二 体适能活动测试

情境导入

某养老院目前打算根据老年人的情况开展体适能活动，分为活力老年人、上下肢轻度障碍老年人、轻度失能老年人、轻中度失智老年人，活动管家小王没掌握如何才能给老年人找到合适的体适能活动项目，也不知道如何评估活动的有效性，你能帮助他吗？

问题讨论

1. 什么样的老年人适合健康促进类活动呢？
2. 如何为老年人选择合适的体适能活动？
3. 如何测量和评估体适能活动的效果？

【知识导学】

健康体适能是指与健康有关的心肺血管及肌肉组织的功能，促进健康体适能可锻炼身体，避免老年人患因生活形态改变而引起的慢性病。健康体适能包括身体组成、肌力、肌耐力、柔软度及心肺耐力五种。

为了解老年人在接受机构养老服务一段时间后，健康状况是否有进步或者退化，相关负责人要定期评估老年人各项体适能的资料，并立即回馈，作为提供及调整老年人健康照顾服务的参考。

【技能操作】

一、检测体适能的步骤与用物准备

（1）事先口头或书面通知。
（2）预备场地。
采光通风好，地面平坦不湿滑，椅子可靠墙摆放。
可依场地及检测人数布置成一字型、双排型或凹字型。
（3）实施测前体适能活动 15~20 分钟。
（4）检测体适能的步骤与每站用物见表 4-2-1。

表 4-2-1 检测体适能的步骤与每站用物

站别	任务	用物及设备	说明
第1站	资料填写及测前评估 测量血压 测量身高、体重 测腰臀围 测双手握力	体适能检测表、笔、血压计、手表、身高体重计、电子计算器、200厘米皮尺、握力计	具有危险因数的老年人应暂缓或停止体适能检测，防护员保护老年人安全
第2站	30秒坐站	直背椅码表或计时器	防护员保护老年人安全
第3站	睁眼单脚站立	秒表或计时器	防护员保护老年人安全
第4站	双手在背后相扣	皮尺或直尺	防护员保护老年人安全
第5站	2.44米折返走	秒表或计时器	防护员保护老年人安全
第6站	2分钟抬腿	秒表或计时器	防护员保护老年人安全
第7站	总评回馈与说明 收回体适能检测表	无	根据个人表现给予具体回馈及鼓励

二、开展体适能测试

1. 体适能检测表见表 4-2-2

表 4-2-2 体适能检测表

姓名			性别		出生年月	
家庭住址			联系方式		编号	
体质状况						
身高		体重		腰围	臀围	
定期检测						
测试项目			1		2	
血压						
心率						
柔软度	座椅体前屈（厘米）		左		右	
	双手背后相扣（厘米）		左		右	
肌力	握力（千克）		左		右	
	30秒手臂卷起					
	30秒坐站次					
敏捷与动态平衡（2.44米折返走）						
心肺耐力（2分钟抬腿）次						
受测试者签名：						

2. 测试前准备及注意事项

（1）测试准备物品：折叠椅、秒表、握力计、笔、标志桶、有色胶带、软尺、体重秤。

（2）测试的顺序：30秒坐站→握力→2分钟踏步→座椅体前屈→双手在背后相扣→2.44米折返走。

（3）受测试者的筛查：以下情况测试前需得到医生允许。

医生曾告知其他因某种疾病而不能运动，曾患充血性心脏病，目前曾出现关节疼痛、胸痛、晕眩，或者用力时心绞痛（胸闷、乏力、疼痛、沉重感）的症状，未接受治疗的高血压。

（4）测试人员的培训：负责实施测试的所有指导者都必须经过事先的完整培训，充分了解测验流程,并严格遵循所有测试步骤。

(5)紧急处理与环境安全:开始执行测试前必须先制订好紧急状况处理步骤,万一发生紧急情况,可随机应变。环境的安全主要包括温度和场地适宜性。

(6)受测者用力过度警示如下:

异常的疲累或呼吸急促、眩晕或头昏、感觉胸闷气短、心跳不规律、任何疼痛的感觉、感觉麻木、失去肌肉控制能力或平衡、恶心呕吐、意识不清、视力模糊,出现以上各种情况时,老年人生理上已经产生过热或过度用力的情况了,这时应立即终止测试。

3. 实施老年人体适能检测

(1)健康体适能要素:身体组成(准备器材:体重测量仪、软尺)。

①身体质量指数(BMI):分析一个人的体重对于不同高度的人所带来的健康影响时,BMI是一个中立而可靠的指标。人体身高测量方法如图4-2-1所示,体重测量仪如图4-2-2所示。

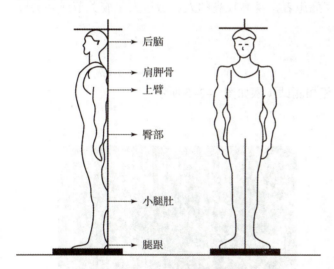

图4-2-1 人体身高测量方法

图4-2-2 体重测量仪

②腰臀比(WHR):腰臀比是腰围和臀围的比值,是判定中心性肥胖的重要指标。

$$BMI = 体重(千克) \div 身高(米)^2$$

$$WHR = 腰围(厘米) / 臀围(厘米)$$

③血压:以血压计测静止状态坐姿之血压正常收缩压90~130毫米汞柱,舒张压60~90毫米汞柱。心跳(脉搏)正常范围:60~90次/分。

体适能检测前,对受测试者危险进行问诊与评估,有危险因素者暂缓检测以下项目。

(2)肌力与肌耐力。

①上肢肌力测试(图4-2-3)——30秒手臂卷起(准备器材:握力计)。

图4-2-3 上肢肌力测试

测试步骤：

受测试者坐在椅子上，背部挺直，双脚平踩地板。惯用手以握手的方式拿着哑铃下垂于体侧，手臂与地板垂直。当手肘弯曲哑铃上提时手掌逐渐转向上，接着手肘慢慢伸直时手掌又转回成握手的手势。尽力在30秒内做出最多次数的手肘屈伸动作。

测试中应注意问题：

a. 避免过度迅猛发力，防止拉伤。

b. 椅子靠墙放置，确保防滑和安全。

②下肢肌力测试——30秒坐站测试步骤如图4-2-4所示。

受测试者坐在椅子中央，背部挺直，双手交叉置于胸前，重复坐下和起立两个动作。指导者先示范，以较慢的速度完成动作，让受测试者练习一两次，当听到开始口令时，受测试者在安全范围的30秒内尽力做最多次的起立坐下的动作。

测试中应注意问题：

a. 此测试项目可能不适合慢性疼痛患者，身高较高的人、做过人工髋关节或膝关节置换手术的人可能也不适用。

b. 发力过程不可憋气。

（3）柔韧度。

①上肢柔韧度测试——双手背后相扣测试步骤如图4-2-5所示。

图4-2-4　下肢肌力测试

图4-2-5　上肢柔韧度测试

其中一只手从肩膀向下伸展，另一只手从背后中段向上延伸，此时记录两手中指间的距离。

测试中的注意事项：

a. 提醒受测试者不可弹震或快速地动作。

b. 测试者应尽快进行数据采集，以免受测试者保持测试姿势时间过长。

c. 提醒受测试者在伸展过程中保持正常呼吸。

d. 不可出现疼痛感。

②下肢柔韧度测试——座椅体前屈测试步骤如图4-2-6所示。

坐在椅子前端，一脚伸直，手朝脚趾方向延伸触碰，记录手指头与脚趾头的距离。

测试中的注意事项：
a. 椅子稳稳靠在墙壁放置，以免滑动。
b. 提醒参与者身体前屈时吐气，且不可有弹震动作。
c. 提醒受测试者不可憋气，不应有疼痛感，保证受测试者测试腿伸直。
d. 敏捷与动态平衡——2.44米折返走如图4-2-7所示。

图4-2-6　下肢柔韧度测试　　　　　　　图4-2-7　敏捷与动态平衡测试

测试步骤：记录从坐姿站立后行走2.44米绕过障碍回到原处坐下的时间。
测试中的注意事项：
①注意受测试者在起立、坐下和绕过障碍物时的安全。
②椅子稳稳靠在墙壁放置，以免滑动。
（4）心肺耐力——2分钟抬腿测试步骤如图4-2-8所示。

图4-2-8　心肺耐力测试

在宽阔的平地上受测试者进行原地抬腿动作。抬腿高度至髋关节与膝关节一半处，记录受测试者在2分钟时间内右腿抬膝达到要求的次数。
测试中的注意事项：
①平衡较差的参与者应在靠近墙壁和有扶手的位置，确保安全。

②注意受测试者是否出现过度卖力的情况。

③假如受测试者脚步踏得太用力,则提醒其将脚步放轻柔,以免膝盖不适。

(5)平衡感——睁眼单足站平衡感——睁眼单足站。

测试步骤:

受测试者着平整舒适鞋子,在平整宽阔地面,单脚站立,先尝试一次后开始记录受测试者单脚站立的时间。

测试中的注意事项:

需了解受测试者的身体情况,如膝关节、踝关节情况。

(1)注意场地安全,防滑平整。

(2)注意保护受测试者,防止其跌倒。

【实战演练】

(1)两人一组,分别扮演老年人和志愿者,进行各项体适能测试,并记录。

(2)去养老院为老年人进行体适能测试,并分析数据,找出适合老年人的体适能活动。

拓展学习

体适能活动的前测与后测

开展体适能活动,要安排老年人进行体适能前测,利用体适能辅具帮助老年人测量身高、体重、腰围、臀围、体前屈、双手在背后相扣、握力、30秒手臂卷起、30秒坐站起、2.44米折返走、2分钟抬腿等项目,掌握老年人基本身体条件及柔软度、肌力、敏捷与动态平衡、心肺耐力等身体机能。在掌握老年人身体条件的基础上,调整体适能课程,锻炼老年人的肌力,改善老年人的柔韧性,提升其平衡感;

同时在项目结束时,进行前测项目的后测,通过数据分析,得出每位参与体适能训练的老年人的肌力、柔韧、动态平衡的改善情况,并形成体适能数据分析报告,发放给老年人,得出老年人的肢体改善状况。

在进行体适能前测时,应同时进行认知能力评估前测,掌握老年人的记忆力、反应力、认知水平等。同时,根据前测中掌握的老年人的身体状况,合理安排每次体适能训练的内容及强度等,当训练营结束时,进行认知能力后测。

任务三 热身运动

情境导入

某养老院日前打算为长辈开展体适能活动,小王已经根据长辈们的身体条件和状况找到了合适的体适能活动类型,为了保证活动的顺利开展,在体适能活动开始之前,应该如何组织哪些有效的热身运动呢?

问题讨论

1. 热身运动有什么作用?
2. 热身运动需要活动身体的哪些部位呢?

【知识导学】

一、热身运动简介

热身运动又称准备运动,前者因生理反应而得名,后者则属一般性概念。热身运动是某些全身活动的组合,好的热身运动可以起到很好的辅助作用。

二、热身运动目的

在进行主要身体活动之前,先以较轻的活动量活动肢体,为随后更为强烈的身体活动做准备,目的是在提高运动效率和安全性的同时满足人体在生理和心理上的需要。锻炼之前,人体的机能能力和工作效率不可能在一开始就达到最高水平,因此需要通过热身调整运动状态。

【技能操作】

(1)准备用物:徒手训练、音乐、音响。
(2)"动态热身"健康热身操活动训练步骤如下:

动作一:踏步摆手
训练方式:双手叉腰预备姿势,原地踏步,手脚一起摆动,共做10次。

动作二:勾点伸展
训练方式:
①右勾脚前方点地,同时双手肘弯曲握拳。
②手脚一齐收回,换左脚,共做10次。

③前方勾脚（双手两侧屈肘）。
④侧面勾脚（双手侧面平举）。
⑤后方踩地（双手向上伸展）。

动作三：强化肩关节，脚跟上提

训练方式：双手叉腰，踮脚上提脚跟，维持中心线的稳定，上下踮脚，共做 10 次。

动作四：踏并拍手

训练方式：

①右踏一步，左脚并拢，双手同时在胸前拍手。
②换左边重复动作，右左共做 10 次。

动作五：后勾推胸

训练方式：右踏一步，双手胸前交叉之后左脚脚跟踢向臀部，双手左右做推胸动作。换左边重复动作，右左共做 10 次。

动作六：抬腿碰膝

训练方式：右踏一步，之后左脚前换膝，同时，右手轻碰左膝盖，换左边重复做，右左共做 10 次。

动作七：侧抬平伸

训练方式：右踏一步，之后，左脚从左边侧面抬腿，不用太高，而且要使身体保持直立平稳，双手同时侧方向平举。换左侧重复上述动作，右左共做 10 次。

动作八：侧弓转体

训练方式：右弓步脚尖要向右方，双手在胸前伸展，然后手脚不动，腰部向右后方转动，再转回前方换左边重复动作，右左共做 10 次。

动作九：双手绕环振翅

训练方式：双脚开立（或踏步），双手右肩上方绕手臂 2 次，换左上方 2 次，之后双手内夹腋下 4 次，共做 5 次。

动作十：V 字拍手

训练方式：右脚前踩一步（伸右手），接着左脚前踩一步（伸左手），右脚收回原位，之后左脚收回原位（拍手共 2 次），然后重复该动作，共做 5 次。

（3）健康热身操活动训练步骤（动作一~四）如图 4-3-1 所示。

图 4-3-1　健康热身操活动训练步骤（动作一~四）

动作一：颈部活动

动作解析：坐位，收腹挺胸，双手置于腿部，颈部分别向前、向后、向左、向右转。

动作二：肩部环绕

动作解析：坐位，双手置于肩上，挺直后背，活动肩胛骨，最大幅度做向前、向后环绕。

动作三：肘关节活动

动作解析：坐位，抬头挺胸，上臂保持固定，肘关节进行屈伸练习。

动作四：腰部活动

动作解析：坐位，躯干先向左侧转，右手碰触椅背，保持2秒后复位，再换向右侧转。

动作五：腕关节旋转

动作解析：坐位，左手臂向前伸，同时上臂保持固定，腕部向外旋转一圈，再换右侧。

动作六：髋关节屈伸

动作解析：坐位，双手握紧座椅把手，左腿尽量向上抬后返回，再换右侧，一直交替抬腿。

动作七：膝关节屈伸

动作解析：坐位，双手握紧座椅把手，双脚微开，左腿伸直并点脚跟再收回（脚跟不离地），然后换右侧，交替循环。

动作八：踝关节屈伸

动作解析：坐位，双脚微开，首先，脚跟固定时脚尖向上；其次，脚尖固定时脚跟向上。

除了一些简单的热身以外，训练完毕之后还要进行放松练习。

【实战演练】

（1）4~6人一组，扮演志愿者，选择舒缓的音乐，带领其他同学模拟老年人进行热身运动。其中一名同学为主带领人，其他同学为辅助人员。

（2）去养老院带领老年人进行热身运动，为体适能活动进行准备。

拓展学习

放松练习所用的拉伸操如图4-3-2所示。

图4-3-2 拉伸操

拉伸操动作名称及其解析见表4-3-1。

表 4-3-1　拉伸操动作名称及解析

动作名称	动作解析
颈部拉伸	坐位，眼睛正视前方，双手置于大腿部，头部缓慢向右侧旋转达到极限，保持 10 秒，然后缓慢回正
肩部拉伸	坐位，右手套住左臂肘关节，左手拇指向前，左肩用力下沉，保持 10 秒
上臂前侧拉伸	坐位，左臂向前、后伸直同时左手指尖朝下，右手向内压住指腹，上臂前、后侧有明显牵拉感时保持 10 秒
上臂后侧拉伸	坐位，收腹挺胸，左、右手向上高举过肩膀，屈肘，手朝下，右、左手向下绕到后背，屈肘手朝上，有明显牵拉感时保持 10 秒
腹部拉伸	坐位，收腹挺胸，双臂伸直并双手反向扣，向上举至头顶后，保持 10 秒
腰部拉伸	坐位，收腹挺胸，右、左手叉腰，左、右臂体侧伸直，掌心朝上，向右侧伸展至极限时保持 10 秒

任务四
辅具类的体适能活动

情境导入

某养老院根据老年人的需求购买了一些运动类辅具，计划利用活动辅具开展老年人体适能活动，活动管家小王该如何正确使用这些运动辅具带领老年人进行体适能活动的组织呢？

问题讨论

1. 应该如何开展辅具类的体适能活动？
2. 体适能活动有哪些步骤？
3. 适宜老年人体适能活动的辅具有哪些呢？

【知识导学】

相关研究表明，力量的传统训练方式有很多，如哑铃、杠铃等。目前，传统的训练方式都有一定的局限性，特别是老年人的力量训练，传统的练习器械不易携带，而且训练时危险性比较高，需要训练者在自身稳定的状态下进行。

相对传统力量训练器械，弹力带、甜甜圈、敏捷圈、骨头哑铃等运动类辅具轻便且易于携带，价格低廉，训练时可自由转动且变化多，不容易发生危险，能锻炼到全身大部分肌肉，训练效果更佳而且弹力带可在任何平面进行练习，没有固定的运动轨迹，针对性与功能性较强。长期有规律的体适能活动，虽然强度不大，但也对增加肌肉和提高各种体适能指数有帮助。

【技能操作】

一、弹力带锻炼

目的：锻炼上肢肌肉群力量，包括肱二头肌、肱三头肌、前臂肌群、三角肌等肌肉。

锻炼下肢肌肉群力量，包括大、小腿肌肉群，如股四头肌、比目鱼肌、腓肠肌，也包括脚踝、脚背肌肉练习。

准备用物：弹力带（图 4-4-1）若干，肌力阻力 3-6RM、10-12RM、20-25RM 不等，颜色有黄色、红色等。

图 4-4-1　弹力带

训练主要内容安排及步骤：

1. 上肢肌力训练

（1）弹力带上肢肌力训练内容见表 4-4-1。

表 4-4-1　弹力带上肢肌力训练内容

动作名称	动作解析
弹力带颈部运动	将弹力带置于头的正后方，手臂屈臂向前牵引弹力带，头部向后做抗阻力运动
弹力带交替扩胸	双手持弹力带，左右手臂做斜对角伸展
弹力带三角肌锻炼	弹力带置于臀部下方固定，双手持弹力带两端，手臂伸直，双手手臂水平外展至与肩同高

续表

动作名称	动作解析
弹力带臂屈伸Ⅱ级	双手持弹力带,一只手位于颈后,另一只手经臀部向上贴背部,双手做屈臂伸展动作
弹力带肱二头肌锻炼	将弹力带放在脚下,手臂向下自然伸直,然后向上拉起,缓慢放松还原
弹力带肩部外旋	双手持弹力带,取合适距离,肘关节紧贴躯干以固定,做手臂外展动作
弹力带肩上推举	弹力带置于臀部下方固定,双手持弹力带两端置于肩部正上方,做双手垂直向上伸展动作
弹力带肩胛骨内收肌群锻炼	双手将弹力带放置于胸前,手臂伸直,掌心朝下将弹力带往身体两边展开上举而且向后传

（2）弹力带上肢肌力训练作用。

①弹力带抗阻锻炼对机体上肢肌力进行锻炼可提高老年人的肌力,缓解老年人颈部与腰部的疼痛感,减缓老年人肌力下降的趋势,预防跌倒与严重肌力流失情况的发生。

②肌力训练可以控制体重,消耗脂肪。通过肌力训练可以增加高密度脂蛋白,降低低密度脂蛋白和甘油三酯,有助于防止冠心病的发生。

③上肢肌力通过弹力带锻炼后,老年人的进食、洗澡和穿衣能力有所改进,能够独立处理日常生活。

④上肢肌力锻炼能够增强手臂肌肉的力量,因此能够更好地巩固关节的稳定性,这种功能性锻炼对腕关节、肘关节及肩关节的预防损伤及损伤后的康复均有很好的辅助效果。

⑤肌力训练可以提高日常生活能力,以及身体平衡、协调与敏捷能力。弹力带力量训练可以提高老年人的肌力,减缓老年人肌力下降的趋势,预防跌倒与严重肌力流失情况的发生。

（3）弹力带上肢肌力训练注意事项。

①运动的场地环境要适合老年人进行力量锻炼,由于需要拉长弹力带,场地应足够大,这样每次活动时老年人可以完全释放自我。

②活动时椅子需要有把手,可供老年人扶住,以保持平衡。

③使用弹力带进行肌力训练时注意呼吸问题,不能憋气,如果用力憋气会造成头晕、血压升高等症状出现,引起老年人疾病复发。

④弹力带力量锻炼阶段要注意控制营养的摄入量,如果不注意营养的摄入会导致营养不良。

⑤老年人在活动时尽量穿运动鞋,在用弹力带进行下肢抗阻锻炼时需要用脚底蹬紧,不合适的鞋会导致弹力带弹开,伤到自己或者其他老年人。

2. 下肢肌力训练

（1）弹力带下肢肌力训练内容见表4-4-2。

表 4-4-2 弹力带下肢肌力训练内容

动作名称	动作解析	功能意义
弹力带拉背划船	坐姿,将双臂伸直保持微屈,脚踩弹力带向前伸直,双手持弹力带由前拉至两侧,拉到最大处缓慢复位,共做15次	锻炼背阔肌、肩胛骨及胸部周围的肌肉力量,缓解驼背及胸部下垂状态,还能锻炼肩关节的活动度,有利于肩周炎的康复
弹力带躯干侧曲	坐姿,一只手持弹力带一端上举,另一端固定在同侧臀部下方,向反方向做躯干侧曲伸动作15次,再换另一侧	锻炼腹外斜肌、腹内斜肌,加强腰部肌肉力量,对缓解腰椎间盘突出有效
弹力带躯干旋转Ⅱ级	双手持弹力带一端,另一端固定在臀部外侧下方,手臂平举做相对方向的躯干旋转动作,左右各做15次	锻炼同侧腹外斜肌和对侧腹内斜肌及胸锁乳突肌、斜方肌、菱形肌。辅助锻炼是背阔肌、腹直肌、背部深肌群
弹力带踝关节外翻	弹力带放在一只脚脚底,双手将弹力带两端往上拉,置于另一只腿大腿外侧,踝关节内外翻,共做15次	锻炼踝关节周围肌肉力量,增加踝关节力量练习
弹力带膝关节屈伸	弹力带放在脚底,双手将弹力带两端往上拉,做膝关节屈伸动作,共做15次	增加股二头肌、半腱肌、半膜肌以及股四头肌的力量训练,减轻坐骨神经疼痛的症状
弹力带踝关节屈伸	弹力带放在脚底,双手将弹力带两端往上拉,踝关节进行屈伸,共做15次	锻炼小腿三头肌、腓肠肌及比目鱼肌,同时还可锻炼踝关节周围肌肉力量
弹力带髋关节外展	弹力带缠绕于膝关节处,单手将弹力带拉住,做外展内收动作,共做15次	锻炼臀大肌、股四头肌及拉伸腿部后肌群,加强膝关节的稳固性

(2)弹力带下肢肌力训练作用。

①下肢肌力锻炼可以降低血液中的中性脂肪及胆固醇,还可以使糖尿病患者的症状得到缓解。

②从生物力学角度分析,老年人下肢肌力收缩能力下降,脚跟着地和屈膝等动作缓慢,伸髋不充分,摆动腿抬高的程度降低,行走时拖拉等容易使老年人跌倒。因此,进行下肢肌力锻炼能够减少跌倒发生的概率。

③研究者发现力量训练可以使肌纤维膜和肌束膜的结缔组织均明显增厚,其增厚还将增大肌肉收缩力学中的弹性作用,进而增大肌肉的收缩效果,因此,下肢力量训练可以提高中枢的调节作用,提高各肌群间相互配合的能力。肌肉的收缩与舒张高度协调,有利于充分发挥肌肉力量。

④老年人下肢肌力的明显下降,会对机体关节的保护及支撑身体和促使肢体运动所需力量的供给产生不利的影响。大量实验证明,下肢肌力的训练能够明显提高骨骼肌含量,增加肌力,改善老年人的行走能力。

（3）弹力带下肢肌力锻炼注意事项：与弹力带上肢肌力训练注意事项完全一致，此处不再赘述。

二、骨头哑铃训练

简介：老年人中有不少健身爱好者，通常他们会选择慢跑、广播操或太极拳等项目，力量训练则很少有人问津，哑铃更是基本上不被考虑。一般人都认为年纪大了，力量下降了，所以不适合进行力量训练了。事实并非如此，从某种意义上讲，正因为力量下降了，所以更需要力量训练。肌肉产生运动，同时也帮助身体维持静止的状态。随着年龄的增长，肌纤维自然萎缩、力量下降，不仅动作迟缓，而且由于稳定性降低，肌腱与骨膜更易发生过度磨损，各关节发生疼痛的可能性也大大增加。

适宜的力量锻炼不仅可以延缓老年人肌肉萎缩的进程，保持肌肉弹性，为更好地从事其他形式的健身活动打下良好的基础，而且可以增加肌肉对各关节稳定性的保护作用，以减少或缓解各类疼痛发生的概率。哑铃小巧玲珑、物美价廉，特别适合老年人进行力量锻炼使用。

目的：通过不同质量的哑铃进行力量训练，包括上肢肌力及躯干肌力，进而增强肌肉的肌力、减缓肌力下降的趋势，缓解老年人颈部及腰部的疼痛感，预防老年人跌倒与严重肌力流失的发生。

准备用物：骨头哑铃（图4-4-2）若干，肌力大小为0.75千克、1千克、2千克不等，颜色包括黄色、红色等。

图4-4-2 骨头哑铃

训练主要内容安排及步骤：

1. 上肢肌力训练

（1）骨头哑铃上肢肌力训练内容见表4-4-3。

表4-4-3 骨头哑铃上肢肌力训练内容

动作名称	级别	动作解析	功能意义
腕关节屈伸	I	坐位，双手各握一哑铃，拳心向上，置于膝关节处，以双臂为支点，做腕部屈伸练习10次	改善腕部的肌肉力量及活动能力，同时锻炼手指力量，预防腕关节的损伤
双手哑铃弯举	I	坐位或站位，双手各握一哑铃，拳心向前，上臂靠躯干，将哑铃向上举至最高点保持2秒，复原，重复10次	锻炼肱二头肌
哑铃交替弯举	I	坐位或站位，双手各握一哑铃垂于体侧，拳心相对，两肘靠躯干，以肘关节为支点，向上弯举，同时前臂外旋拳心向上，举至最高点使肱二头肌收缩，保持2秒，然后复原，双手交替练习各10次	

续表

动作名称	级别	动作解析	功能意义
哑铃推举（双臂、单臂、交替）	Ⅱ	坐位或站位，双手各握一哑铃垂于体侧，拳心向前，以弧线推哑铃至最高点，保持2秒，缓慢控制哑铃还原，重复10次	锻炼三角肌的前束、中束和后束
侧平举（双臂、单臂、交替）	Ⅱ	坐位或站位，双手各握一哑铃置于腿部，拳心相对，身体微前倾，双肘微屈，向两侧举至肩高，到达三角肌最佳收缩位，保持2秒，缓慢控制哑铃还原，重复10次	锻炼三角肌的中束
耸肩	Ⅱ	坐位或站位，双手各握一哑铃垂于体侧，膝关节微屈，身体微前倾，双肩尽量充分上提，尝试肩峰碰触耳垂，保持2秒，缓慢控制哑铃还原，重复10次	锻炼斜方肌
俯身臂屈伸	Ⅱ	坐位，俯身，一手撑长凳，另一手持哑铃，持哑铃上臂紧贴体侧，前臂自然下垂。肱三头肌用力向后上方伸臂直到臂部完全伸直，使肱三头肌的收缩达到极限，保持2秒，缓慢控制哑铃还原，左右各重复10次	锻炼肱三头肌
斜推胸练习	Ⅱ	坐位，靠在背椅上，双手紧握哑铃，手臂与躯干呈60~90度角，双肘与肩同宽，挺胸，加紧双肩，肘部弯曲舒适自然，伸直手臂，缓慢向上推举哑铃，达到极限，保持2秒，再缓慢复原，重复10次	锻炼胸大肌、三角肌、肱三头肌

（2）骨头哑铃上肢肌力训练作用。

①通过哑铃对机体上肢肌力进行锻炼，提高老年人的肌力，缓解老年人颈部与腰部的疼痛感，减缓老年人肌力下降的趋势，预防跌倒与严重肌力流失情况的发生。

②肌力训练可以控制体重，消耗脂肪。通过肌力训练可以增加高密度脂蛋白，降低低密度脂蛋白和甘油三酯，有利于防止冠心病的发生。

③上肢肌力通过哑铃锻炼后，老年人的进食、洗澡和穿衣能力有所改进，能够独立处理日常生活。

④上肢肌力锻炼能够增强手臂肌肉力量，肌肉的增加能够更好地巩固关节的稳定性，这种功能性锻炼对腕关节、肘关节及肩关节的预防损伤及损伤后的康复都有很好的疗效。

（3）骨头哑铃上肢肌力训练注意事项。

①夏天社区场地太热，老年人容易眩晕，但是如果开空调又太冷，冷热交替会导致老年人头晕及感冒。

②有的社区椅子没有把手，导致老年人进行上肢锻炼时容易失去平衡。

③如果运动过量、运动姿势不当会导致肌肉拉伤甚至更为严重的情况发生,因此,哑铃在运动量上一定要遵循循序渐进的原则。

④哑铃锻炼阶段要注意营养的摄入,如果不注意控制营养量则可能出现营养过量或营养不良的状况。

⑤使用哑铃进行肌力训练时要注意呼吸问题,不能憋气,如果用力时老年人憋气会造成头晕、血压升高等症状发生,引起老年人的疾病复发。

⑥腕关节、肘关节及肩关节的损伤概率下降,受损的上肢关节可以通过哑铃肌力锻炼增加活动度范围。

2. 核心肌力训练

(1)骨头哑铃核心肌群训练内容见表4-4-4。

表4-4-4 骨头哑铃核心肌群训练内容

动作名称	级别	动作解析	功能意义
弓背弯腰 (哑铃举于胸前)	Ⅰ	坐位或站位,双脚微开,双手持哑铃于胸前,腹部微收,弓背弯腰,当到达最高处时保持2秒,重复10次	锻炼斜方肌、背部肌肉(前锯肌、背阔肌、竖脊肌等)
弓背弯腰 (哑铃举于颈后部)	Ⅱ	坐位或站位,双脚微开,双手持哑铃于颈后部,腹部微收,弓背弯腰,到达最高处时保持2秒,重复10次	
躯干侧屈	Ⅰ	坐位或站位,双脚微开,右手持哑铃置于胸前,左手叉腰,向左伸展腰部,重复10次,换右侧	
屈臂躯干侧屈	Ⅱ	坐位或站位,双脚微开,右手紧握哑铃自然下垂,左手叉腰,右臂屈臂同时向左伸展腰部,重复10次,换右侧	拉伸腰部两侧肌肉
直臂躯干侧屈	Ⅱ	坐位或站位,双脚微开,右手紧握哑铃自然下垂,左手叉腰,右臂直臂同时向左伸展腰部,重复10次,换右侧	
转体 (哑铃举于胸前)	Ⅰ	坐位或站位,双脚微开,双手持哑铃于胸前,腹部微收,向左转体,到达最高处时保持2秒,换右侧,重复10次	锻炼腰部肌肉(腹内斜肌、腹外斜肌等)

(2)骨头哑铃核心力量训练作用。

①加强动作的稳定性,保持身体平衡。核心部位就像身体的发动机,是动作发力的原点,对身体有重要的支撑作用。无论是手臂动作或脚步动作都需要核心力量的支撑。如果核心没有力量,就会发生动作松散、不协调等运动现象。如果在老年群体运动时出现,就会破坏动作稳定性,导致身体重心不稳。所以,核心力量是维持身体重心与动作和谐的关键。老年人更应在平常的训练中重视核心力量的训练,提高身体整体的稳定性。

②提高神经系统对肌肉的募集速度、支配的准确度，保证四肢协调用力。肌力发力产生的能量通过身体的核心部位传导至发力肌群，神经系统控制肌肉的运动速度和准确度来支配原动肌群发力，使运动时产生的力经四肢体传导形成能量传递，集中全身力量协调并完成动作。老年人在运动时，当动作力量从核心部位产生并向手臂传导时，手臂动作的定位和幅度就非常标准而且准确。当动作力量由核心力量向下肢传输时，腿部受到力量传导的刺激，肌肉相应收缩与舒张，以达到脚步轻盈、干净利落的动作效果。老年人四肢力量相对薄弱，应提高核心部位的力量，弥补四肢肌肉爆发力的不足。

③预防老年人的运动损伤。随着年龄增加，老年人肌肉的体积、力量减少，经常发生骨折、腰部扭伤等运动损伤。其根源，就是核心部位肌肉萎缩导致力量不足，且不能全部向四肢传导，运动肌肉偏离正常工作状态，造成运动损伤。核心部位力量的训练是一种身体功能性训练，在增加核心力量的同时，也提高身体其他能力，如身体耐力、身体的灵敏性，特别是身体骨骼和韧带的柔韧性等。由于身体综合素质的提高，老年人在进行锻炼时，就能稳定脊柱、骨盆，保持正确的身体姿态和身体稳定，提高平衡力和控制力，对四肢及脊柱深层的小肌肉群起到稳定和保护作用。

（3）骨头哑铃核心力量训练注意事项与骨头哑铃上肢力量训练注意事项（1）~（4）完全一致，此处不再赘述。

3. 下肢肌力训练

（1）骨头哑铃下肢肌力训练内容见表 4-4-5。

表 4-4-5　骨头哑铃下肢肌力训练内容

动作名称	级别	动作解析	功能意义
髋关节外展内收	Ⅱ	坐位，双脚合并，双手持哑铃于大腿部，向外展达到极限，保持2秒，内收，重复10次	锻炼大腿内侧肌群（大收肌、长收肌、短收肌等）
髋关节旋转	Ⅲ	坐位，双脚合并，双手持哑铃于大腿部，左侧保持不动，右腿做顺时针或逆时针旋转，重复10~15圈，换左侧	锻炼股四头肌
提踵	Ⅱ	坐位，双脚微开，双手各持一哑铃置于大腿部，向上抬脚后跟，重复10次	锻炼小腿后侧肌肉（腓肠肌、比目鱼肌）
坐位体前屈	Ⅱ	坐位，双手持一哑铃，右侧腿部向右前方伸，脚尖向后，双手推哑铃由髋部至脚尖处，到达极限处返回，重复10次	拉伸腿部后侧

（2）骨头哑铃下肢肌力训练作用。

①肌力训练可以提高日常生活能力，以及身体平衡、协调与敏捷能力。通过哑铃对机体的每个部位的肌肉进行锻炼，提高老年人的肌力，降低老年人肌力下降的趋势，预防跌倒与肌力严重流失情况的发生。

②下肢肌力锻炼可以降低血液中的中性脂肪及胆固醇，还可以使糖尿病患者的症状得到缓解。

③从生物力学角度分析，老年人下肢肌力收缩能力下降，脚跟着地和屈膝等动作缓慢，伸髋不充分，摆动腿抬高的程度降低，行走时拖拉等容易导致老年人跌倒。因此，下肢肌力的锻炼能够减少跌倒的发生。

④研究者发现力量训练可以使肌纤维膜和肌束膜的结缔组织均明显增厚，其增厚还将增大肌肉收缩力学中的弹性作用，进而增大肌肉的收缩效果，因此，下肢力量训练可以提高中枢的调节作用，改善各肌群间的相互配合能力。肌肉的收缩与舒张高度协调，有利于充分发挥肌肉力量。

⑤老年人下肢肌力的明显下降，会对机体关节的保护及支撑身体和促使肢体运动所需力量的供给产生不利的影响。有大量实验证实，通过下肢肌力的训练，能够明显改善骨骼肌含量，提高肌力，改善老年人的行走能力。

（3）骨头哑铃下肢肌力注意事项。

①下肢肌力锻炼时一般需要坐位练习，因此需要注意椅子的设计，需要椅子支架，不能是带轮的，带轮的椅子不稳。

②活动用椅子需要有把手，可供老年人扶住，以保持平衡。

③活动用椅子最好配有安全带，在这种情况下下肢肌力较弱的老年人更具有安全感。

④使用哑铃如果运动过量、运动姿势不当会导致肌肉拉伤甚至更为严重的情况发生，因此哑铃在运动量上一定要遵循循序渐进原则。

⑤哑铃锻炼阶段要注意营养的摄入，如果不注意营养的摄入会导致营养过量或营养不良的状况发生。

⑥使用哑铃进行肌力训练时注意呼吸问题，不能憋气，如果用力时老年人憋气会造成头晕、血压升高等症状发生，引起老年人疾病的复发。

三、可调节踏板下肢训练

简介：为了提高老年人的下肢肌力，用可调节踏板进行锻炼，从而增强老年人日常活动能力。

目的：锻炼下肢肌力，特别是股四头肌和小腿三头肌，同时锻炼身体的协调性。

准备用物：可调节踏板，如图4-4-3所示。

训练主要内容安排及步骤：

（1）可调节踏板下肢训练内容见表4-4-6。

图4-4-3　可调节踏板

表 4-4-6 可调节踏板下肢训练内容

动作名称	目标肌肉	动作解析	功能意义
单手摆臂单脚踏板上步	下肢肌	站位于踏板前,左脚跨踏板再收回同时右臂弯曲,重复6~8次;再换右脚	锻炼下肢肌力,特别是股四头肌和小腿三头肌
双手摆臂双脚交替踏板上步		站位于踏板前,左脚跨踏板同时双臂弯曲,再换右侧,重复6~8次	
单手甩臂单腿踏板上步趾屈	肩部下肢肌、小腿三头肌	站位于踏板前,左臂向前伸直,右脚趾屈上踏板,重复6~8次;再换左脚	锻炼股四头肌及小腿三头肌,同时锻炼身体的协调性
双手甩臂双腿交替踏板上步趾屈		站位于踏板前,右脚趾屈上踏板,同时左臂向前伸直,右臂向后伸直,右脚收回后换左脚,双臂位置互换,重复6~8次	
双臂弯举单腿踏板上步背屈	肱二头肌、下肢肌、胫骨前肌	站位于踏板前,右脚背屈上踏板,同时双臂弯举,再收回时双臂垂直于体侧,重复6~8次;再换左脚	锻炼肱二头肌、股四头肌及胫骨前肌
双臂弯举双腿交替踏板上步背屈		站位于踏板前,右脚背屈上踏板,同时双臂弯举,再收回时双臂垂直于体侧,接着左脚背屈上踏板,同时双臂弯举,再收回,重复6~8次	
单手叉腰单腿踏板弓箭步躯干伸	肩部肌肉、背肌、下肢肌、股四头肌、腘绳肌	站位于踏板前,左手叉腰右手上举,身体略前倾,左腿做弓箭步上踏板,右腿向后伸,重复6~8次;换另一侧,右手叉腰左手上举,身体略前倾,右腿做弓箭步上踏板,左脚向后伸;重复6~8次	锻炼肩关节周围肌肉群、股四头肌
双手上举双腿交替踏板弓箭步		站位于踏板前,双臂上举,身体略前倾,左腿做弓箭步上踏板,同时右腿后伸,复位,接着双臂上举,右腿做弓箭步上踏板,同时左腿后伸;重复6~8次	

（2）可调节踏板下肢训练注意事项：下肢肌力锻炼时一般需要坐位练习,将可调节踏板调整好高度,以老年人的适应范围为标准。

四、敏捷圈锻炼

简介：敏捷圈（图4-4-4）是一种能够提高速度与身体协调性的训练用品，主要应用于足球运动员的敏捷性训练，老年人的敏捷性除了思维敏捷训练之外，非常重要的训练就是动作的敏捷性了，为了提高动作的敏捷性我们研发出敏捷圈来训练老年人的敏捷性与动态平衡能力。

图4-4-4　敏捷圈

目的：

（1）锻炼智力、视力、毅力。

（2）锻炼上肢的肌肉力量，如旋前圆肌、肱桡肌、三角肌的肌肉锻炼，促进肩关节、肱桡关节的关节活动度，促进上肢血液循环，还能够缓解肩颈部肌肉紧张，防治肩关节疼痛和肌肉萎缩。

（3）锻炼下肢的肌肉力量，如股四头肌、大腿后群（股后肌群）的股二头肌以及小腿肌群后群的小腿三头肌，还能防治局部软组织炎症，提高髋关节、膝关节、踝关节的活动范围。

（4）锻炼手指的灵活性，增进腕部关节的活动度，缓解手部僵硬，增强身体的反应能力，手指在大脑皮层的感觉和运动机能中占的比重最大，经常活动手指来刺激大脑，可以延缓脑细胞的衰老，改善记忆力和思维能力。

（5）有效地提高老年人步伐的灵活性，提高步伐频率，增强身体的灵敏性和协调性。

（6）增强参与者的大脑反应能力，提高自身敏捷性、协调性以及动态平衡能力，增加下肢肌肉力量练习，同时也提高大家的积极性。

准备用物：敏捷圈、椅子、标志桶。

训练主要内容安排及步骤：

（1）敏捷圈训练内容见表4-4-7。

表4-4-7　敏捷圈训练内容

动作名称	目标内容	动作解析	功能意义
敏捷圈投掷	练习规则练习意义	根据社区参与人数来进行分组，可以把人员分成3组，每组3~5人，每人只能参加一次。参加者应站在规定的位置，将敏捷圈投在标志桶上；距离可以设置为1米、1.5米、2米、2.5米、3米不等。每人每次只能发10个敏捷圈，套中目标获得1分；重复玩的不计入成绩；根据每组获得的总分来选出冠军	可以锻炼智力、视力、毅力，还可以锻炼手臂用力强度

续表

动作名称	目标内容	动作解析	功能意义
敏捷圈旋转	练习规则 练习意义	上肢练习,将社区人员分成若干组,每人一个敏捷圈,将敏捷圈套在手臂上,然后参与者可以顺时针或者逆时针转圈,可以从手腕、前臂、上臂依次转至腋窝,再依次从腋窝、上臂、前臂转至手腕处。 下肢练习,将社区人员分成若干组,每人一个敏捷圈,将敏捷圈套于小腿处,参与者坐于扶手椅上,身体微微向后倾,两手抓牢扶手,一脚着地,另一脚抬起将敏捷圈套小腿上旋转,可以顺时针也可以逆时针,根据测试人员口令开始和结束,用秒表计时。 手指灵活性训练,每人一个敏捷圈,用两手拇指和食指捏住敏捷圈旋转,可以向内,也可以向外,然后换大拇指和中指捏住敏捷圈旋转,依次进行换指旋转,直到计时结束再停下	可以锻炼上肢的肌肉力量,如旋前圆肌、肱桡肌、三角肌的肌肉锻炼,促进肩关节、肱桡关节的关节活动度,加强上肢的感知觉,促进上肢血液循环,还能够缓解肩颈部肌肉紧张,防治肩关节疼痛和肌肉萎缩
曲线走敏捷圈	练习规则 练习意义	将一定数量的敏捷圈放于地面,按照一定的距离,以S、Z或者直线形放置,参与者从一侧前进走或者侧并步走至终末敏捷圈的位置,测试所用时间的长短	可以有效地提高老年人步伐的灵活性,提高步频,增强身体的灵敏、协调性。步梯的横杠的间距不宜太大,也不宜太小,一般以40厘米左右为宜
脚踏敏捷圈	练习规则 练习意义	将参与者分为若干组,每组2人,将3只敏捷圈在地面上并排放置,参与者坐于扶手椅上,再将另3只敏捷圈在地面并排放置,两脚着地,将3只敏捷圈命名动作,首先听单口号用单脚尖着地,如口令是1时,将左脚脚尖踏进"左侧"圈内,依照以上口号,改变动作,将单脚脚跟着地,其他规则同上。如口令是2时,将右脚脚尖踏进"右侧"圈内,然后依照以上口号,改变动作,将单脚脚跟着地,其他规则同上。如口令是3时,将左脚和右脚脚尖同时踏进"中间"圈内,然后依照以上口号,改变动作,将双脚脚跟着地,其他规则同上,再改变口令,如口令是4时,将左脚脚尖踏进"左侧"圈内,同时将右脚脚尖踏进"右侧"圈内,其次依照以上口号,改变动作,双脚脚跟着地,其他规则同上。如口令是"1+1"时,将算出结果是2,应该将右脚尖或者右脚跟踏于右侧圈内,以参与者准确完成指令次数越多、分数越高者为胜	可以增强参与者的大脑反应能力,提高自身敏捷性、协调性以及动态平衡能力,增加下肢肌肉力量的练习,同时也提高参与者的积极性

（2）敏捷圈训练注意事项。

①最重要的是老年人的安全问题，安全性包括很多，如摔倒、滑倒、中暑、眩晕、低血糖等，那么我们要在活动之前量血压，看是否在正常的范围内，另外增加老年人的肌力训练预防跌倒，绳梯固定一定要牢固，避免老年人滑倒，在活动前告知老年人多补水，在活动期间也要注意补充水分，活动后还是要补水，避免中暑，对于有眩晕症的老年人，劝其坐下来休息，若有任何不适，应提前告知工作人员，在活动之前一定记得吃早餐，避免出现低血糖。

②在社区硬件设施中，要满足老年人的需求，如场地小，空间不足，容易让老年人闷气，座椅最好有把手，给老年人安全感。

③在社区活动中，有些动作相对难度较大，一般都可以接受，但是有些老年人不能接受或者做起来较困难，可能会打消老年人积极性，所以会影响老年人的心理，打击其自信心，这时应该按从简单到难、从低级到高级的原则安排活动内容。

五、绳梯下肢肌力锻炼

简介：为了提高老年人的平衡能力和敏捷性，借助绳梯，我们设计出了适合老年人的运动训练方法，绳梯训练是一种利用梯形绳索来训练运动员脚步灵活性、敏捷性的训练方法。敏捷梯为脚步练习的主要工具，对很多项需要脚步快速移动的运动项目（诸如篮球、足球、排球、网球等）都有很大的帮助。我们根据它的特点，研究出适合老年人的动作及方法，敏捷梯的优势特点是可以自由组合花样，训练方式多种多样，便捷实用，可以随时移动，适用于室内和室外不同条件的场地。

目的：

（1）锻炼日常生活的步行方式，提高身体平衡能力，如到市场买菜、上下公交车等。

（2）增加肌肉、关节活动幅度，促进上下肢的协调。

（3）提高上肢肩关节的活动能力，加强神经控制肌肉的能力，使肌肉活动更加灵活，放松肩关节周边局部肌肉，改善由于肩部运动而产生的不适反应。

（4）锻炼下肢力量及下肢的左右移动能力，增强身体控制能力，增加神经控制肌肉的协调稳定能力，放松下肢腿部肌肉。

（5）使老年人适应绳梯对个人的要求标准，拉伸胸部肌肉，激活背部肌肉的收缩力量。

（6）敏捷梯能提高脚步快速移动能力，提高老年人身体的灵活性、平衡性和协调性。

（7）敏捷梯的锻炼能增强脚底肌肉、踝关节和膝关节的小肌肉群功能，降低下肢受伤概率，提高身体运动的节奏性。

（8）绳梯不仅是最通用的培训工具，还可以帮助老年人提高多方位的速度和加速度。反复演练绳梯可以增加神经系统对速度的记忆，以利于在必要的时候做出各个方向的快速移动。

准备用物：绳梯、音乐、音响、固定用胶带。

训练主要内容安排及步骤:
(1) 绳梯下肢训练内容见表 4-4-8。

表 4-4-8 绳梯下肢训练内容

动作名称	时间	级别	动作解析	功能意义
向前跨步	30秒-1分钟	Ⅰ	从绳梯一侧跨步到另一侧,跟着音乐的节奏抬腿并停留3秒,然后再换脚踏步走	锻炼下肢的稳定性
行进间摆臂高抬腿	30秒-1分钟	Ⅲ	从绳梯一侧跨步到另一侧,跟着音乐的节奏高抬腿,同时停留3秒,然后再换腿	如果人数过多,可进行搭肩运动,主要可以锻炼下肢肌耐力以及下肢的平衡能力
行进间侧并步	30秒	Ⅱ	左脚先迈进绳梯格,然后右脚着地,侧身并步从一格跨至另一格,左右腿一前一后迈进格子	促进下肢协调运动,改善下肢的血液循环
行进间双脚交替左右进出	30秒	Ⅳ	左脚迈至左侧绳梯边线旁,右脚踏至左脚旁边与之合并,再将右脚跨进格子,左脚跨进格子,然后右脚、左脚依次跨出格子,依次往前行进,直至另一端位置	锻炼下肢的肌力、协调性、稳定性
行进间双脚交替前后进出	30秒	Ⅳ	左脚斜着迈至左侧绳梯边线旁,右脚踏至左脚旁并与之合并,再将右脚后退至格子内,然后左脚后退至格子内,右脚和左脚依次往前迈出格子,再一次进行,直至另一端位置	
行进间双脚跨两侧屈膝	30秒-1分钟	Ⅲ	左脚跨左边格子线旁,右腿跟着屈膝与左腿接触,跟着音乐节奏两侧跨步交替进行	促进下肢协调运动,改善下肢的血液循环
行进间后踢腿	30秒	Ⅲ	左腿后踢至臀部放于左侧格子线旁,右侧腿跟着后踢至臀部放于右侧格子线旁,跟着音乐节奏两侧跨步后踢臀部交替进行	锻炼下肢大腿部和臀部肌群力量以及下肢的动态平衡能力

续表

动作名称	时间	级别	动作解析	功能意义
行进间勾脚	30秒	Ⅲ	双脚放于绳梯格子内，左脚向前靠左侧边线勾脚，脚尖着地，右脚原地稍屈，然后右腿向前侧右侧边线迈出一步，腿伸直，右脚脚尖着地；左腿稍屈，然后双脚向前踏入格子内	伸展下肢大小腿后侧肌群，训练跟腱和下肢的平衡能力
行进间点脚	30秒	Ⅲ	双脚放在绳梯的格子里，左脚向前靠左侧边线伸直，脚跟着地，右脚原地稍屈，然后右腿向前侧右侧边线迈一步，腿伸直，左腿稍屈，然后双脚向前踏进格子内	可以屈伸脚部的肌肉群并训练下肢的动态平衡能力
弓箭步	30秒	Ⅲ	左右脚交替进出绳梯做弓箭步动作	锻炼大腿大肌肉群的肌肉力量、耐力练习

（2）绳梯下肢训练注意事项。

绳梯下肢训练注意事项与敏捷圈训练注意事项完全一致，此处不再赘述。

六、椅子肌力锻炼

简介：将椅子作为辅助工具，对老年人进行下肢肌肉力量练习，提高老年人的下肢力量，预防跌倒。

目的：锻炼髋关节、膝关节、踝关节附近肌肉群，一些大肌肉群（如大腿前侧、臀肌、背肌等），以增强下肢肌力和平衡能力。

准备用物：椅子若干、音乐、音响。

训练主要内容安排及步骤：

（1）椅子下肢肌力训练内容见表4-4-9。

表4-4-9 椅子下肢肌力训练内容

动作名称	动作解析
稳定踝关节：腓肠肌、胫骨前肌训练	双手扶座椅，双脚同时踮起脚尖，身体保持直立，脚掌再向前勾，重复10次

续表

动作名称	动作解析
强化膝关节：股四头肌训练	单脚抬膝，大腿与小腿弯曲约90度再向前伸直，脚背前勾，换另一只脚，左右各重复10次
姿势平衡与核心运动：腹直肌训练	手扶座椅，上半身保持直立，背部可微贴椅背，双脚抬膝时吐气，重复10次
核心运动控制与平衡：下肢肌力训练	双脚深蹲，单脚抬高保持平衡约2秒，左右各重复10次
强化髋关节：大腿前肌群训练	站姿，夹紧臀部单脚直膝缓慢向前方抬高，左右各重复10次
强化髋关节：臀肌、背肌训练	站姿，单手扶座椅，夹臀，右手左脚慢慢向上抬起，手臂与身体及腿部呈一条直线，左右各重复10次

（2）椅子肌力训练注意事项：在锻炼过程中不要憋气，要进行有效的呼吸，注意动作跟上呼吸节奏。有些动作要求身体直立，腰背挺直，因此不要用力太猛，进行适度锻炼。

七、普拉提球训练

简介：普拉提球是一种体适能专业训练辅具，是一种能够很简单地引入常规锻炼中并且能与其他动作完美结合，可以增加腹部练习和伸展运动的运动范围的辅具。最重要的是，它能够使锻炼者充满新鲜感和乐趣，可以有效地刺激腹肌和大腿内侧，可以增加身体柔韧性、力量和耐力，还可以进行花样繁多的练习，非常适合放松和深度放松身体、腹部肌肉训练、颈部按摩等。

目的：

增强手指的灵活性，避免手指僵硬，预防心脑血管疾病的发生，增强神经的敏感性。促进恢复腕关节的功能位（屈伸）。锻炼肱二头肌及肱三头肌肌力，增强肩关节活动度，对于颈椎病患者有缓解作用，疏通上肢筋骨。拉伸手臂后侧伸肌群，加强三角肌及肱三头肌肌力，活动肩关节，促进淋巴系统的排毒，消除大膀臂上多余的脂肪，美化手臂线条。拉伸上臂肌肉，如三角肌、旋前圆肌。拉伸上肢肌肉及胸部肌肉，如胸大肌、肱三头肌、前锯肌，增强肺的功能，扩展胸腔。锻炼胸大肌及三角肌，拉伸腰部及背部肌肉（背阔肌、腹外斜肌）。促进腰大肌、髂肌的力量训练，增强上臂后侧肌群肱三头肌的力量，拉伸躯干两侧肌肉，锻炼下肢的柔韧度。

准备用物：普拉提球若干、椅子、轻音乐、音响。

训练主要内容安排及步骤:

1. 上肢柔韧训练

(1)普拉提球上肢柔韧训练活动内容见表 4-4-10。

表 4-4-10 普拉提球上肢柔韧训练活动内容

动作解析	活动图片
本体感受练习:两脚开立,与肩同宽,双手抓握,既感受球的柔软度又练习手指力量,共做 10 次	
腕关节屈伸练习:双手贴紧球,左右转动球,共做 10 次	
屈臂展体:双手握球放于颈后,双肘外展,颈部向后压球,共做 10 次	
手臂练习:双手握球,两臂伸直,上举,到达最高处再复位,共做 10 次	
双臂体前交叉,双手握球,两臂伸直,做左右交叉动作,共做 10 次	
交替扩胸,左手握球,扩胸练习,再转至右手握球,扩胸(水平面),重复 10 次	
飞鸟式:左手握球,掌心向下,双臂垂直上举,再换右手握球,重复 10 次	

续表

动作解析	活动图片
体侧拉伸：左手握球，将球置于腰部左侧，向左侧弯腰拉伸腰部，共做 10 次，再换右侧	

（2）普拉提球上肢训练注意事项。

普拉提球上肢训练注意事项与敏捷圈训练注意事项完全一致，此处不再赘述。

2. 下肢柔韧训练

（1）普拉提球下肢柔韧训练活动内容见表 4-4-11。

表 4-4-11　普拉提球下肢柔韧训练活动内容

动作解析	活动图片
躯干转体：双手握球，并两臂伸直，肘关节微屈，左右转动腰部，共做 10 次	
膝关节屈伸：坐姿，双脚夹住球，并与地面有一定距离，做膝关节屈伸练习，重复 10 次	
踝关节屈伸：坐姿，双脚夹住球，并与地面有一定距离，双腿伸直，做踝部屈伸练习，重复 10 次	
坐姿夹腿练习：坐姿，座椅固定，两侧有把手，双腿夹住球，挤压球，反复 10 次	
体前屈推球，坐姿，左腿伸直，脚置于地面上，双手握球放在腿上，边压球边推球，做前屈练习，再换右腿，重复 10 次	

续表

动作解析	活动图片
髋部外展：坐姿，左腿后侧夹住球，做外展内收，再换右腿，重复10次	
踝关节旋转：坐姿，双脚夹住球，并与地面有一定距离，双腿伸直，做踝部左右旋转练习，重复10次	

（2）普拉提球下肢柔韧训练的作用。

①拉伸腰部肌肉的练习，能够增强腰部的柔韧性和灵活性，预防腰椎间盘突出。

②提高躯干柔韧性练习，减少运动中受伤的概率，同时有助于拉伸腿部后侧肌群。

③锻炼股二头肌、半腱肌、半膜肌以及股四头肌的肌力，拉伸腿部后侧肌群，如比目鱼肌、腓肠肌，减轻坐骨神经的疼痛症状，预防腱鞘炎等。

④提高臀大肌、臀中肌、臀小肌以及大腿外展肌群的功能，增强髋关节的活动度。

⑤增强臀部肌肉及骨盆肌的练习，减轻臀部肌肉疲劳及坐骨神经痛。

（3）普拉提球下肢柔韧训练注意事项：与普拉提球上肢柔韧训练注意事项完全一致，此处不再赘述。

八、甜甜圈柔韧训练

准备用物：甜甜圈、音乐、音响。

甜甜圈柔韧训练内容见表4-4-12。

表4-4-12 甜甜圈柔韧训练内容

动作名称	级别	动作解析
颈部对抗	I	坐位或站位，单手持甜甜圈，置于头部，并部分固定在头部后侧，持圈的手部向前拉，颈部平行式向后做对抗，锻炼6~8次
左侧颈部拉伸	I	坐位或站位，右手持甜甜圈，置于头部，并部分固定在头部左侧，头部向右侧缓慢旋转，同时握圈的右手也缓慢向右拉，直到左侧斜方肌有拉伸感，维持10秒
右侧颈部拉伸	I	坐位或站位，左手持甜甜圈，置于头部，并部分固定在头部右侧，头部向左侧缓慢旋转，同时握圈的左手也缓慢向左拉，直到右侧斜方肌有拉伸感，维持10秒

续表

动作名称	级别	动作解析
手臂放松	I	坐位或站位，单手持甜甜圈，敲打对侧手臂，由上至下，再由下至上，往返进行6~8次
腰部放松	I	坐位或站位，单手持甜甜圈，敲打腰背部及腰部两侧，由上至下，再由下至上，往返进行6~8次
腹部放松	I	坐位或站位，双手持甜甜圈，敲打腹部，呈圆形敲打6~8次
腿部放松	I	站位，单手持甜甜圈，由臀部到脚踝敲打6~8次，再由大腿根部到脚背部，敲打6~8次
上肢环绕	II	坐位或站位，一侧手臂伸直，手握拳，将甜甜圈置于手臂的腕关节处，手臂做旋转状，直到甜甜圈到达肩关节处，锻炼2~3次，再换另一侧
上肢运动	I	站位，一手持甜甜圈，手臂向前伸，将甜甜圈抛向上方，再由同侧手或者另一手接住甜甜圈，锻炼4~5次
上肢运动	II	站位，一手持甜甜圈，上臂贴紧躯干，前臂向前伸，将甜甜圈抛向上方，再由同侧手持甜甜圈，进行4~5次
手臂对抗	II	坐位或站位，双手持甜甜圈，手臂伸直，置于身体前方，左侧手臂向左做平移状，右侧手臂向右做平移状，两侧做对抗，进行6~8次
腕部运动	II	坐位或站位，单手反式持甜甜圈，置于前方，反转甜甜圈，另一手反式握住甜甜圈，锻炼6~8次
手指运动	II	坐位或站位，两侧手指握紧甜甜圈，做顺时针或逆时针旋转，锻炼6~8次
八字	I	坐位或站位，双手握甜甜圈，置于前方，将其扭成八字状，每侧锻炼6~8次
腰部拉伸	I	坐位或站位，双手持甜甜圈置于前方，手臂伸直，先向左侧旋转，右侧腰部有拉伸感时复位，再向右侧旋转，每侧锻炼6~8次
大腿前侧拉伸	II	站位，单手持甜甜圈放于身后，将同侧的脚背置于甜甜圈部分部位，手向上提，膝关节尽量朝下（另一侧的手可以扶着椅子）
髋部运动	I	坐位，收腹挺胸，单手持甜甜圈置于一侧膝关节处，向上拉，髋关节做上下运动

续表

动作名称	级别	动作解析
腿部环绕	II	坐位，将甜甜圈置于一侧腿部的踝关节处，腿部伸直，腿部做旋转状，直到甜甜圈到达大腿部，锻炼3~4次
平衡运动	I	站位，单手持甜甜圈，单腿进出交替进行，锻炼6~8次，换另一侧
双人互动	I	站位，两人距离大约2米，一人单手持甜甜圈抛出，另一人单手接住
双人互动	II	站位，两人距离大约2米，每人单手持一甜甜圈，两人同时抛向对方，并接住对方的甜甜圈
双人互动	II	站位，两人距离大约2米，一人单手持甜甜圈抛出，另一人单脚接住

【实战演练】

（1）以小组为单位，选择2~3种辅具练习。

（2）选择合适的音乐，编排适合老年人的动作，带领其他的小组同学进行演练。

拓展学习

一、体适能活动的运动处方（肩周炎）

简介：肩周炎又称肩关节周围炎，俗称凝肩、五十肩，肩部逐渐产生疼痛感，夜间更加严重，肩关节活动功能受限而且日益加重，达到某种程度后逐渐缓解，直至最后完全复原。主要表现为肩关节囊及其周围韧带、肌腱和滑囊的慢性特异性炎症。肩周炎是以肩关节疼痛和活动不便为主要症状的常见病症。本病的好发年龄在50岁左右，女性的发病率略高于男性，多见于体力劳动者，若得不到有效的治疗，有可能严重影响肩关节的功能活动。肩关节可有广泛压痛，并向颈部及肘部辐射，还可能导致三角肌出现不同程度的萎缩。

目的：缓解因肩周炎引起的疼痛及不适，预防肩周炎的发生。

准备用物：椅子、锻炼环境须有墙壁、普拉提球。

肩周炎锻炼注意事项：

根据自己的情况，可适当选择几个动作或方法组成一套进行训练。哪个动作完全不能做，或只能做一部分而做不全，就选择这些动作进行锻炼。当这个动作可完全做好时，也就不必再练这个动作了。运动要适量。做这些动作的强度应适度。用力要以能够忍受疼痛为限度。力量和速度不能过大，否则易造成新的损伤，使病情加重；但也不能因害怕疼痛而减小动作的力度，这样锻炼没有什么效果，而动作的幅度要求尽量大，以能够达到正常的范围为度，但不超出正常的范围。每次锻炼持续约30分钟，每个动作可重复5~10次。每天宜在固定的时间段进行，最好选择精神和精力较好的时候。不宜在睡觉前或很疲惫的时间进行，这些时间完成动作的质量不高，很难达到理想的效果。一般人多在下午5—6点进行，如果有人长期坚持早晨锻炼，也可选择早晨的时间进行。

肩周炎运动训练方法见表4-4-13。

表4-4-13 肩周炎运动训练方法

动作名称	动作解析
甩手	身体前屈90度，可用左手扶住支撑物。患肢下垂，向前后、左右摆动，也可以做画圈摆动。做时肌肉要放松，幅度由小而大。摆动的范围尽量大些，要超过现有的活动范围。若老年人有高血压，身体前屈不宜过低
搭对侧肩	练习可分为两步进行：第一步：使右手搭在左侧肩部，右臂屈肘90度，左手托住右侧肘部，右手尽量搭在左侧肩部，左手可帮助右手完成这个动作，如果还不能完成，可将右臂向前上抬起，直至右手搭在左侧肩部为止。第二步：右肘部贴在胸部，在右手搭在左侧肩部的基础上，左手可将右肘部向下按，直至右肘部紧贴胸部，然后健侧重复上面的动作5~10次
爬墙	面对墙壁站立，患肢伸直向前方尽量抬高，直至手掌紧贴墙面扶墙。用食指、中指、无名指及小指做屈伸活动，手指活动徐徐向上爬行，类似蜗牛爬行，使右臂抬高到最高限度，保持1~2分钟，然后徐徐放下。另一个动作是，身体右侧对墙站立，将右臂向右侧水平举起至墙面，手指活动，徐徐向上爬行。记下每天可以到达的高度，并下决心每日提高1~2厘米
扩胸运动	与广播体操中的扩胸运动一样，要尽量加大扩胸的范围，可感到肩前部有牵扯疼痛感
双手抱头	第一步：双手抱头，双手相扣在一起，抱在头枕部。如果抱不到，可适当将头低下，直到双手抱在一起。然后尽量抬头挺胸，至头部平视前方。第二步：双臂煽动，双手指交叉抱住头部，相当于双耳垂水平线。两肘臂夹住两耳，然后用力向后煽两肘，再重复此动作。"煽动"是在外展肩关节屈肘的姿势下，对肩膀关节进行内收和外展的一种锻炼方法
体后拉手	第一步：手过后正中线，患者双手反背在背后，左手抓住右手的腕部，向左侧牵拉，直至右手手腕超过身体的后正中线，右手完全在身体左侧。第二步：摸对侧肩胛骨，左手托住右手的小鱼际外侧（小指侧的手掌），尽量向上抬，使右手指可摸到左侧肩胛骨的下角，然后反复进行

动作名称	动作解析
梳头	第一步：右手摸到自己的头部右侧或右耳，第二步：右手从前向后捋梳头部右侧的头发，第三步：右手捋梳头部中间的头发，第四步：右手捋梳头部左侧的头发，触到左侧耳尖效果最佳。在整个动作中，头部应保持在正中的位置上，不能向左右侧偏倒；否则，不能算完全完成了这个动作
投降	动作如"投降"，做这个动作要先将右手臂侧平举到水平位置，肘部可弯曲90度，然后将右手向上抬转，至右手垂直向上，如"投降"的动作。这时可感到肩前部有牵扯疼痛感，此为正常现象。滑轮锻炼：在门框、窗框上装上滑轮，穿上绳子。双手分别抓住绳子的两端，然后活动左侧上肢，带动右侧上肢随之活动，从而达到锻炼的目的。注意，动作要慢，疼痛程度以能够忍受为上限，若动作过快易导致新的损伤，从而加重病情

二、体适能活动的运动处方（骨质疏松）

在我国每五个成年人就有一个患有骨质疏松。如果放任骨质疏松的发展很可能会造成：持续性或间断性的腰背疼痛，身长缩短、驼背，骨折（脆性骨折），呼吸功能下降。运动可以延缓骨质疏松的发生和发展已经得到广泛的证实。

目的：针对骨质疏松状况，设计运动方案并指导、监督老年人进行运动锻炼，从而达到缓解骨质疏松的发生、发展的作用。针对骨质疏松状况，本书设计了运动方案，并指导监督老年人进行安全有效的运动，从而达到缓解骨质疏松发生和发展的目的。

准备用物：药球、负重衣等。

骨质疏松运动训练方法见表4-4-14。

表4-4-14　骨质疏松运动训练方法

动作名称	动作解析
屈髋外摆	双手叉腰，双脚并拢，自然站立，重心移到左/右腿，抬起右/左腿到大腿与身体呈90度，小腿自然垂直于地面，勾起脚尖。右/左大腿以髋关节为轴，向外展到最大限度，保持1秒，然后还原继续循环
后撤箭步蹲	上半身挺直，重心位于两脚之间，下蹲时前侧大腿与身体呈90度，后侧大腿与地面呈45度，每次步幅保持大小相同
箭步蹲	竖直蹲下，同时弯曲两个膝关节，蹲至两个膝关节呈90度；蹲起，左腿脚后跟发力蹲起至站立姿势
深蹲	下蹲，臀部缓慢向后向下蹲，膝盖朝向脚尖方向，蹲至大腿与地面平行；稍作停顿；蹲起，臀部和大腿内侧收缩发力，竖直站起

续表

动作名称	动作解析
侧蹲	下蹲，臀部向一侧后坐，膝盖朝向脚尖方向，蹲至大腿与地面平行；稍作停顿再蹲起，臀部发力蹲至站立位置
半蹲	脚跟与肩同宽，挺直腰背，臀部向后向下蹲时膝盖与脚尖方向一致，臀部位置高于大腿，动作尽可能流畅、连贯，蹲起时，臀部应明显收缩发力
三连蹲	斜向下蹲时，后侧腿尽可能往侧面的远处伸，每次下蹲，膝盖都要保持不超过脚尖，腰背挺直，臀部发力，分三次向左侧、中间、右侧蹲起
站立提踵	站立位，收缩腰腹，小腿肌肉发力，提起脚跟，慢慢收回脚，触地

骨质疏松训练注意事项：

（1）在运动指导员的监督下，完成动作训练，避免错误训练动作。

（2）在训练过程中下蹲和蹲起时一定要配合呼吸动作，调整呼吸节奏，用力时呼气，放松时吸气。

（3）注意标准的起始位置，动作幅度一定不要过大，注意安全。

项目五　心灵调试类活动策划与组织

【项目概览】

党的二十大报告突出了健康在经济社会发展中的重要作用和优先地位。习近平总书记强调，健康是经济社会发展的基础条件。人民群众拥有健康体魄，也为经济社会高质量发展提供强大生产力。从老年身心健康的需求出发，组织老年人参加各种文化活动可以调整心态、陶冶性情、寻找乐趣、归属感情，有效提升生命健康的质量和水平，使他们会成为社会文化活动的参与者、受益者，甚至成为组织者、创造者。音乐、绘画、手工等活动以门槛低、娱乐性强、艺术性高等特点成为深受老年人喜爱的能够提升品味、放松身心的文化活动。

【项目目标】

知识目标

（1）掌握各种心灵调试类活动的内涵及分类；
（2）熟悉心灵调试类活动的作用；
（3）熟练掌握心灵调试类活动的步骤。

技能目标

（1）能够选择与老年人生理、智力、能力相适应的心灵调试类活动；
（2）能够策划并组织心灵调试类活动；
（3）能够处理应急事件并具备相应技能。

素质目标

（1）遵循个别化、自愿性、保密性和无害性的专业伦理；
（2）培养为老服务的使命感、乐于奉献的精神追求；
（3）学习养老服务行业工匠精神和劳模精神；
（4）具有吃苦耐劳品质，发扬劳动精神。

任务一 艺术辅疗活动策划与组织

子任务一 音乐辅疗

情境导入

经过调查，某养老院里的老年群体的普遍具备一定的音乐素养，大家对音乐类活动比较感兴趣。活动管家小王根据这一情况，想准备一些音乐类器具，组织开展活动参与度比较高的音乐辅疗活动。小王需要如何组织带领老年人开展此类活动呢？

问题讨论

1. 音乐辅疗活动对老年人具有哪些意义？
2. 如何选择适合老年人的音乐辅疗活动？
3. 如何开展音乐辅疗活动？

【知识导学】

一、音乐辅疗的内涵

音乐辅疗是指利用音乐的特性使活动参与者身心受到刺激，进而增强其人际关系，使其情绪安定。重要的是音乐辅疗能促进运动的感觉和智能方面的改善，使参与者在身心和生活方面都有更多改善。

二、音乐辅疗的作用

音乐本身就是一种能量，由耳朵传入脑部，刺激中枢神经和内分泌系统，对人体起到调节作用。适当的音乐能引起人体细胞组织发生和谐的同频共振，对心率快慢、呼吸节奏、胃肠蠕动、肌肉的收缩和舒张，都能有良好的调节作用。借由适当的音乐，可以有效改善活动参与者的情绪，使其保持心境的空明自在、勇敢面对人生。

音乐辅疗是指运用音乐特有的生理、心理效应，增强人体身心健康的音乐活动。音乐辅疗能够改善活动参与者的体力、行动力、运动能力，维持与防止其记忆力退化，提供其与别人交流的机会，刺激长期记忆、短期记忆；增进认知能力、改善现实理解力；恢复自尊、自信；增强自我表达能力、放松心情、减轻压力；增进语言能力；提高语言和沟通能力、减少适应不良的症状；增进自我表现与自我决策的能力；从疾病或烦恼中 解放出来，改善老年人的生活品质。

三、常用的音乐辅疗方式

常用的音乐辅疗方式之一：聆听法。即通过听特定的音乐以调整人的身心，达到促进健康的目的。各国由于文化传统以及音乐辅疗的发展不同，产生了不同的聆听技术，例如超觉静坐法、音乐处方法、音乐冥想法、音乐想像法、聆听讨论法、积极聆听法、名曲情绪转变法等。

常用的音乐辅疗方式之二：音乐引导想像法。实施时由活动组织着引导老人进入放松状态，让老人在特别编制的音乐背景下产生想像，想像中会出现视觉图像，这些图像具有象征意义。在听音乐的过程中，引导诉说产生的想像，并在音乐结束后讨论想像内容的意义，达到放松身心的效果

【技能操作】

一、歌曲伴唱《北京的金山上》

简介：本活动属于音乐辅疗的认知训练形式，可以作为主体活动。
目的：提升社交语言交流能力，让成员认识彼此，建立良好的人际关系。
本活动属于记忆力、回忆力、注意力、专注力、反应力的认知功能训练，能够调节情绪，抒发情感。
准备用物：五个音砖（AECDE）和音锤、乐谱图、动作标识图、《北京的金山上》音乐伴奏。
活动步骤：
介绍今天需要歌唱的曲目并请大家歌唱《北京的金山上》，歌唱结束请大家回忆自己在什么时候听过或唱过此歌曲，然后全体成员再唱一遍。

1. **引导方式**

提问大家过去唱过或听过这首歌曲吗？如有，则请大家讲解一下当时为什么会唱或听这首歌曲，当时的情况是什么样的。如无，则请大家谈谈自己对此歌曲的感受，讲解一下歌曲的产生背景（1970年，全国大汇演中，由才旦卓玛唱红的一首歌曲）。
带领者示范用音砖演奏《北京的金山上》，然后邀请老年人分为五组，一组出一人，依照教案上对应的数字标号演奏此歌曲，组内其他成员一边演唱，一边与本组音砖演奏者保持相同敲击时间的拍手配合。

2. **带领指导**

首先要示范音砖的正确敲击方式，请各组成员练习击打方式；请大家聆听每个音砖发出的不同音高，是否与每个歌词对应的音高相同；进行分组，请老年人看歌曲简谱，并熟

悉自己手中音砖对应的位置符号稍加练习；可以引导老年人说出每个组唱到哪几个字时需要敲击。最后，尝试五组一起边歌唱边演奏。同组成员可以每人轮流演奏一次，也可根据需求多演奏几次。

音砖练习结束后，将教案中的身体位置图片卡展示给老年人，对其说明图片卡上的标识意思及对应的身体动作，演示在歌唱中看图做对应的身体动作，此阶段可以播放歌曲音乐伴奏，伴随着伴奏进行歌唱。

需要拿出图片进行讲解，并演示每个图片对应的不同身体动作，然后让老年人按照每次展示的图片做对应的动作。演示时可以多做一些身体动作，引导老年人尽量进行多动作形式的身体表达。

进行几次练习之后，将动作带入歌曲中，在歌唱的状态下，一边歌唱一边用大脑反应图片里的身体动作。尽量要求老年人按照图片显示的身体部位做动作，没有提供图片时要停止动作。此阶段，老年人要配合歌曲的伴奏，边做动作边歌唱。

3. 活动总结

赞扬并感谢大家在团队中的默契配合和积极参与。

4. 注意事项

将每个组编号，请老年人明确自己所在组的号码，并与乐谱上的数字对应。在使用音砖时，一定要进行演奏方式的练习。在音砖演奏进行时，当轮到哪组成员，可以给予提醒，如眼神注视或手势提示。展示图片时，讲解要清晰，按照图片的标识做对应的身体动作，要进行多次练习。鼓励老年人歌唱时要有美好的歌唱状态，注意坐姿和歌唱的情绪。

二、歌曲讨论《走进新时代》

简介：本活动属于音乐辅疗的认知训练形式，可以作为主体活动。

目的：提升社交语言交流能力，让成员认识彼此，建立良好的人际关系；本活动属于记忆力、回忆力、注意力、专注力、反应力的认知功能训练，能够调节心情，抒发情感。

准备用物：《走进新时代》歌曲音乐伴奏、歌本、歌曲填词海报、笔。

活动步骤：

1. 活动简介

介绍今天需要歌唱的曲目并请大家歌唱《走进新时代》，歌唱结束请大家回忆一下自己在什么时候听过或唱过这首歌曲，然后全体再唱一遍或一起念一下歌词，体会歌词内容。

2. 引导方式

提问过去唱过或听过这首歌曲吗？对这首歌曲有什么感受？谈一下什么叫走进新时代？大家对新时代有什么看法？现在的时代是不是歌词中描述的新时代？自己的生活是不是也像歌曲里描述的那样，从旧时代走向了新时代？请老年人举几个自己生活的小故事分享给大家。

讨论结束后，将老年人分为三或四组，发给每组一张"歌曲填词海报"，海报里的有些词是空白的，第一次需要让每组老年人填上空白处缺少的歌词，第二次需要让老年人编写空白处的歌词。

3. 带领指导

将老年人分组后，要解释清楚"歌曲填词海报"的用途，先引导老年人进行小组讨论，回忆原本空白处的歌词是什么，填写完后每组按照填好后的歌词演唱一遍。此阶段会出现歌词填不对的情况，不要给老年人压力，大家集体演唱一遍，帮助老年人回忆。然后再引导老年人自己去动脑编创歌词填到空白处。小组讨论结束后，请每个组将新编写的歌词给大家大声朗读一遍，再说明这样编创的想法，然后演唱一遍编写的新歌词。

引导词：如叔叔/阿姨在这个空白里加上了什么词？请给大家朗读一遍。为什么要加上这些词或短句？您是想表达什么意思？您觉得自己写的歌词和以前有什么区别？是更优美了？还是更押韵了？

4. 活动总结

回顾今天歌唱的歌曲《走进新时代》，感谢大家带来的各种生活分享和感动。谢谢每组老年人精心编创的歌词，这些歌词带着很多美好的寓意，感谢大家的积极参与。

5. 注意事项

引导某老年人分享自己生活故事的时候，要组织好其他听众认真地聆听该老年人的发言。发言结束后，引导大家积极参与讨论，有什么相似的经历或同感。不要你一言我一语随便说，要掌控好现场讨论秩序，营造积极回应的氛围，切忌形成各自随意分小组讨论的混乱局面。当每位老年人讲话结束后，带领者一定要给予其言语上的鼓励，也要调动所有人给予老年人支持的掌声。

在歌曲演唱时，带领者要在所有人都熟悉歌曲韵律和歌词的练习后（第一次可以带领大家先一起阅读歌词，再一起试唱），再配合伴奏音乐一起歌唱。激励大家大声、有感情地演唱。分组讨论时，带领者需要倾听每组的讨论内容，但是不要干扰老年人编写的思路，观察大家讨论时某些正面又有意思的小环节，可以与大家分享，以活跃现场气氛。带领者不对任何老年人述说的任何观点、故事做评价，而只进行积极正面的鼓励，让老年人多表达自己的想法。

三、音乐绘画

简介：本活动属于音乐辅疗的团体心理活动，可以作为主体活动。

目的：提升社交语言交流能力、调节心情、抒发情感、手指精细动作能力、形象思维能力、想象力及执行力。

准备用物：音乐绘画的乐曲、颜料、画纸、画笔。

活动步骤：

1. 活动简介

介绍今天要进行的活动——音乐绘画，需要请大家聆听两段乐曲，将不同的感受分别画在两张纸上。

2. 引导方式

在聆听之前,请告诉老年人将自己对这段音乐的感受画下来。比如,在这段音乐里,您看到了什么?想到了什么?您认为这段音乐在描述什么?任何让您对这段音乐有感触的想法都可以画在纸上,也可以写一点文字来描述您的画作。

先播放第一段音乐,让老年人进行绘画。大家绘画结束后,请老年人谈谈自己创作的第一幅画。在老年人绘画时,可以反复播放音乐。

3. 互动欣赏

绘画结束后,大家可以相互观赏作品。然后,请老年人逐一解释自己画的是什么。

4. 带领指导

先请一位老年人手持自己的画作,并让每位老年人都能看到他的作品。现在,先请大家说说,你在他的画里看到了什么?鼓励老年人积极发言。然后,待大家评论结束后,请这位老年人讲述自己画的是什么。

引导词:您自己画的是什么?这是这段音乐给您的感受吗?您觉得有没有把自己的感受都在画上表现出来了呢?您觉得这幅画是在讲您自己的故事吗?能给我们分享一下您的故事吗?

再播放第二首音乐,请大家把感受画下来。然后请老年人分享第二幅画的内容,再谈谈两幅画的不同。鼓励老年人积极表达内心想法,两幅作品象征着自己怎样的情感或想法。

5. 活动总结

非常感谢大家积极参与讨论活动,也给我们带来一些真情故事分享。谢谢各位带给身边老年人的关心与支持,让我们相互协助,关爱身边人,一起拥有积极向上的生活态度,做一个快乐的老年人。

6. 注意事项

引导某老年人讲述自己作品的时候,要组织好其他听众,认真聆听老年人的发言。当每位老年人讲话结束后,带领者一定要给予言语上的鼓励,也要调动所有人给予老年人支持的掌声。如遇到消极情绪表达的老年人,一定要让有积极生活态度的老年人,给予这位老年人鼓励和支持,也可以带动所有老年人,一起为这位老年人加油打气,让他向正面情绪发展。带领者要能够临场机智应变,去回应老年人的问题,不对任何老年人述说的任何观点、故事做评价,善用身边感染力较强的老年人,促进活动顺利进行。

四、乐器合奏《掀起你的盖头来》

简介:本活动属于音乐辅疗的乐器合奏形式,可以作为主体活动。

目的:提升社交语言交流能力,帮助成员认识彼此,建立人际关系;本活动属于注意力、专注力、反应力的认知功能训练，用欢快的音乐律动调节心情、抒发情绪。

准备用物：乐器，沙锤、铃鼓、手鼓、三角铁、双响筒、舞板；音乐《掀起你的盖头来》。

活动步骤：

1. 分组进行

对老年人进行分组，将手持相同乐器的老年人分为一组。逐一介绍乐器的种类、名称与演奏方式，并多次练习。

（1）铃鼓演奏方式：可以手拍，可以手摇。

（2）手鼓演奏方式：一手持鼓，另一手持鼓锤敲击鼓面。

（3）沙锤演奏方式：手持摇晃。

（4）三角铁演奏方式：可以敲击，也可以用三角铁击锤圈击三角铁的内部。

（5）双响筒演奏方式：可以敲击一边演奏，可以敲击两边交替演奏。

（6）舞板演奏方式：用手指捏击。

2. 带领练习

带领每组老年人练习乐器的强奏和弱奏的演奏形式。

3. 引导方式

例如，请手持铃鼓的老年人，练习演奏手势，手势幅度小，铃鼓摇晃力度小，手势幅度大，铃鼓摇晃力度大。需要按照乐器种类分组多次练习强奏和弱奏。让老年人观看学习带领者的手势，并根据手势反应出相对应的演奏形式。

4. 演奏手势

（1）拍手：代表演奏的开始、节奏和速度。

（2）晃手：幅度大小代表演奏的强奏和弱奏。

（3）抬手：代表演奏力度大。

（4）降低手：代表演奏力度小。

（5）双手握拳：代表演奏停止。

5. 带领指导

需要仔细讲解每个手势的意思，让大家一起边看手势边练习。带领者播放音乐，指导每组乐器进行演奏。可以鼓励老年人在乐器演奏过程中，自由地摇摆身体，尽情表达自己的情绪。

一次演奏结束后，可以让老年人相互交换乐器，练习不同乐器的演奏方式，经多次练习熟悉后，再进行正式的演奏（可以多进行几次配乐演奏）。

6. 活动总结

活动结束后，总结参加本次活动的老年人的演奏效果，因为大家齐心协力地演奏出一首非常美妙的乐曲，所以需要在言语上给予老年人鼓励和感谢。

7. 注意事项

带领老年人练习演奏方式时，一定要按照乐器分组，并一组一组进行指导，可以增加练习次数，确保每位老年人都能够正确演奏。

手势的练习一定要多次，争取每位老年人都能够明白和按照要求做到，达到较好的演奏效果。切记不要强制要求。在配乐演奏时，带领者的手势和体态要积极，这样可以很好地带领现场氛围。尽量让老年人多交换乐器，熟悉不同乐器的演奏方式。

每次练习后，一定要给予老年人鼓励和肯定，增加老年人的演奏动力。

【实战演练】

（1）熟悉不同类型音乐辅疗的步骤，两人一组，分别扮演老年人和志愿者，模拟以上活动中的五种音乐辅疗活动。

（2）为老年人开展音乐辅疗活动。

拓展学习

五音疗法，就是根据中医传统的阴阳五行理论和五音对应，用角、徵、宫、商、羽五种音调来治疗疾病，五音分属五行木、火、金、土、水，通肝、心、肺、脾、肾五脏。具体应用时应该在全面分析病情的基础上，针对病症发生的脏腑、经络，结合阴阳五行之间的相生相克关系，选择相应的音乐对老年人进行治疗。

对于失眠、神经衰弱的老年人，可选择一些亲切、温柔，曲调低吟、节奏徐缓、慢而平稳的音乐，在睡前收听，以起到安神宁心、镇静的作用，如《平沙落雁》《烛影摇红》等乐曲。

对于原发性高血压、冠心病等引起的心悸、头晕，可选择情调悠然、节奏徐缓的古典音乐与轻音乐，如《春江花月夜》《平湖秋月》等乐曲。

对于忧郁症可选用格调欢乐舒畅、节奏明快活泼的曲目，如《喜洋洋》《步步高》等达到舒心解郁的目的。

对于消化不良胃肠功能紊乱者，可选择节奏平缓、舒心悦耳的曲目，以促进食欲，调节胃肠功能，如《花好月圆》《北国之春》等乐曲。

根据五音对应五脏的属性，对于肝气郁结、怒伤肝等肝胆疾病应该选择角调式曲目，如《草木青青》《绿叶迎风》等乐曲。

心气不足用徵调式曲目，如《喜相逢》《百鸟朝凤》等乐曲。

思伤脾，致脾气虚、脾胃不和者，可选宫调式曲目，如《秋湖月夜》《鸟投林》等乐曲。

忧伤肺所致的肺气虚，肺失宣降所致咳喘，可选商调式音乐，如《阳关三叠》《黄河大合唱》等乐曲。

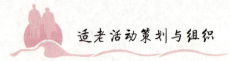
适老活动策划与组织

子任务二　手工制作活动

情境导入

某养老院中的老年人生活状态比较单一，机构负责人安排小王来做手工制作活动的前期准备，哪些手工制作活动适合老年人呢？小王需要准备什么材料带领老年人开展手工活动呢？

问题讨论

1. 什么是手工制作活动？
2. 手工制作活动有什么作用？
3. 如何开展手工制作活动？

【知识导学】

一、手工制作的内涵

手工制作原本是动词短语，但现在已经逐渐被人们当作名词使用，意指一些自己动手的趣味性小项目或手工加工项目。手工制作的兴起源于人们对儿时的怀旧和美好生活的向往，随着人们生活水平的不断提升和对精神文化生活越来越高的要求，手工制作、创意DIY与其相关的周边产业日益繁荣，越来越多的人开始思考如何将手工制作DIY融入生活。一些中国传统的手工制作项目（如剪纸、手工布艺等）深受外国人喜欢，也因此而推动了国内手工行业的发展，一些手工制作小作坊不断壮大，很多还做起了进出口生意，为提高国内就业率、促进经济的发展做出很大贡献。

随着生活水平的不断提高，中国女性对生活质量的要求也越来越高，虽然市场上琳琅满目的各种工艺品、生活用品越来越丰富，但是仍然满足不了人们个性化、情趣化的需求，于是一些以前因为无法买到或者为了节约开支才自己制作的传统手工制品越来越被都市女性所追捧。

比如手工串珠、首饰制作、中国结等虽然很容易买到，但仍然有大量女性愿意动手DIY，尝试与众不同的手工制作，于是国内市场上应运而生了很多效仿国外但实为延伸中国传统工艺的DIY店铺。为老年人提供手工制作所需要的原材料，同时为他们提供制作和学习的场所，让有需求但没有条件制作的老年人，达成自己的愿望。

二、手工制作的意义

从身体状况方面分析，能够通过手部精细动作活动刺激末梢神经，维持并改善身体和大脑的基本机能;通过五官的感觉为身体的基本机能带来活力,并促进新陈代谢。

从精神状况方面分析,通过手工制作,或者修剪植物、种植、浇水等活动,老年人可以获得成就感、满足感和自我尊重的有益体验,能力也能得到展现;并且,在活动的过程中可以提高注意力,为知觉与认知机能、感觉机能带来活力,恢复自身对于季节、时间的感受。

从心理状况方面分析,可以改善老年人的情绪状态,活动过程中会使老年人进入一个放松、平静的状态,使他们可以转换心情、减轻疲劳感。

从社会状况方面分析,通过互相交流,可以增加老年人的社会交往力度,提高社会价值,为原本枯燥的生活增添活力,减少寂寞和孤独的感觉。

【技能操作】

手工制作通过魔幻方块、衍纸、手工皂、蔬菜水果拓印、石头画等几种不同类型的手工制作形式来展开。

一、魔幻方块

简介:魔幻方块手工制作(图5-1-1)就是将设计好的各种颜色的方块在蝴蝶底稿上进行剪贴,完成一幅美丽独特的画作。

 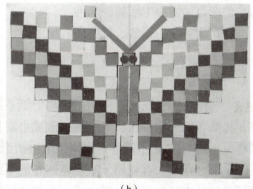

(a) (b)

图 5-1-1 魔幻方块手工制作
(a)魔幻方块(一);(b)魔幻方块(二)

目的:通过简单的剪贴活动让老年人在玩中创作作品,可以增加其自信心,体验成功感。剪贴并进行颜色搭配,使老年人锻炼手脑协调性,并且手部肢体肌肉、腕部肌肉在剪贴的过程中也得到了锻炼。

准备用物:胶棒、剪刀、彩纸、铅笔、画有黑白蝴蝶的底稿纸。

活动步骤:

1. 带领指导

(1)将准备好的蝴蝶底稿拿出来,在以蝴蝶肚子为中心的两侧翅膀上找到上下斜对着的两点，用铅笔连起来，然后选择一种颜色的彩纸剪成方块，贴起来使两侧成为一个V状的色块。可以先选择黄色方块贴上，使作品更鲜艳亮丽。

（2）选择深颜色的纸条剪成方块形状，贴到蝴蝶的肚子上面。

（3）用其他颜色的纸条剪成方块，贴到蝴蝶的翅膀上，用鲜艳的颜色来制作。

2. 注意事项

（1）在活动过程中，注意和老年人对话时的用语应亲切、热情。

（2）在讲解课程内容时一定要简洁明了，让老年人能够明白魔幻方块的制作过程。

（3）在剪贴方块的过程中尽量让老年人一个方块一个方块地剪，不要一下子剪很多，剪一个贴一个，可以让两个老年人一组，一个人剪，另一个人贴，然后再换过来。

二、衍纸

简介：衍纸是一种简单而实用的手工艺术。运用卷、捏、拼贴的方法将其组合完成。常被运用在卡片、包装装饰、装饰画、装饰品中。衍纸艺术又叫卷纸装饰工艺，就是以专用的工具将细长的纸条一圈圈卷起来，成为一个个小"零件"，然后用这些"零件"来创作组合出样式复杂、形状各异的作品。

目的：老年人通过学习能够做出一张漂亮的衍纸书签，这个过程可以培养老年人的想象力、创造力，增加生活的趣味性。

准备用物：空白书签、衍纸条、衍纸笔、白乳胶、牙签。

活动步骤：

1. 带领指导

（1）制作花瓣、花心：用衍纸笔将衍纸条卷成一个疏圆卷，在尽头用牙签涂上白乳胶粘牢，将纸卷的一端挤压成尖形的，做成水滴卷，一个花瓣就做好了，再用同样的方法做出同样大小的6~7个水滴卷；用衍纸笔将衍纸条卷成一个密圆卷作为花心。

（2）组合花朵：首先用牙签在密圆卷的下面涂上乳胶，粘贴在书签的上方，然后围绕着密圆卷粘贴水滴卷花瓣，组合成一朵花的形状；用黄色的衍纸条以同样的方法做出另一朵花，粘贴在蓝色花朵的下方。

（3）制作叶脉：将一根绿色的衍纸条对折一下，折成一长一短作为叶脉备用，将折好的叶脉一侧涂上白乳胶，粘贴在书签上。

（4）制作叶子：用衍纸笔将绿色的衍纸条卷成疏圆卷，将纸卷的一端挤压成尖形的，做成水滴卷，这样一片叶子就做好了，做5~6片即可，然后将叶子粘贴在叶脉两侧或者花朵旁边，一张漂亮的书签就完成了，如图5-1-2所示。

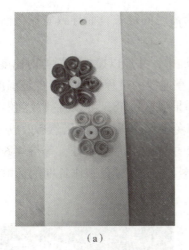 

图 5-1-2　衍纸书签手工制作
(a) 制作步骤（一）；(b) 制作步骤（二）

2. 注意事项

（1）在教老年人制作的过程中要有耐心，应尽量讲解细致，确保老年人能够听懂。

（2）做一步应询问老年人是否做好，等老年人都完后再进行下一步的制作。

（3）注意老年人使用工具时的安全问题。

三、手工皂

简介：本活动是改善老年人社会交往能力、提高晚年生活的自信与活力，以崇尚低碳、绿色、环保为主题的乐活低碳特色活动之一。

目的：首先讲解手工皂制作方法、过程，然后进行手工皂的制作，一步一步进行操作。

准备用物：温度计、不锈钢盆、火碱、电磁炉、定型肥皂专用模子、量杯、电子秤、玻璃棒或者不锈钢棒、橡皮刮刀、橡胶手套。

活动步骤：

1. 带领指导

（1）将氢氧化钠缓慢地倒入水中，一边倒一边搅拌帮助其溶解。氢氧化钠遇水后会大量释放热量，甚至沸腾。所以请一定记住是把氢氧化钠倒入水中，不要颠倒顺序。氢氧化钠属于强碱，在变成水溶液后可以用 pH 试纸测出其碱性强度。

（2）将基础油置于电磁炉上加热，并不时用温度计测量温度。当热量达到 50 摄氏度左右即可从酒精灯上把烧杯移开。用温度计测量时请注意不要把温度计的头置于烧杯底部，因为那里的温度是最高的，可以轻轻搅拌基础油，这样能使烧杯内的温度比较均匀，便于测量。

（3）由于氢氧化钠遇水后自身就会释放大量热量，所以氢氧化钠水溶液不需要再加温了。只要在加热基础油的同时，用另一根温度计不时测量氢氧化钠的水溶液是否降到

50 摄氏度左右即可。如果由于基础油加热所需时间过长，而导致氢氧化钠水溶液温度低于 40 摄氏度，则需要再对其进行加热处理。

（4）将氢氧化钠水溶液缓慢地倒入基础油中，并加以搅拌。搅拌时速度要快，但是不要使混合液体飞出烧杯造成不必要的伤害。在搅拌的过程中也需要保证温度控制在 40 摄氏度左右，可以不时用温度计测量一下。如果温度过低，可以将其放到电磁炉上再次加热。整个过程的温度不要超过 50 摄氏度，以免破坏冷压油脂的天然有效成分。

（5）搅拌结束后即可将其装入模具内，并置于阴凉通风处，等待 4~6 周后，即可脱模使用了。如果经常制作手工皂，可以在模具上贴上写有制作日期的标贴。手工皂如图 5-1-3 所示。

(a)   (b)

图 5-1-3 手工皂
(a) 手工皂（一）；(b) 手工皂（二）

2. 注意事项

（1）注意制作手工皂时基础油的配比。
（2）氢氧化钠水溶液和基础油之间的温差不能超过 10 摄氏度。

四、蔬菜水果拓印

简介：利用平时常见的蔬菜水果制作模型，在表面涂上各种颜色，发挥创意在纸上创造出不同的拓印作品。这样既可以预防老年人的失智，也可以让失智老年人创造出属于自己的独特画作，使老年人的手部、脑部机能得到充分的锻炼。蔬菜水果拓印如图 5-1-4 所示。

目的：进行拓印可以使老年人活动手部关节；在制作的过程中使用工具，制作过程还会使老年人的注意力、记忆力和执行力得到锻炼。当作品制作完成后，老年人看到自己的成就，也会增加成功感和自信心，同时，社会参与感、社会交往能力也会提升。

（a） （b）

图 5-1-4　蔬菜水果拓印
（a）拓印作品（一）；（b）拓印作品（二）

准备用物：蔬菜水果模型、叶片、水粉笔、水彩颜料、调色盘、素描纸。

活动步骤：

1. 带领指导

（1）选择纹路清晰的蔬菜或水果模型进行制作。

（2）用水粉笔蘸上颜料，选择自己喜欢的颜色在水果的背面上色。

（3）涂好颜色之后将蔬果模型盖印到素描纸上，印的时候可以稍用点力气，可以发挥想象用不同的蔬果模型拓印组成一幅作品。

2. 注意事项

（1）拓印时会发生拓印不全的情况，因此，要注意将颜料涂抹均匀，还要用纹路清晰的水果或蔬菜拓印。

（2）老年人进行拓印时，要注意他们遇到的问题，及时为其提供帮助。

（3）活动结束时，要组织老年人洗干净双手。

五、石头画

简介：石头画（图 5-1-5）、石头彩绘是用环保的绘画颜料，依照石头的大小形态在石头表面创造的图画。因其色彩鲜明、图画多样、立体逼真而赢得许多手工爱好者的喜爱。

目的：充分利用石头的外形、肌理与本色进行创作。

准备用物：石头、铅笔、橡皮、勾线笔、水彩笔、水粉笔、丙烯颜料、调色盘、瓶子、清水、吹风机。

活动步骤：

1. 带领指导

（1）刷底色。

根据所要创作的主题，用扁头的水粉笔在石头表面刷上相应的底色，等待颜色晾干后进行下一步创作。

（a） （b）

图 5-1-5 石头画

（a）石头画（一）；（b）石头画（二）

注意：刷底色的时候不要把颜料刷到手上，最好在下面垫一张纸，等石头一面干后，再涂另一面。

（2）勾画线稿。

用勾线笔或铅笔勾出花瓣和叶子的线描稿，注意花朵和叶子之间线条的穿插关系。

（3）上色。

根据自己画出的形状轮廓上色，上色的时候尽量不要把颜色涂到轮廓外面去。

2. 注意事项

（1）在给石头刷底色时，注意不要把颜料弄到手上或者衣服上。

（2）要等颜料晾干了再进行下一步的创作，否则会影响效果。

【实战演练】

（1）熟悉不同类型手工制作的步骤，两人一组，分别扮演老年人和志愿者，模拟以上五种手工制作活动。

（2）带领老年人进行手工制作活动并进行分享交流。

拓展学习

手工制作品的地域文化特色

不同地方的手工制品，展示了不同地域的文化、历史和风土人情，是地域特色的重要标志，也展示老年人不同的文化背景和生活趣向。每个地方都有自己独特的手工制品，这是由地方的地理环境、资源条件、人文背景等多方面的因素所决定的。有些老人善于剪纸，有效老人喜欢制作竹制手工，有的老人会制作皮影，还有的老人研究制作小文玩等。这可以成为手工制作活动中，增进老人交流沟通的重要素材——老人可以通过阐述手工制品代表的文化、信仰、习俗和民俗传统等提升沟通的有效性和趣味性，提升老人的自信度和交际面。

任务二 园艺辅疗活动策划与组织

子任务一 植物栽培活动

情境导入

某养老机构近期在院所的公共空间开辟了一些小地块,特别适合栽种或摆放绿植等,为了在增加老年人的生活乐趣的同时,促使他们活动身体,增加沟通交流,活动管家小王准备组织植物园艺活动,让老年人不仅可以活动手脚,增强体质,享受亲手培育的乐趣,还可以增加老年人聊天的话题。小王需要准备哪些安全便捷的材料呢?如何指导老年人轻松愉快地开展园艺种植活动呢?

问题讨论

1. 植物栽培活动对老年人有哪些意义?
2. 如何选择适合老年人培育的植物品种?
3. 组织老年人进行植物栽培活动时有哪些注意事项?

【知识导学】

园艺疗法是指通过与植物相关的各种活动,锻炼人的视觉、味觉、嗅觉、听觉、触觉等五感和身体部位,从而维持和恢复身体与精神机能的有效方法。老年人普遍对植物和大自然有天然的喜爱,老年人进行园艺活动甚至参与园林植物的照料过程,不仅可以享受亲手培育管理的乐趣,体会劳动成果所带来的成就感,而且在这个过程中还可以以花木园艺为话题,加强交流,因而园艺疗法对改善老年人身体机能,促进社会交往,增加老年人自主、自立的意识,从而对肯定自我价值、培养乐观心态等起到重要作用。

一、植物栽培活动的意义

(1)翻土、碎土、平整、起垄的作业是使用铁锹、耙子、犁等工具进行的重体力劳动。这种粗重的、耗费体力的动作,需要基本的骨骼方面的运动机能,这种活动能促进新陈代谢,给身心带来活力。用力活动手脚,支撑手脚活动的体感的安定和平衡,能够放松因紧张和防卫引起的肌肉紧张,恢复通过自己的意志而进行身体活动的感觉(此前这种感觉因生病而变得模糊)。这样能恢复自己与身体的一体感,促进恢复身体的自我感觉。

(2)为了培育植物而翻土、碎土,这种粗重且重复性的全身运动具有明确目的,那就是使大地再生为可以进行生产的土壤。在精神机能方面，冲动（精神性能量）被身体能量所取代，可以说这是适应性的发散行为。

（3）在耕作过的土壤上进行播种、插秧、浇水、除草等培育作业，需要人的注意力较为集中，因为这些动作既包含了一些纤细的动作，也有比较粗重的动作。这些动作在因生病而受人照顾的老年人的被动生活中，具有"培育""关怀"和"成为集体中的一员"的意义，满足了他们的基本需求。

（4）存在于人们内心深处，希望被关怀和养育的愿望投射到培育植物的行为中，然后将其升华，这种喜悦和乐趣形成了老年人的自我尊重。不管借用什么样的表现手段，对于要培育的植物，一边看着它们成长一边管理它们，会给人带来喜悦感和平静感。

二、植物种类的选择要点

由于植物种类众多，原则上没有绝对不能使用的植物。最好能够运用各种植物的特性，展开各种有趣的活动。在开展园艺疗法时，对治疗期限、时间、身心机能等都有要求，因此，必须正确选择植物，植物的选择要点和选择依据见表5-2-1。

表5-2-1 植物的选择要点和选择依据

选择要点	选择依据
选择容易培育的植物	容易培育是指耐病性、耐虫性、耐热性、耐寒性、耐旱性等及生长势较强。这样，当植物长大、开花、结果后，会增加对植物的关心度，体会到成就感，从而产生自信，并有挑战的欲望
根据气候和季节选择植物	不符合当地气候及季节的植物较难培育。在适宜的时机进行培育，培育容易、生长较好，果实味道也好。在自然环境下进行接触植物的作业，会感觉到身边的季节变化
选择方便使用的材料	就材料本身而言，球根比种子方便，分株比播种更容易操作。但是，对于治疗对象而言，种子发芽比播种和幼苗成活带来的惊喜更大，也更有兴趣，这就要求指导者选择较大的种子或容易发芽的种子，或者将小种子包起来使其变得大一些，或者掺入沙子等使播种更加容易
使用生长快、外形变化显著的植物	多数人会被植物的颜色、形状、大小及发芽、生长、开花、结果等变化所吸引，从而产生兴趣。总体而言，最好选择能够明显看到其生长过程的植物，即发芽、生长、开花、结果在短时间内完成的植物。当然，能够收获并品尝的植物，或者能够摘下来观赏、可以制成手工艺品的植物更能引起老年人的兴趣，有利于加深印象
选择珍贵的、可以食用的植物	与常见植物相比，难以见到的珍稀植物等更容易引起老年人的兴趣。例如兰花种类繁多，很多人都喜欢。但培育过山药的人很少，因此很多人对其感兴趣。普通的蔬菜虽然不珍贵，但可以让老年人体会到收获的喜悦，如果自己再把它们做成菜品尝，则会进一步增加培育的兴趣

续表

选择要点	选择依据
选择熟悉的植物	对于治疗对象,尤其是以老年人为对象时,让他们培育品尝过的植物等,可以唤起过去的记忆,有助于提高他们的操作兴趣。例如,一位得了近似失语症的老年人,在看到花、蔬菜,闻到其味道后,竟突然说:"我曾经和丈夫一起培育过这种植物",之后其状态便朝着良好的方向发展了
对于视觉障碍人士选择有香味的植物或者花形较大、颜色鲜艳的植物	完全失去视觉的人通过嗅觉和触觉可以感知植物并确认形状。而视力弱的人能够感知大的物体或颜色较深、形状清晰的物体。因此,最好选择有香味、叶子和花朵等的形状有特点、花形较大的、颜色较鲜艳的植物
避免栽培可能引起过敏的植物	植物中含有过敏的抗原,能够引起过敏,通常将其称为植物性过敏素。其包括食用后引起过敏(食饵性过敏素)、吸入后引起过敏(吸入性过敏素)、接触汁液等引起过敏(接触性过敏素)等。食饵性过敏素和接触性过敏素大多数只要稍加注意便可避免,因此在实践园艺时需要仔细斟酌。如花粉这种吸入性过敏素,多数情况下不可避免,但从减少过敏素含量来考虑,应避免在作业场所或居住地附近栽种,或者尽可能在远离这些植物的场所开展活动

【技能操作】

简介:通过栽种多肉植物,提高老年人的手脚活动能力,促进老年人身心愉悦,身心健康。

目的:放松心情、缓解压力、贴近生活、增加社交等。

准备用物:多肉植物、适合组合盆栽生长的器皿、玻璃缸、小花盆、通用的花卉生长土、彩色砂砾、石子、装饰摆件、小铲子、小刷子。

活动步骤:

1. 带领指导

(1)加入隔水砂石,厚度约0.8厘米,然后用小刷子铺平,如图5-2-1所示。

图5-2-1 铺平隔水砂石

（2）夹住植物的根部插入种植土中，另一只手扶住植物上端，然后用土埋住植物根部；注意，尽量贴近玻璃壁，从高到低依次紧密种下植物，如图5-2-2所示。

（3）将摆件道具放入玻璃杯合适的位置，轻轻按压，使其固定，如图5-2-3所示。

图5-2-2　将植物根部插入土中　　　　图5-2-3　按压装饰摆件

（4）用小铲子在种好的植物上面铺上碎岩石，如图5-2-4所示。

（5）给制作好的微景观喷水，直到隔水层有一半积水为止，积水量不能超过隔水层，如图5-2-5所示。

图5-2-4　铺上碎岩石　　　　　　　图5-2-5　给微景观喷水

2. 注意事项

（1）指导老年人栽培植物时表达清晰简洁，态度和蔼，解答问题时具有耐心和爱心。

（2）在活动过程中要教会老年人如何动手将种植作业完成，并要对接好后期的养护问题。

（3）在种植过程中要注意工具的使用安全。

【实战演练】

（1）熟悉植物品种和种植条件，为处于不同年龄段的老年人选择合适的栽培品种。

（2）两人一组，分别扮演老年人和志愿者，指导如何种植薄荷。

拓展学习

植物栽培小秘招

植物培育活动为老年人原本枯燥的生活增添了活力，减轻了寂寞和孤独感。舒张压和脉搏与心情有一定的相关性，所以进行园艺操作时要注意保持心情愉快，但不能过于兴奋，同时注意劳动量要适中，避免因劳动量过大而引起身体过度疲劳。培育植物注意湿度和植物的水分，避免土壤过干或过湿、温度过冷或过热；播种、育苗适合室内进行，要求有遮阴的地方；户外园艺活动需准备防晒用具、饮用水、防蚊液。为方便老年人栽培植物，可为其选择合适的姿势，并搭建不同高度的栽培花台，如图5-2-6所示。

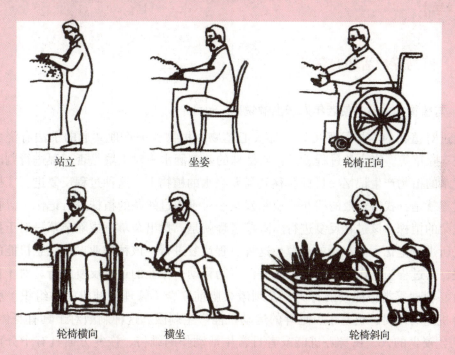

图 5-2-6 老年人栽培植物的各种姿势

子任务二　养护园艺活动

情境导入

鲜艳美丽的花朵非常受老年人喜欢，既能装饰环境，又能愉悦身心。有人来探望老年人时也经常会送鲜花，不过没几天花就全都枯萎了。活动管家小王决定组织老年人开展鲜花养护活动，锻炼他们的手脚和思维，促进他们之间的沟通交流，让他们享受养护植物的成就感。小王应该如何开展这些活动呢？

问题讨论

1. 老年人参与植物养护有哪些益处？
2. 老年人进行植物养护的要点有哪些？
3. 组织老年人进行植物养护时应注意什么？

【知识导学】

一、植物养护活动的意义

1. 与植物的关系易使老年人产生愉悦感

通过对植物的养护管理可以更加关心植物。植物养护管理共通的手法有浇水、摘除残花、除草等。浇水的过程就是：给植株的基部洒水—对土壤是否潮湿进行判断—对于浇过水的植物产生记忆—目标转移到需要浇水的植物上，这种过程反复进行。摘除残花的过程就是：找出开败的残花—摘除残花—对于摘过残花的植株进行记忆—寻找新的开败花朵的植株，该过程反复进行。除草过程就是：找出杂草—拔除杂草—对于拔除杂草的场所进行记忆—寻找新的杂草，这种过程反复进行。该种作业，以注意机能的维持为前提，其过程为：作业—短期记忆—注意的移动—作业的过程反复进行。对于植物进行培育、管理等类似能动的行为，在刺激大脑前联合（管理精神机能的组织）所承担的精神机能的同时，也对手、足等的运动机能产生刺激。这种刺激对于具有身体障碍、外出机会较少的人，在身心机能或者日常生活动作的维持、恢复方面具有十分重要的意义。

2. 养护植物能促进老年人感官的恢复

不同植物在不同时期具有的颜色、气味、形状、触感、味道等，刺激着人的五官，唤醒人迟钝的感觉。通过感觉器官，人们可以认识植物的色彩、形态、大小、香味、质感等。在此过程中，产生了美丽、旺盛等情感，即植物所具有的信息，通过人的感觉器官得以输入。在大多数情况下，给人们带来快感，缓和人们的紧张情绪，减轻压力，激发活力。人衰老后，身体节奏和生活节奏都会被打乱，五官感觉的大部分为了保护身体会自动关闭。植物会根据四季变化用颜色、气味、触摸时的感觉、果实的味道、随风摆动的声音等刺激人的五感，从而唤醒人的感觉。

3. 养护植物能促进老年人之间的交流

植物的颜色、气味、形态能使心情平静，促进人们打开闭塞的感觉和心扉。植物既具有缓和人的紧张刺激感的作用，也可以成为话题。在园艺疗法实施场所，可以看见老年人不再紧张，出现慈祥的微笑。在此，即使对于不认识的参加者，也会打声招呼、说谈几句。此外，植物的培育、管理，还具有需要协作进行的场合较多，可以一边谈话一边进行等特点。有植物的空间，是一种社交活动易于进行的空间，成为人们治愈自己和娱乐的场所。如果在园艺疗法实施场所栽植了人们熟悉的植物，可以使人产生各种各样的回忆、联想、怀念的心情来发挥精神治疗作用。

二、植物养护活动的要点

1. 植物要安全

有些植物为有毒植物，有些为有刺植物（如月季、火棘、柑橘类中的一部分等）。此时，要考虑是否会发生误食现象以及枝条是否会对视力障碍者造成伤害等。雪松多用于圣诞树装饰或者庭园树栽植，当老年人拔草时，有时会发生刺伤等事件。此外，虽然植物自身不会蜇人，但如山茶花、茶梅等可能停留茶毒蛾，即使不直接被毒蛾类蜇，在树下或者树的下风位置也会受到危害。如柿树、樱花、梅花、杏树、棒槌树、枫树类、柳树、板栗树、核桃树、石榴树类等树木，多生毒蛾类，当被这类树上的毒蛾刺到之后，会产生剧烈的疼痛感。为了安全、安心地利用园艺疗法实施场所，应该了解植物及害虫会带给人的危险，并且有必要进行定期的观察，及时发现和及早防治。

2. 外观要漂亮

观赏时的注意点在于色彩、大小、形状等。特别是对于色彩的看法会因年龄发生变化。随着年龄的增加，45岁以后白内障患者开始增加；几乎所有80岁以上的老年人都会发生某种程度、某种形式的白内障。虽然加重的速度与程度因人而异，白内障患者对于原色易于辨别，而对于紫色、茶色以及粉红色则不易辨别。一般园艺疗法实施空间的色彩多以暖色调为主，所以有必要根据参与者的年龄选择植物色彩。此外，即使是相同种类的植物，因为花朵大小不同，其观赏方法也会有差异。具有花大、色彩单调等特征的植物在远处易于辨别。花朵小、具有彩纹的花卉在近处观看易于发现其特征，有利于观赏。

3. 操作要简单方便

视力不好、运动机能有障碍的老年人，有些手指不灵活，接触植物时会对其造成危害。所以应选择即使粗放管理也不会枯死、不易受伤的植物；对于不开花的植物，在谁都能够触摸的区域栽种比较合适；为了方便作业，提供放置工具、土、肥料以及花苗的空间和安全活动的空间，这些空间应尽量宽松、容易到达。

【技能操作】

简介：养护鲜花不仅可以装点居室、净化空气、增添温馨的氛围，还可以让老年人欣赏鲜花的美丽、提高老年人的动手能力，促进老年人之间的沟通交流，因此有益身心健康。

目的：在接触植物的过程中，学习养花的知识技能，培养成就感，进行精细动作的锻炼，活跃身心，得到治疗与康复。

准备用物：鲜花、剪刀、清水、花瓶、维生素 C 片、喷壶。

活动步骤：

1. 带领指导

（1）剪除花枝上面的残枝败叶，对于叶子茂密的花朵需要把叶子剪得更少一点，不过美观第一，鲜嫩的叶子可以适当保留，如图 5-2-7 所示。

（2）用剪刀将鲜花枝上的切口扩大，原本鲜花大多是直剪或者斜剪，现在可以在枝干上打上十字花切口，让花枝变成四份或者更多，不需要剪开得太长，1~2 厘米即可。注意，没有剪开的枝干上的表皮不要弄坏，如图 5-2-8 所示。

图 5-2-7　剪除残枝败叶

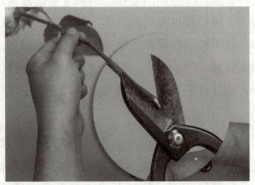
图 5-2-8　扩大花枝上的切口

（3）将剪好的鲜花插在花瓶中，花瓶可以选择容量大一点的，可以容纳更多的水，鲜花插在花瓶中，注满清水，夏天应保持一天换一次清水，冬天则可以延长到两天换一次，如图 5-2-9 所示。

（4）在花瓶中加入适量的维生素 C 片（图 5-2-10），这样可以为花枝提供营养。

下篇　实践篇

图 5-2-9　准备大容量花瓶

图 5-2-10　维生素 C 片

2. 注意事项

（1）注意语言使用，一定要亲切，让老年人感到舒适和放松。

（2）讲述时所有语言要简单明了，不能太复杂。

（3）对于一些专有名词，要解释清楚，并要对接好植物后期的养护问题。

（4）注意操作过程中老年人是否需要帮助，要及时给他们提供帮助，注意工具的使用安全。

【实战演练】

（1）熟悉植物品种和养护条件，为不同年龄段老年人选择合适的养护品种。

（2）两人一组，分别扮演老年人和志愿者，指导如何养护长寿花。

拓展学习

人类的亲生物性

亲生物性作为一种基本的生物学属性，是人类长期在自然中进化的结果。人类自诞生以来的三百万年基本生活在森林、草原等自然环境中，直到五六千年前进入文明史阶段才逐步走出自然，从事农耕、建立城市，直至进入工业社会。从时间跨度看，人类在人工环境生活只属于短暂一瞬，因此不可避免保留了亲近自然的欲望，而且在人工设施越密集的环境，这种倾向越明显。人类拥有亲生物性，所以可以通过接触自然来提高身体、情感和智能方面的舒适与健康程度，以便更好地生存。自然本身就是健康促进作用的因素，它包含了声、光、味、质感等丰富的感官刺激。人类与自然长期相伴，因此接触自然或与自然环境近似的抽象形态也能唤起人的亲生物性，从而激发出人在自然中获得恢复力的本能，而人在单一均质的人工环境（尤其是与自然高度背离的现代城市和建筑）中则难以获得这种能力。

子任务三　园艺手工活动

情境导入

端午节快到了，养老院准备组织老年人用自己熟悉的植物制作节日手工艺品，以利于丰富老年人的生活，并提高他们动手、动脑的能力，使他们恢复各种感官。小王是这次活动的负责人，他需要做哪些准备工作呢？

问题讨论

1. 老年人制作植物手工艺品的意义有哪些？
2. 组织老年人制作手工艺品要注意哪些内容？

【知识导学】

一、园艺手工活动的意义

（1）老年人制作手工的过程主要是锻炼手指，让其更灵活，同时还可以提高大脑主动思考的能力。这种活动互动过程对老年人的身体健康能起到极大的促进作用。

（2）参加园艺手工活动时，植物茎、叶、花的色、形、味会刺激观赏者的视觉、嗅觉和触觉，在交流的过程中可以刺激人的听觉，从而延缓器官的衰老。

（3）参加植物手工活动，可以放松精神、减缓疲劳，同时劳作中需要投入大量的精力，可以使老年人暂时摆脱悲观情绪，抑制冲动，因此可以消除急躁感，有效控制情绪。

（4）通过园艺手工活动，让老年人重新创建一个相互交流沟通的环境，让其感受再次融入社会的乐趣和被社会关注的幸福感。在劳作过程中，老年人可针对自己感兴趣的各种话题与别人进行交流，这样可以培养他们的协调性，提高社交频率。

（5）在互动中，老年人可以自我肯定、自我认同，也可以鼓励和带动其他老年人积极参与老年活动，对心理健康起到很好的调整作用。

二、手工园艺活动的要点

（1）开展园艺手工活动，建议在宽敞、整洁的环境中进行，老年人在这样的环境中心情舒畅，效果更佳。

（2）老年人既可以参与其中一两种活动，多人合作共同完成，也可以在时间和身体条件允许的情况下全程参与。

（3）考虑到老年人年龄大，操作过重或烦琐的工具十分不便，因此，建议使用比较轻便的工具和方便掌握的器具。

（4）进行园艺手工活动时一定要保证环境和设施的安全性。老年人一定要根据自己的身体状况安排活动，切不可勉强劳作。室外活动应结伴或在人员较多的地方，以免发病或遇到其他危险时无人救助。室内活动（如标本制作等）应每隔一段时间缓慢起身，以免损伤腰背或久坐突然起立引发急病。

（5）根据老年人的需要，提供耐心的帮助和给予真诚的肯定，注意引导老年人重视园艺手工活动的过程，而不是结果，保持园艺制作的动手乐趣。

【技能操作】

简介：手工压花是将植物材料经脱水、保色、压制和干燥等科学处理而成平面花材的过程。该手法给传统艺术品赋予了新的内涵，清新雅致，自然天成，有着独特的艺术魅力。

目的：通过制作手工压花增加老年人手眼协调及精细动作的能力，提升老年人的专注力与参与力，增加自信心与成功感，以及社会交往能力。

准备用物：新鲜花朵、书本、纸巾、镊子。

活动步骤：

1. 带领指导

（1）选取新鲜花材，在尽可能不破坏花形完整的情况下剪去花托部分，这样压花的时候更容易脱水，如图 5-2-11 所示。

（2）将花材摆放在打开的书上，并轻轻抚平，如图 5-2-12 所示。

图 5-2-11　剪去花托

图 5-2-12　抚平花材

（3）准备两种纸巾，一种是粗糙的，还有一种是细腻的。用 3~4 张粗糙的纸巾在外部平铺，用 1~2 张细腻的纸巾在内部平铺，如图 5-2-13 所示。

（4）把花材正面朝下放在细腻的半面纸巾上，抚平褶皱的叶子或花瓣。摆放时应注意花材之间留有空隙，如图 5-2-14 所示。

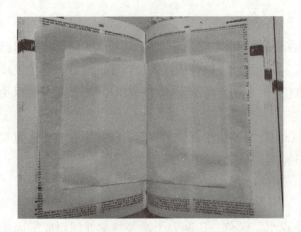
图5-2-13 平铺纸巾

图5-2-14 摆放花材

（5）将纸巾的另一半小心合上，然后合上书，找一些重物压在上面。两周之后，干花压制就完成了，记得用镊子小心地将花材取出，如图5-2-15所示。

图5-2-15 干花压制完成

2. 注意事项

（1）指导老年人进行手工操作的过程中要语言简明、语气亲切，让老年人感到舒适和放松。

（2）主动询问老年人是否需要帮助并及时耐心地解答疑问。

【实战演练】

（1）搜集适合老年人开展的园艺手工活动，并整理成活动案例集。

（2）两人一组，分别扮演老年人和志愿者，指导如何制作插花。

拓展学习

手工活动的生理学内涵

现代生理学研究表明，人的手、脑与智力间有着密切的联系，手不仅是劳动操作器官，而且具有认识功能。人手在劳动操作的影响下，通过抓举和触摸的感觉，形成一种技能复杂的运动分析能力，从而达到对事物的认识目的。人手这一认识功能与脑和智力活动相关。人脑分大脑、小脑等部分，大脑具有图形识别、空间想象等功能，小脑则具有维持身体平衡、协调肌肉活动等功能，是大脑与手等人体器官的协调中心，动手活动是人类实现智力内化的重要手段。人对于手工劳作技能的掌握，不仅表现在手能灵巧地进行操作活动，而且表现在思维的敏捷方面，任何手工劳作活动只有在人脑视觉分析器和运动分析器的协调活动下，才能通过手把设计意图有效地表达出来。因此，开展手工劳作活动，促进手的动作精确性、灵活性、持久性的提高，不仅能使老年人大脑、小脑的生理机能更趋完善，而且可以促进人脑分析器间的协调发展，可谓既练手又练脑，对人的成长和智力、创造力的开发均有直接意义。

任务三 怀旧辅疗活动策划与组织

情境导入

某社区活动中心，一群年纪相仿的老年人聚在一起，聊起目前的生活，大家有些许失落，如身体日渐老去、儿女经常不在身边等，感叹年轻时的自信、激情和美好。作为工作人员，你应该如何组织这些老年人开展怀旧活动，激发他们的生活热情呢？

问题讨论

1. 老年人为什么会出现这种现象？
2. 怀旧活动的功能有哪些？
3. 组织怀旧活动的注意事项有哪些？

【知识导学】

一、怀旧和怀旧疗法

回忆是人类重要的心理功能之一,它是指以往经历记忆在脑内留下的痕迹,在一定的条件下可以重现。人们在回忆中可以省察与说明对过去事件或情境的内在感受或冲突,并鼓励以正向的态度去回顾过去的经验,重新体验过去生活的片段,以增加对现有环境的适应能力,并协助达到自我完整的目标。

怀旧这一概念源自1963年美国学者巴特勒(Butler)提出的生命回顾理念,他首次强调了怀旧和生命回顾对老年人成功适应老化状态的重要性。Bluck等国际学者对怀旧进行了较全面的定义,即人自主或不自主地回想过去的行动或过程,包括曾经被铭记或者被遗忘的某个或某类片段,被铭记的片段常是原有经历的真实部分。这种回想可以是独立进行的也可以是与他人分享式的。

怀旧疗法的概念源自老年精神医学,是通过引导老年人回顾以往的生活,重新体验过去生活的片段,并给予新的诠释,协助老年人了解自我,减轻失落感,增加自尊及增进社会化的治疗过程。所以怀旧疗法是透过老年人既往生命经验找到生命价值与生命意义,进而达到生命统整的一种辅助疗法。具体方法是通过写作、图画、照片、歌曲、视频等方式,鼓励老年人有组织地回想、讨论并分享往事及经验,协助老年人以正向的态度去重新体验过去的生活片段。

二、怀旧疗法的理论基础

1. 心理社会发展理论

美国著名精神病医师埃里克森提出的心理社会发展理论,将人的一生经历的"八个阶段"以及每个阶段的发展任务进行了划分。他认为,老年阶段的发展危机是"完整对失望"。此时期,老年人主要是通过对过去人生经历的回顾来寻求一种完善和满足感,若老年人无法达到自我完整,则将对人生感到厌倦和失望,造成自我价值感降低、忧虑和抑郁,甚至绝望。该理论强调生命回顾是老年期发展的任务,通过将生命各个片段整合在一起,重新赋予其意义,使人们感受到过去生活与现在生活的差异与关联性。

2. 情感修复理论

社会学家戴维斯的情感修复理论将怀旧视为一种对过去逝去岁月的向往与怀念,他认为严格说来,老年人所向往的这种过去并不是绝对意义上客观的过去,而是现在的情感对过去的投射。在怀旧的过程中,老年人对过去的记忆进行了重新组合与建构,此时消极情感、负面记忆都会被过滤剔除。老年人会通过快乐的回忆来修复悲伤的心境。他们在悲伤的情境下容易产生怀旧的原因,可能在于老年人的一种自我保护机制,因此利用怀旧来回忆曾经的快乐,借此来修复自己的悲伤情绪。

3. 持续理论

Atchley 提出的持续理论则主张通过唤起过去经验来应对改变，当个体处在人生不同阶段过渡和面对生活中的重要改变时，倾向于以过去的经验应对和解释现有的改变。该理论包括内在持续和外在持续两方面。内在持续是维持自我确认，接受自己的过去，延续发展；外在持续则为对社会支持的需求，通过与他人互动来确认自己。当内在、外在达成持续时，则是适应。回忆与持续是密切相连的，个人往往通过回忆往事来和当前情况相连接，将过去到现在发生的生命故事联系起来，则可以给予个人生命意义及其仍然持续存在的感觉。

三、怀旧疗法的功能

怀旧疗法的目的在于老年人可以通过回顾过去，维系认知；在叙说往事中建立相同时代的归属与情谊，增进人际沟通与互动，提升自我与社群和时代的联结，进而肯定自己存在的价值，完成老年人自我统合的阶段性任务。其具体功能如下。

1. 改善认知水平，储藏积极情感

利用环境布置等相关引导物引导老年人回顾、谈论以往快乐的生活经历，有利于提高老年人的回忆能力，同时怀旧有一些补偿性的作用，能够使老年人平静和镇定下来。当老年人对当下的生活感到恐惧、不满、焦虑和不确定时，会希望回到那个确定而美好的过去。怀旧是一种愉快的心理状态，可以成为积极情绪的储藏室。

2. 改善表达能力，发展沟通能力

利用生活故事等引导老年人回忆，可以促使老年人的思考及陈述，其语言功能得到显著改善，同时还能提高老年人的交际能力，使老年人更主动地与人建立联系、更勇敢地表达自己的想法以及更好地照顾他人的感受。

3. 维持自我肯定，提高自尊安全

当老年人怀旧时，脑海中浮现的往往是他们经过尝试和努力、克服困难走到今天，这有助于老年人持续地进行自我肯定。老年人虽然知道遭受失败，但是他仍然可以通过怀旧，通过家人、朋友或其他重要群体的成员来肯定自己，并积极提高自尊。同时，能为老年人提供安全感，接受与他人相处时更多的回馈，发现自己的弱点，消除认知失调，减弱对外界的防御，提升幸福感。

4. 促进心理健康，改善生活能力

怀旧通过编织个人历史的片段来发展、维持或恢复自我认同感，老年人回忆或重组过去的经验，能让自己觉得生命和过往的经历都是有意义的，可以改善他们的抑郁情绪，并在现实与过去的碰撞、缓冲和协调的过程中找回自我发展的统一性和连续性，有利于更好地适应生活，愿意依靠自身的能力去改变和利用环境，所以对改善老年人心理健康及提高他们的生活自理能力均起到正向作用。

目前大量研究证实，怀旧疗法对预防和减缓老年人认知功能障碍的发生进程，效果是肯定的。

四、怀旧疗法的种类

按照不同的回忆类型可将怀旧疗法分为六类：整合（Integrative），工具（Instrumental），传递（Transmissive），叙事（Narrative），规避现实（Escapist）和强迫（Obsessive）：

（1）整合性缅怀往事，即人生回顾，目的是帮助老年人通过解决冲突，接纳过去与现在的不同，找到人生的意义，获得对过往人生的整合性看法，并为将来做准备。

（2）工具性缅怀往事，是指重拾过去用过的解决问题的技能与应对方法。

（3）传递性缅怀往事，是指将有关文化遗产或个人的传奇故事传递给下一代。

（4）叙事性缅怀往事，是指描述性地回忆生平经历或过去的逸事。

（5）规避现实性缅怀往事，是指回顾能带来自豪感的过去，度过眼前的困境。

（6）强迫性缅怀往事，是指重新发掘能带来内疚、苦涩和绝望感的负面回忆。

【技能操作】

一、怀旧辅疗的流程要点

（一）任务分析

怀旧辅疗是有计划地帮助个人透过回忆，找到人生价值与意义的活动。通常以个别或小组团体的方式进行。一对一个别性的怀旧较适合注意力较不集中或较不合群的老年人。小组活动时间为30分钟到1小时，一般选择上午为宜。其主要活动流程如图5-3-1所示。

图 5-3-1 怀旧辅疗的主要活动流程

（二）工作准备

1. 人员准备

（1）长者招募。

招募4~8人，自愿参加。

（2）工作人员。

最好有2~3位，1人为带领者，1~2人为协助者。

2. 物品准备

准备引导物，可以是古老的器具、日常生活用品，也可以是节庆习俗或衣食住行、娱乐等任何题材，如利用照片和物品等作为记忆触发器，收集可诱发老年人回忆的资料，制成相册、视频等。

引导物在配合年代、性别、工作经验、健康状况等个人基本状态来选择的同时，也要配合不同的感官优势系统来选择。引导物示例如图5-3-2所示。

视觉媒介材料		
电影	海报	画报
简报	画册	照片
书信	小说	诗集
日记	……	……

听觉媒介材料		
老歌	音乐	童谣
家乡话	乐器	小名/昵称
收音机	留声机	黑胶唱片
传统叫卖	……	……

味觉媒介材料		
古早味（糖葫芦、烧饼、油条、面疙瘩）	母亲的拿手菜	自己的拿手菜
孩子最爱吃的一道菜	甘蔗的滋味	葡萄干的滋味
……		

触觉媒介材料		
舞蹈	运动	游戏
园艺	垂钓	雕塑
编织	烹饪	……

图5-3-2 引导物示例

（三）环境准备

1. 舒适宁静，光线充足。
2. 房屋四周简洁，只放与活动有关的物资，关上门或放下窗帘，以便集中注意力。

3. 房屋、物品及通道等应确保安全。

活动实施的具体步骤见表 5-3-1。

表 5-3-1 活动实施的具体步骤

流程	内容	时间/分钟
引入	自我介绍；回顾上一次活动情况	5~10
回忆往事	选取不同主题，先使用引导物（视频、PPT、实物等）然后提问，引导老年人讲述想起的往事	20~25
回顾与体验	根据老年人讲述的往事片段，启发、帮助其完善记忆，使其重构一个整体；鼓励老年人充分体验回顾美好往事诱发的积极情感	10~15
评价与分析	引导老年人就所讲往事的价值和意义展开讨论	5~10

（四）注意事项

（1）设计时要遵循"适配性"原则。依据当事人的年代、文化背景、健康状况等个人基本状态进行适配性的活动设计。

（2）实施时，对于健康老年人要赋予充分自主性，对于轻度阿尔茨海默病的老年人，设计要"仪式化"（如固定时间、固定地点、固定流程、固定成员、固定引导者），可协助其快速熟悉，获得安全感。

（五）工作人员的工作技巧

1. 沟通技巧

用尊敬的语气与老年人沟通；语言要简单明确；语速要慢且清晰；耐心等待回应。

2. 带领技巧

每次小组活动集中选择一个主题；合理运用感官刺激的引导物；多赞赏鼓励老年人；能将负面经历转化为正面鼓励；控制好时间和进程；能够处理突发情况。

二、案例分析与策划

针对本任务"情景导入"中的案例，小王可按照如下流程进行社区老人怀旧活动的分析与策划。

（一）分析预估

根据前期的观察、走访和个别访谈，对老年人进行评估，主要了解老年人的身体状况、情绪认知、养老心态等方面的情况。根据评估结果发现，社区老年人在身体、心理和认知功能等方面都出现了不同程度的退化，大部分老年人能够泰然处之，而小部分老年人面对身体状况的每况愈下、自己能参与的活动较少、儿女探望时间少产生了极大的孤独感，形成了"老来无用"的悲观论。其主要体现在三个方面。

1. 身体机能衰退，无力感增强

随着年龄的增长，身体机能逐渐衰退，各种疾病接踵而至，老年人唯有叹息，却无力改变。面对身体状况越来越差，他们把较多的时间和精力集中在自身内部的消极体验上，各种消极情绪也会时不时冒出来。

2. 社会影响力下降，无用感增强

随着信息化社会的到来，老年人常年积累的知识和经验大多已经过时，很多现代化的科学技术掌握起来也很困难，代际之间的沟通矛盾日益加剧，话语权越来越低，自我价值感和自我重要性降低，认为自己没用了，是社会和家庭的负担。

3. 社会交往减少，无助感增强

退休之后由于社会交往的圈子大大缩小，与好友的沟通交流也不多，社区组织的活动也较少参与，老年人通常感觉自己与社会脱离了，晚年生活往往与孤独、寂寞相伴。

（二）活动计划

小组名称：那些年，那些事

服务对象：居住在社区的老年人

参与人数：5人

活动时间：每周五上午9点30分

活动周期：每周1期，共6期（主题还可更多一些，因为社区老年人的稳定性可能不如机构老年人）

活动地点：社区活动中心

小组目标：通过怀旧疗法，促使老年人重新认识自我、肯定自我价值，增强自尊和自信，建立积极乐观向上的心态，更好地面对晚年生活。具体目标：

（1）建立老年人的积极认知。通过述说和分享参与的活动，引导他们进行自我调适与自我整合，正视身体状况，重构生命意义。

（2）提高老年人的自我价值感。挖掘老年人身上的闪光点。增强正向情感体验，重塑自我形象，提高自我重要性。

（3）改善老年人的人际关系。加强老年人之间、老年人与子女之间的联系和交流，获得情感慰藉，强化社会支持。

活动内容见表5-3-2。

表 5-3-2　活动内容

节次	目标	内容及形式	所需物品
第一节 有缘相识	1. 协助组员互相认识 2. 澄清及了解小组的规范 3. 营造怀旧氛围，提升组员参与度	1. 互相认识 2. 播放视频（人生历程等） 3. 介绍小组的目的和内容 4. 约定小组规范 5. 分享感受 6. 布置家庭作业（回忆过去，准备老照片）	电脑、投影仪、视频、大白纸、彩纸、彩笔等
第二节 欢乐童年	1. 重温童年岁月，提升个人自尊和满足感 2. 促进组员之间的相互沟通，增加小组的凝聚力	1. 回顾第一节内容 2. 播放老年人照片，让大家猜猜"我是谁" 3. 抽取并分享童年玩具 4. 分享童年难忘往事 5. 总结 6. 家庭作业（准备结婚时的照片等）	PPT、工具盒（弹弓、沙包、翻绳等）、茶点、怀旧音乐等
第三节 喜乐年华	1. 重温预备婚宴的喜悦，提升自我满足感 2. 促进相互沟通，增加凝聚力	1. 回顾第二节内容 2. 感受氛围，点出主题 3. 抽取物品，回忆婚礼场景 4. 分享仪式意义等 5. 总结 6. 家庭作业（回忆生活的酸甜苦辣）	场地装饰、喜宴音乐、工具盒（梳子、喜字、蜡烛、莲子等）等
第四节 幸福生活	1. 回忆家庭生活，提升自尊和成功感 2. 增强沟通并建立友谊 3. 提倡乐观积极的生活态度	1. 回顾第三节内容 2. 热身游戏（蔬菜清洗大比拼） 3. 分享家务以及分工情况 4. 分享养育子女等的感受 5. 总结 6. 家庭作业（展示荣誉证书等）	蔬果、调料、盘碟等
第五节 荣耀时刻	1. 回顾工作成就，增强自信心和自我满足感 2. 建立自我形象，提升自我价值	1. 回顾第四节内容 2. 热身歌曲 3. 选取与昔日工作相关的物品进行分享 4. 分享最具成就感的时刻 5. 分享感受 6. 总结	过去工作中常听的歌曲、工作照片、算盘等

续表

节次	目标	内容及形式	所需物品
第六节 笑对未来	1. 重整人生经验，积极面对晚年生活 2. 加强生活目标规划	1. 欢迎嘉宾（亲属） 2. 热身游戏 3. 总结回顾 4. 共同计划晚年生活，与子女一起绘制人生树 5. 合影 6. 后测	电脑、投影仪、卡片、彩笔、人生树等

三、比较分析

比较分析见表 5-3-3。

表 5-3-3　比较分析

考核维度	具体指标	小组前测	小组后测
情绪能力认知	有能力应对晚年生活	无能力/4人 有能力/1人	有能力/5人
	社会影响力下降	下降/4人 还可以/1人	还可以/4人 下降/1人
	因身体状况下降而沮丧	经常会/4人 偶尔会/1人	不会/4人 偶尔会/1人
	自己是家庭负担	是/4人 不是/1人	不是/5人
自我价值感	是否有值得骄傲的优点	没有/2人 不清楚/3人	有/5人
	对自己所做贡献的了解程度	一点贡献/2人 不清楚/3人	很大贡献/5人
	工作是否带来成就感	一点成就感/2人 不清楚/3人	很大成就感/5人
	在养育子女方面是否付出很多	没有付出很多/3人 不清楚/2人	付出很多/5人
	克服困难的能力认知	一般/4人 一点/1人	很多/5人

续表

考核维度	具体指标	小组前测	小组后测
人际交往	与朋友的交流情况	经常交流/1人 偶尔交流/3人 基本没交流/1人	有必要经常交流/5人
	参加社区活动的情况	经常参加/1人 偶尔参加/3人 基本不参加/1人	有必要经常参加/5人
	与子女的交流情况	经常交流/1人 偶尔交流/3人 基本没交流/1人	有必要经常交流/5人
养老心态	对所生活环境的满意度	满意/2人 一般/3人	满意/4人 一般/1人
	对晚年生活的计划	没有计划/5人	有计划/5人
	对未来生活的信心	非常有信心/1人 有一点信心/3人 没有信心/1人	非常有信心/5人

（四）专业反思

1. 人员选择

在人员的选择上，要经过严格的筛选，在活动开展之前，要对老年人过去的生活体验、生理、心理、社会、文化等相关背景情况有初步的了解，综合考虑老年人的身体因素、情绪状况等进行组员确定；在规模上，人数不宜太多，以4~6人为宜；否则，无法聚焦问题，不能很好地一一给出回应。同时，其中最好有一位情绪积极正向的老年人，在小组中能够取得较好的带领作用。

2. 主题设置

要充分考虑老年人的特点，选择与目标相契合的主题，既有正面事件，让其感受到当时的成就感，体验愉悦心情；又要善于从逆境中获得感悟，挖掘其应对困境的能力，促使组员积极面对日后的生活，为未来增添活力。同时，在活动过程中，尽量采取简单易懂的方式，恰当运用媒介，如老电影、老照片等，有效引导老年人参与，而且在内容安排方面还要考虑时间因素，避免由于内容太多而导致活动时间过长，老年人产生疲倦感。

3. 工作态度

必须抱有接纳、支持、真诚的态度，与组员建立起信任关系，引导组员之间形成一种互相信任的关系，如通过约定保密、互相尊重等规则，让组员在充满安全及乐于分享的气氛下，放开自我，互相倾诉，感受到人与人之间的亲密，对未来更有信心、重拾自尊并且设定目标。

4. 带领策略

要协调好小组任务、小组互动以及个别组员的需求三方面的关系。在带领小组的过程中，组员的思绪较为宽泛，讨论的界限也不是很清晰，经常会出现"跨界"、偏离主题的回忆，这就需要工作人员采用摘述、总结、强化、引导等多方面技巧，紧扣小组目标任务，围绕原定话题展开讨论，引导活动回归主题。

针对个别组员的特殊需要，也要做好处理工作；应给予组员充分的时间来回想和整理过去的记忆，主动倾听，对于老年人所分享的内容给予正向的回馈，以接纳的态度适时地提出正向的、关怀性的看法，并引导其体验自我价值感，这样能够促进老年人自我肯定及成就感的增加；在小组互动方面，更要学会将共性的问题聚焦，然后抛开，引起共鸣，组员之间展开分享与讨论，形成互动，然后运用小组的影响力，共同解决问题，促进成员凝聚力的提升，发挥互助互信的精神。

5. 评估工具

作为小组活动，必须能够评估其成效。在活动开展之前对组员进行了前测基线调查，活动结束之后做了效果评估，将两者进行比较分析可知，小组的效果显而易见，该小组的介入成效有了一定的说服力，为社区开展此类活动提供了范本。

【实战演练】

1. 尝试选择一位自己的长辈，根据她常聊起的怀旧话题，设计一个以家庭环境为背景的怀旧活动，看一看你策划和组织的怀旧辅疗效果是否赢得其他家庭人员的认可；

2. 如果是为你所住的小区的某个老年群体进行一次团体的怀旧辅疗，你该如何策划？

拓展学习

个人资料册

个人资料册是一本包含老年人个人资料的小册子，内容包括老年人以往的背景资料、出生地点、兴趣、工作、爱好、重要生活片段、家庭成员等。个人资料册可以包括不同时期的照片、图片、明信片、剪报等，所有照片和图片旁都应附有人物姓名、与老年人的关系、拍摄地点和活动内容，方便刺激思维、回顾过去，以及促进与家属之间的互动，对于在养老机构居住的老年人，工作人员可借以了解其过往背景，促进与老年人沟通和了解，并提供个性化的服务。

注意事项：相片、图片要清晰；所有相片、图片要附简单资料协助解释；避免使用负面资料；复制珍贵照片时应避免遗失；放置在保密但易取的地方。

适老活动策划与组织

任务四 戏剧辅疗活动策划与组织

人生如戏，戏如人生。戏剧来自游戏，是一种平行反映生活的形式。美国戏剧治疗协会（1979）指出，戏剧治疗旨在以戏剧（或剧场）达成身心疗愈的目的，注重当事人的主体性与实际体验。老年人的社会情绪问题通常也可以通过戏剧治疗的方法来解决。戏剧辅疗的形式多样，主要包括让演员讲故事、重现一个真实的或想象中的事件，或者使用小道具（如木偶等）传达一种想法或感受等。用戏剧方法开展老年人工作自有其特别之处，因为戏剧形式非比寻常。正如音乐和艺术一样，戏剧唤起的是老年人具有创造性的一面，而这一面在传统疗法中常常被忽视。老年人一生积累了丰富的阅历，可以营造各种"舞台"来表演治疗性戏剧。

本任务介绍的是戏剧辅疗，不是治疗。二者之间的差异在于：①戏剧辅疗的对象为一般人而非"病人"；②接受戏剧辅疗者以"互为主体"的关系和自发性的"疗愈"概念，取代专业的医病关系与"治疗"概念；③任何人都有机会——在社区开放空间接触戏剧辅疗并从中获益，而非只是处于医疗团体中的病人。本任务将具体介绍如何运用一人一故事剧场服务老年人。

子任务一 认识一人一故事剧场

情境导入

小王在一家养老机构实习。小王的领导在参加一次养老论坛的时候偶然听说了针对老年人开展的戏剧辅疗活动，于是希望小王能够为养老院里的老年人策划戏剧辅疗活动，并在养老院里组建一个由老年人组成的一人一故事剧团。小王从未听说过一人一故事剧场，找了一些资料但不是很全面，正在为此事发愁。请你帮帮小王吧。

问题讨论

1. 什么是一人一故事剧场？它是否可以用于养老服务中？
2. 一人一故事剧场都包含哪些要素？

【知识导学】

一人一故事剧场（Playback Theatre）是一种即兴演出的剧场活动。它是演员运用形体动作、音乐或戏剧的形式演绎观众所分享的故事，把抽象的情感和回忆具体化，以艺术的形式作为礼物送给故事分享者的一种艺术形式。观众们可以在这个过程中共同见证和体验故事的情节，从而建立一个平等开放的对话空间，增进团队成员之间的认识与了解。任何人都可以成为演员，并以这种剧场形式去服务社区。

一、一人一故事剧场的基本理念

一人一故事剧场的基本理念是：相信每个人的故事都有其独特的价值，值得被聆听、被尊重。凭借着故事分享和戏剧的呈现，不同的人的生命片段交织在一起，心灵逐渐接近，让故事成为彼此赠送的礼物。

（一）每个人都有分享与聆听的欲望与需要

相信每个人都有自己的故事，每个人都有自己的经历。而这些都是值得被聆听和尊重的。它相信每个人都有分享的欲望，都有分享的需要，被聆听的需要。相信通过分享和聆听，人与人之间的距离会更近。

（二）观看演出的作用

分享者可以在一人一故事剧场的演出中，通过艺术性的呈现，重新回顾自己的故事，演员扮演不同的角色，帮助分享者在很短的时间里，从多个角度去了解自己的经历，也许是一种释放，也许是触碰到观看的人，他们看着别人的故事，也在看着自己的故事。

（三）不批判

一人一故事剧场很注重不批判。"你不孝顺父母，太离谱了。""国庆你不去看阅兵而是去上课，不可以这样……"不会有这种批判。取而代之的是接纳与尊重。我们尊重不同的人的不同选择。

（四）公民演员

一人一故事剧场有一个这样的概念，叫作"公民演员"，它相信每个人都可以做一人一故事剧场的演员，而在这种多元和包容的气氛之下，老年人内心会产生更多火花，有更好的效果。当然，这些都是需要时间、耐心去磨合，去相互适应的。

（五）红线

一人一故事剧场里的分享不是独立的，其核心是相互关联和人与故事的对话。

二、一人一故事剧场的基本要素

一人一故事剧场包含以下几个要素：舞台，演员，领航员，观众与说故事人，音乐和声音，布和椅子。

（一）一人一故事剧场中的舞台

在一人一故事剧场中，观众与舞台之间没有界限，通常二者在同一个平面上，没有区隔；不分幕起幕落，也无幕前幕后，舞台是透明的，演员的一举一动都在观众的视线中；舞台极其简化，不需要进行设计与布置，强调"简单就是美、越少越富足"的留白意义与想象空间；舞台一般没有台阶，象征平等性、一体性，没有台上台下的区分，极具亲和力；观众在讲故事时可以直接进入舞台区，舞台区无神秘角落；舞台空间不需要太大，只要不会造成观看时的压迫感即可。

（二）一人一故事剧场中的演员

一人一故事剧场中的演员人数一般为3~6人，演员之间有足够的信任与默契，并熟悉各种演出形式与仪式。同时，演员需要具备专注、倾听、重述、摘要、情感反映、同理的能力；需熟悉各类隐喻与诗，能以最少的语言承载最丰富的讯息；还要熟悉即兴演出与舞蹈，以肢体的流动传递讯息与情感。演员的声音要响亮，能够以声音表达信息与情绪。演员不必特别化妆，也不需要穿演出服，通常穿着中性裤装、平底鞋或赤脚演出。在演出过程中，演员要保持价值中立，不评价与投射故事。

（三）一人一故事剧场中的领航员

领航员本身通常也是资深演员，精通一人一故事剧场程序、结构、各种形式以及仪式；且熟悉团体动力、剧场阶段任务与团体领导技术；具备暖场、催化故事、专注、倾听、摘要的能力，能适度地通过开放式的询问搜集故事重要信息，协助演员演出；可以根据剧场的阶段与任务，适当选择演出形式，能够敏锐地捕捉到剧场"红线"的发展情况，适时适度深化剧场主题。

（四）一人一故事剧场中的观众与说故事人

在一人一故事剧场中，没有故事就没有剧场，因此说故事人非常重要。每位观众都可能成为说故事人，当说故事人走出观众席、坐上说故事的椅子时，他将吸引所有人的眼光，说故事本身也是演出的一部分。观众在剧场的后半段，也可受邀体验即兴演出的滋味。由于一人一故事剧场强调人与人之间的互动与沟通，因此空间不宜太空旷，人数也不宜太众多，通常观众席位开放50~100个。

（五）一人一故事剧场中的音乐和声音

音乐和声音是演出的一部分。声音包括人声（吟唱、口哨、感叹声、模仿声）、肢体拍打乐以及各种乐器即兴演奏出的音乐。声音与音乐的使用在一人一故事剧场里有以下几项特定功能：①通过音乐同理说故事人；②通过音乐分幕（如自由发挥）、分程序（如转形塑像与一对对）、分段落（如三段故事）；③通过音乐或歌唱营造气氛（如剧情需要的哀愁、浪漫或回不去的感觉）。

综合以上诸多职责，乐师如同剧场的副导演，必须熟悉各种演出形式。乐师的角色好比传统剧场中决定幕启、幕落、转换聚光灯焦点、导引观众视线的重要牵引者。乐师的演奏风格是即兴的、自由的，但演奏时机是特定的。

（六）一人一故事剧场中的道具

布和椅子是一人一故事剧场中仅有的道具。布会说话，布的不同颜色、形状、面积、垂感、透明度、伸缩性，都各自透露着不同的信息。例如，一块圆形厚重的布可以象征一座孤岛、一片紫色的薄纱可以代表浪漫的情网、一条捆在他人身上的绿色的布条可以表示忌妒与捆绑、黑色笼罩的幕布则似梦魇或不知名的恐惧，一块选对的布，可以胜过千言万语。布的使用，通常出现在较长的形式中，如自由发挥。

椅子可以是一个独立的次舞台，也可以象征某种特定场域或角色。椅子是一人一故事剧场的重要道具，特别对于人际关系的譬喻力强。椅子的大小、高低、样式和摆放的方向与距离都有象征意义。如空椅子可以象征一个不在场的人、两张背对背的椅子可以象征冲突的关系、站在高椅子上发言可以象征先知、收起来的折叠椅则可以当行李箱拖着走。另外椅子还可以象征车厢、台阶、另一颗星球……或只是一个站上去可以让画面更美的位置。椅子与布一样，可以随演员而进行创造性的运用。

三、一人一故事剧场在养老服务中的应用

（一）要充分考虑不同特征老年人的需求

在养老服务中运用一人一故事剧场应该充分考虑老年人的需求。具有不同特征和背景的老年人对服务的需求存在差异，如有些身体不便的老年人很难参与成为一人一故事剧场的演员或者外出观看演出，针对该类老年人运用一人一故事剧场来进行服务是很困难的。不过，随着时代技术的发展，在有条件的情况下，可以利用网络实现观看需求，即老年人通过远程故事分享，剧团成员通过网络观看现场直播，同样可以得到服务。因此，将一人一故事剧场应用于养老服务时，要在充分了解老年人需求的基础上进行，只有做好实际调研才能使服务更有效。

（二）注意敏感性和同理心

与老年人一起工作，无论老年人作为演员或者观众，老年活动工作者都应该注意敏感性和同理心。个体进入老年期后，部分身体机能会逐渐衰退，因此，老年活动工作者应该更加有爱心和耐性，对老年人的身体及心理情况有一定的敏感性，如老年人听力可能出现衰退，一人一故事的演出者应该提高音量或借助设备以让老年人可以清晰地听到演出对话及音乐。在平时的排练或演出中，服务者也应该注意老年演员的困境和需要，及时给予引导、回应和处理，再根据所观察情况，制订出相应的介入服务。

（三）注意人际互动

老年人有情感支持的需求，这实际上需要人际互动来实现，因此，运用一人一故事剧场时，应该注意老年人与其他人之间的互动，这样才能更有效地满足老年人的情感支持需求。

(四)以老年人为中心,强调老年人的参与

一人一故事剧场在养老服务中应该坚持以老年人为中心,因为老年人是主动的项目参与者,剧团的成立、排练、演出要体现老年人的话语权,使其能够做出更多的决策,以此来调动老年人参与机构或社区养老服务建设的积极性。若要实现这个目标,不仅要使老年人的一般心理要求得到满足,而且要鼓励其关注群体权益。老年活动工作者要协助鼓励老年人参与,随着剧团的发展,记住自身身份的转化,从一开始的引导者转化为协助者,最后完全将自主权交由老年人掌控,让老年人自己主持、组织相关的排练、表演,这也有利于促进老年人的主人翁精神和自主意识。

(五)适应国情,符合我国老年人特点

一人一故事剧场作为外来新兴剧场形式,引入本土后必然要进行技术创新与本土化改造,因此,将一人一故事剧场应用于养老服务要适应本国国情,每个国家老年人都有其自身的独特需求,例如,失独家庭在中国就是一个特殊时代所产生的无可奈何的悲剧,一人一故事剧场可以关注国内失独家庭的心理创伤议题。另外,针对中国有些老年人好面子的特点,运用一人一故事剧场时也应该注意和考虑相关特征,表演时不会使说故事人感到难堪。

【技能操作】

一人一故事剧场的舞台布置是组织一人一故事剧场活动的第一步。在进行舞台布置的时候要注意,一人一故事的舞台是有固定结构的,舞台上有声有色,乐师在右,布在左,演员使用的五把椅子居于中间的位置,而说故事人与领航员的椅子则放左侧。一人一故事剧场舞台布置如图5-4-1所示。

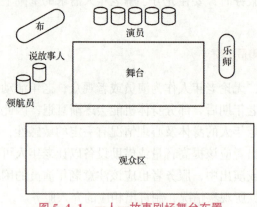

图 5-4-1 一人一故事剧场舞台布置

【实战演练】

假设你将要在某养老机构中为老年人组织一人一故事剧场活动,请利用相关道具完成一人一故事剧场舞台的布置工作。

子任务二 掌握一人一故事剧场的演出流程

情境导入

在了解了一人一故事剧场的场地布置之后,接下来小王要开始策划一人一故事剧场的整个演出过程了,但是他不知道整个演出流程是否可以如同晚会演出那样进行策划,还是应该与其他的表演有区别呢?请你再帮帮小王吧。

问题讨论

1. 一人一故事剧场的演出流程与普通的剧场有什么不同?它有没有固定的仪式?
2. 一人一故事剧场的演出都包括哪些环节?

【知识导学】

一人一故事剧场非常注重仪式感,其演出流程主要包括演出开场、演出主体、演出结尾和演后交流四个环节。

一、演出开场

演出开场的首要任务是领航员欢迎观众的到来,并带领观众热身。在剧场演出中无论是观众还是演员,每个人的故事都具有私密性,除了强调不评判、尊重和保密这些条件以外,在演员自我介绍之前,领航员会带领所有观众和演员进行演员与演员之间、演员与观众之间和观众与观众之间的互动,以营造一种安全的现场氛围。

接下来就是演出团队的自我介绍和主题介绍。一人一故事的演出强调互动和即兴,并且演出是以观众的故事为单元的,可以说,没有观众的故事就没有演出,但是在演出时要观众凭空想象一个故事出来,显然是不切实际的,而主题介绍则像是一个起点,它由演员自身的故事(自我介绍)作为砖头,抛到观众那里,引发大家进行一定方向的思考与回忆,不至于混乱。

二、演出主体

在演出主体部分,包含了短的分享、中的分享和长的分享三个层次,让观众可以从较短的对心情、感受和反应的分享慢慢过渡至较长的完整故事的分享,然后逐渐投入与提升分享意愿。在这个过程中,演员分别对观众分享的故事进行从短到长的演绎,所以演出也渐入佳境。

1. 短的分享

关于心情、感受和反应的分享,如开心、激动、矛盾等心理感受,演出形式包括流动塑像、转型塑像和一对对。

2. 中的分享

关于故事片段的分享,如曾经的某个场景,演出形式包括 V 型叙述和三段故事。

3. 长的分享

关于完整故事的分享,如难忘的一件事,演出形式为自由演绎。

三、演出结尾

演出结尾部分,由领航员进行小结,每位演员用"我记得"一人一句回顾所有故事的核心,并向观众致谢。例如"我记得一个在抗美援朝战争中与战友患难与共的故事,我记得一个纯真年代浪漫的爱情故事"等,其目的是让故事落地,演员与观众一起从演出状态慢慢过渡至结束状态。

这个部分一般用时为 5 分钟左右。

四、演后交流

演出结束后可根据现场情况进行交流答疑和互动,目的是让观众进一步了解"一人一故事剧场",其基本流程见表 5-4-1。

表 5-4-1　一人一故事剧场演出的基本流程

环节	内容	时间分配	作用
演出开场	领航员欢迎观众到来;带观众热身;简要介绍"一人一故事剧场"及本次主题	约 10 分钟	热场,让观众简单了解剧场与演出团队
	演出团队自我介绍	约 10 分钟	
演出主体	短的分享:关于心情、感受、反应 短形式演出:流动塑像、转型塑像、一对对	3~5 个 约 15 分钟	让观众从较短的分享中慢慢过渡至完整的故事的分享,逐渐投入与提升分享的意愿;同时也让演员的演出渐入佳境
	中的分享:关于故事片段画面 中形式演出:V 型叙述、三段故事	3~4 个 约 20 分钟	
	长的分享:关于完整故事 长形式演出:自由演绎	2~3 个 约 40 分钟	
演出结尾	领航员进行小结,演员用"我记得"一人一句回顾所有故事的核心;向观众致谢	约 5 分钟	让故事落地;演员与观众一起,从演出状态慢慢过渡至结束状态
演后交流(可选)	答疑、互动分享感受、发现等	10~20 分钟	让观众进一步了解"一人一故事"剧场

【实战演练】

请根据老年人的特点,分组讨论确定一个一人一故事剧场的主题,并设计演出开场环节的介绍与暖身活动,然后分组进行展示。

子任务三　掌握一人一故事剧场的演出短形式

情境导入

演出开场介绍与暖场结束之后,就进入了短形式的演出环节,通过上个任务的学习,小王明白了短形式的演出一般有三种,可是对于观众分享的短的心情或感受,应该选择哪种短形式,小王还是比较困惑的。你该如何帮助呢?

问题讨论

1. 短形式演出包括哪三种?
2. 不同的短形式演出分别适用于什么类型的心情或感受?

【知识导学】

一人一故事剧场初期,一般用短形式进行演绎,起到了暖场的效果。常见的短形式包括流动塑像、转型塑像和一对对。

一、流动塑像

流动塑像是用重复的声音和动作表达讲故事人简单的情绪和感受,如开心、悲伤等。表演时,演员依次出列,第一位演员走到舞台中间位置,由弱到强,用重复的动作、声音表达感受或情绪,第二、第三、第四位演员以同样的方式加入,在这个过程中,演员要注意身体的高低错落,紧凑如一人。最后定格,稍后原地放松站立,共同看向讲故事人,恢复中性状态。流动塑像的演出流程见表5-4-2。

表 5-4-2　流动塑像的演出流程

步骤	角色	任务
1	领航员	访问故事后说"请看"
2	乐师	奏出配合分享内容的音乐
3	演员	第一位演员走到舞台中间位置,由弱到强,用重复的动作、声音表达感受或情绪,第二、第三、第四位演员以同样的方式加入
4	乐师和演员	乐师再次奏出配合分享内容的音乐;演员及乐师中性状态看向分享者
5	领航员	望着分享者说:"送给您"

二、转型塑像

转型塑像是通过两个流动塑像，表达有明显转折的情绪或感受，如终于吃到了自己喜欢的美食，味蕾被满足，非常开心，但由于吃得太多了，肚子开始疼了起来。这个故事就体现了讲故事人前后转折的感受，从幸福满足到痛苦的转折。表演时先用一个流动塑像表达前一种情绪，然后随最后一人逐渐定格。随着音乐的响起，同时转型到第二个流动塑像，一起重复两次后定格，稍后原地放松站立，看向分享者，恢复中性状态。转型塑像的演出流程见表5-4-3。

表5-4-3 转型塑像的演出流程

步骤	角色	任务
1	领航员	访问故事后说"请看"
2	乐师	奏出配合分享内容的第一部分音乐
3	演员	演员找准位置后再开始演出，前一个人循环之后，下一个人紧接着出场，全体演员一直重复直到最后一个人进行1~2个循环后定格
4	乐师	乐师奏出配合分享内容第二部分的音乐，带出故事和情绪的转折
5	演员	同时转型到第二个流动塑像，一起重复两次后定格。望着分享者说："送给您"
6	演员和乐师	乐师奏出结束的音乐，演员默数三下后一同放松，望向分享者，微笑致意
7	领航员	望向分享者说："送给您"

三、一对对

一对对是用于表达分享者内心的矛盾、纠结、挣扎、拉扯、两面性。如养老院中老年人分享道："我真的很不愿意住到养老院来，可是就我这身体状况如果不住到养老院，就需要子女一直照顾我，我又不想麻烦他们。"这就反映了老年人内心纠结与矛盾的状态。在表演时，每个演员都是"分享者本人"，表达纠结的其中一面。演员两人一组，呈前后、上下、左右拉扯状定格，靠近乐师的一组先开始；完成后定格，音乐起，下一组再开始。第二组完成后定格，音乐起，默数三下后一同放松，望向分享者，微笑致意。一对对的演出流程见表5-4-4。

表 5-4-4　一对对的演出流程

步骤	角色	任务
1	领航员	访问故事后说"请看"
2	乐师和演员	乐师奏出配合分享内容的音乐,演员两人一组,呈前后、上下、左右拉扯状定格
3	第一组　演员	靠近乐师的一组先开始,完成后定格
4	乐师	再次奏起音乐
5	第二组　演员	演绎后定格
6	演员和乐师	第二组完成后定格。音乐起,默数三下后一起放松,望向分享者,微笑致意
7	领航员	望向分享者说:"送给您"

流动塑像、转型塑像、一对对的练习要点见表 5-4-5～表 5-4-7。

表 5-4-5　流动塑像的练习要点

注意事项	内容
作用	表达分享者的情绪、反应、感受
分工	每个演员都是"分享者本人",表达同一种情绪的不同面向,或几种主要情绪中的一种
出场	演员出来找准位置后再开始演出,前一个人演出结束之后,下一个人紧接着出场
结束	全体演员一直重复直到最后一个人,1~2 个循环后,一起定格在动作最高潮处,默数三下后一起放松,望向分享者,微笑致意
声音/语言	音量大且清晰;鼓励用声音,也可用语言
肢体	同伴肢体的紧密接触;整个雕塑有层次,避免呈一条直线;肢体表达多元化、有创意
平日的准备	不同情绪下身体表达方式的积累

表 5-4-6　转型塑像的练习要点

注意事项	内容
作用	与流动塑像形式类似，但重点用于表达分享者的情绪（反应、感受）前后的转变
分工	每个演员都是"分享者本人"，先表达前面的情绪，再一同转成后面的情绪
出场	演员出来找准位置后再开始演出，前一个人演出结束之后，下一个人紧接着出场
转型	全体演员一直重复，直到最后一个人完成，1~2个循环后，音乐起，同时一起流畅地转变；注意感受同伴的身体；肢体与声音的转变明显
结束	转型后通常制作1~2个循环，一起定格在动作最高潮处，默数三下后一起放松，望向分享者，微笑致意
声音/语言	音量大且清晰；鼓励用声音，也可用语言
肢体	同伴肢体的紧密接触；同伴的身体分布有层次，有高中低；肢体的多元化创意表达
平日的准备	不同情绪下身体表达方式的积累

表 5-4-7　一对对的练习要点

注意事项	内容
作用	用于表达分享者内心的矛盾、纠结、挣扎、拉扯和两面性
分工	每个演员都是"分享者本人"，表达其中纠结的一面
出场	演员两人一组，呈前后、上下、左右拉扯状定格，靠近乐师的一组先开始；完成后定格，音乐起，下一组再开始
结束	第二组完成后定格，音乐起，默数三下后一同放松，望向分享者，微笑致意
声音/语言	音量大且清晰；语言你来我往，清晰而有力地坚持自己那一面的观点
肢体	真正有力的拉扯
平日的准备	力量感的练习

【实战演练】

请分组对短形式的三种类型进行练习，每组成员依次扮演故事分享者、演员和领航员的角色。

子任务四 掌握一人一故事剧场的演出中形式

情境导入

在完成4~5个短形式的表演之后,整个剧场的气氛开始活跃起来,演出开始进入中形式阶段,中形式如何进行演绎呢?快通过接下来的任务学习来帮助小王吧。

问题讨论
1. 中形式的演出通常包括哪几种?
2. 哪种中形式的演绎是百搭的呢?

【知识导学】

常见的中形式包括三段故事和V型叙述两种。

一、三段故事

三段故事是通过分享故事中不同人物的角度或同一个人的不同面向、不同阶段的变化来突显故事核心的演绎。表演时靠近乐师的演员坐到乐师旁边休息,其他三位演员每个人进行一个角色的一段演绎(至少有一个人是分享者的角色);每个演员都表演一段独角戏,凝练3~4句台词,角色可以是人物、动物、植物、静物等,角色间以故事内容为基础进行演绎,一个人出场演绎完成后定格,直至下一个人出场;可以利用前一个人的"雕塑"进行演绎,但不能改变原本的形态;三个人最后的空间分布错落而且有美感,避免呈一条直线;能够呈现出人物间的关系与张力。第三个人演绎完成后定格,默数三下后一同放松,望向分享者,微笑致意。三段故事的演出流程见表5-4-8。

表5-4-8 三段故事的演出流程

步骤	角色	任务
1	领航员	访问故事后说"请看"
2	乐师	奏出配合分享者故事的音乐
3	第一位演员	一位演员利用对白、肢体、道具和空间演绎、定格
4	乐师	再次奏乐,提升故事的张力
5	第二位演员	进入演艺区演绎另一个角色,可以利用第一位演员"雕塑"进行演绎,但不能改变原本的形态,演绎完定格

续表

步骤	角色	任务
6	乐师	再次奏乐,提升故事的张力
7	第三位演员	进入演艺区演绎另一种角色,可以利用前两位演员"雕塑"完成第三段的演绎,演绎完定格
8	演员和乐师	乐师奏出音乐,演员以中性状态望向分享者,微笑致意
9	领航员	望向分享者说:"送给您"

二、V型叙述

V型叙述是一种百搭的形式,以一位演员为排头,其他演员在后方排成V型,既可以叙述故事,又可以表达人物内心的感受、想法、态度,且具有"放大"的作用的叙事性形式,以说书人的艺术手法表现故事。表演时V头带领演绎,翅膀跟随并与之呼应(共鸣式、放大式;对话式、讽刺式);V头先出,其余演员呈V形排列;演绎完成后,一起定格,默数三下后一起放松,望向分享者,微笑致意。V型叙述的演出流程见表5-4-9。

表5-4-9 V型叙述的演出流程

步骤	角色	任务
1	领航员	演员们站成V型,领航员说:"请看"
2	乐师	奏出配合分享者故事的音乐
3	演员	第一位演员为排头进行演绎,其他演员模仿和呼应;演绎完,全体演员一起定格
4	演员和乐师	乐师奏出音乐,演员以中性状态望向分享者,微笑致意
5	领航员	望向分享者说:"送给您"

三段故事、V型叙述的练习要点见表5-4-10和表5-4-11。

表5-4-10 三段故事的练习要点

注意事项	内容
作用	通过故事中的不同人物的角度(或同一个人的不同面向、不同阶段的变化)来展现故事核心
分工	三个演员分别进行某个角色的一段演绎(至少有一个人是分享者);每个演员是一段独角戏(不是走出来做一下定格,讲一段台词),台词凝练,3~4句

续表

注意事项	内容
出场	一个人出来演绎完成后定格，直至下一个人出场；可以利用前一个人的"雕塑"进行演绎，但不能改变其原有形态；最后三个人的空间分布错落、有美感，避免呈一直线；能够表现出人物间的关系与张力
结束	第三个人演绎完成后定格，默数三下后一起放松，望向分享者，微笑致意
声音/语言	音量大且清晰
肢体	肢体表达多元化、有创意；能用肢体表达的，语言不需再重复
难点	虽然三个演员是三段不同的演绎，但他们均是从自己角色的角度呈现故事张力与突显核心——也是分享者最想表达的；看似三个演员的表演都是"独立的"，但实际上他们合力在构建同一个主题

表 5-4-11　V 型叙述的练习要点

注意事项	内容
作用	是一种百搭的形式，既可以叙述故事，又可以表达人物内心的感受、想法、态度，且具有"放大"的作用
分工	V 头带领演绎，翅膀跟随并与之呼应（共鸣式、放大式；对话式、讽刺式）
出场	V 头先出，其余演员呈 V 形排列
结束	演绎完成后，一起定格，默数三下后一起放松，望向分享者，微笑致意
声音/语言	音量大且清晰；V 头给翅膀呼应，翅膀敢于发声来回应
肢体	V 头动作清晰，打开、频率适中，以便能让翅膀看见且跟得上（一般不做背转头、身的姿态）；能用肢体表达的，不需要再重复口述；翅膀眼看前方，余光可以看到前一排演员，与他们动作同步且一致
陈述故事方式	陈述结构多为"总—分—总"；可转换角色，但需要呈现出"分享者"角度的故事，且其中至少有一个角色是分享者本人

【实战演练】

请分组对三段故事和 V 型叙述进行练习，每组成员分角色扮演分享者、演员和领航员进行演绎。

子任务五　掌握一人一故事剧场的演出长形式

情境导入

随着剧场进入白热化阶段，领航员开始引导观众分享较长的故事，并通过自由演绎的形式进行演出。小王对于自由演绎的演出流程和要求还不太清楚，快通过本任务的学习来帮助他吧。

问题讨论

1. 自由演绎应如何进行角色分工呢？
2. 自由演绎过程中需要注意什么？

【知识导学】

一、自由演绎的演出流程

自由演绎是用分角色的形式演绎分享者的长故事、复杂的情绪，是在剧场下半场使用的一种演出形式。当观众分享的故事比较长时，邀请分享者上台坐在领航员旁边的位置分享完整的故事，演员自由演绎。分享者上台就座，全体演员坐下聆听故事。分享者挑选演绎自己的演员，被选中的演员起立，并将椅子往后搬一些。表演时全体演员起立，将椅子摆放在舞台两侧，开始不拘形式、不拘场地地演绎。演绎完定格，望着分享者放松。自由演绎的演出流程见表5-4-12。

表5-4-12　自由演绎的演出流程

步骤	角色	任务
1	领航员	领航员说："请看"
2	演员和乐师	奏出配合分享者故事的音乐，演员将椅子摆放在舞台两侧，演员依次进入演出场地定格成一幅画面。音乐停
3	演员	开始不拘形式、自由转换场景、空间地演绎，演绎完定格
4	演员和乐师	乐师奏出音乐，演员以中性状态望向分享者，微笑致意
5	领航员	与分享者简单地回访，请分享者回到观众席

二、自由演绎的注意事项

（一）领航员的注意事项

每个故事都有体有魂，体就是发生了什么，魂就是故事背后的意义。所以，作为领航员访问一个长故事时，要问清以下三个问题：

（1）发生了什么，包含时间、人物、事件、行动、细节、背景、关键词等。

（2）背后的意义，即为什么会发生这些，为什么会有那样的行动和反应，不一定刨根问底，但要引导讲故事人进行反思和梳理。

（3）这个故事给你带来了什么，即对分享者的影响，以及这影响带给自己的结果和感受。

若三者缺一，在演出中即会有缺失，虽然未必影响观看效果，但会影响故事的深度或真实性。

（二）演员的注意事项

1. 技巧的运用

演员要保持专注，同时注意运用倾听、重述、摘要、情感反映、同理的技巧，自由演绎是在反映故事本身而非反应人；要对每个说故事的人无条件地积极关怀与同理。

2. 补位与协作

自由演绎环节非常注重演员之间的配合与默契，由于是即兴演出，因此除了说故事本人的角色是固定的外，其余演员均可根据情况随时变换角色，这就需要演员之间具有高度的默契，充分信任自己的伙伴，及时补位，共同完成演出。

3. 道具的运用

在自由演绎环节，按照子任务一中对道具的介绍运用道具，合理使用布与椅子。

自由演绎的练习要点见表 5-4-13。

表 5-4-13 自由演绎的练习要点

注意事项	内容
作用	演出一个完整的长故事，可多种元素、各种形式融合使用
分工	所有演员即兴合作演出一个"小话剧"，充分地"抛信号"与"接信号"，彼此默契配合；除演绎"分享者"的演员外，其他演员可根据需要变换角色与演绎方式
出场	所有人出来摆好一个开场的定格——"封面故事"，所有人准备好以后，同时开始演绎
结束	演绎完成后，所有人一起定格成一个画面——"封底故事"，默数三下后一起放松，望向分享者，微笑致意
声音/语言	音量大且清晰
肢体	肢体表达多元化、有创意；能用肢体表达的，不需要再重复口述
道具的使用	可使用布与椅子辅助演绎

【实战演练】

一、"不在场的主角"练习

选取一组同学作为演员,邀请一名同学作为故事分享者,领航员请故事分享者为该故事命名,并选取演员中某位同学扮演自己;领航员请被选中的演员离开教室,分享者开始分享故事,待故事分享结束后,请刚才离开的同学回到演员队伍中,开始表演。这个练习的目的在于增加演员之间的配合度和默契度,让演员们学会互相协作与补位。

二、演出汇演

按照一人一故事剧场的整体演出流程,完成一次完整的演出,分组分别完成一个短形式、中形式和长形式的演绎。

拓展学习

一人一故事剧场演出实录案例

主题:青春的颜色

人数:300人

演出团队:

领航员:杨阳

演员:郑春晖、吕秀明、卓晓丹、朱丹璇、黎坚怡、何蕴琪

乐师:阿超

一、相见欢:传递喜悦,连接心灵(暖场)

(一)打声招呼

杨阳:大家先打个招呼好吗?来!你好!

演员和观众:你好!

杨阳:当你发现有些朋友离你比较远,请你也举起手,跟他打一声招呼好吗?

演员和观众:你好!

杨阳:现在邀请大家在这个场内找一个离你最远的朋友,跟他打一声招呼好吗?

演员和观众:你好!

(二)蔓莲雾

杨阳:今天在正式开始之前,首先带大家进行一次小小的畅游。我很喜欢这个畅游,它的名字是作茧自缚"蔓莲雾"。

它是一种水果，叫莲雾。莲雾产于台湾，有没有朋友听说过这种水果呀？有人吃过吗？蔓莲雾，它在闽南语中是摘莲雾的意思。现在我想邀请各位现场的朋友，跟我一起挥动双手，因为我们都已经坐了很久了。挥动双手，活动一下我们的身体！伸展我们的身体！好吗？来！伸出双手！举高！我们甩一甩手，活动一下关节。这个动作非常简单，就是摘莲雾。莲雾是长在树上的，外表是红色的，里面的肉是白色的，鲜嫩多汁。请大家用左手摘一个莲雾，一下子摘下来，然后用右手再摘一个。关于莲雾有一首非常动听的歌曲——"……"

我们拍打它一下，感受歌手的感觉。"噼里啪啦……"（歌曲）这个莲雾很漂亮！我们形容一下它的形状，画一个小小的圈，"好大哟……"（歌曲）。请送给身边的朋友，然后把掌声送给自己。

二、演出简介

杨阳：今天我们演出的这个剧场叫作"一人一故事剧场"。不知道大家以前有没有听过或看过"一人一故事剧场"呢？如果有听过或者看过的朋友，请你举起你的左手。有朋友曾经看过，那么请大家把掌声送给曾经看过的朋友。之前没有看过或听过的朋友也可以举起你的右手。既然很多朋友没有看过，今天就是我们与"一人一故事剧场"的第一次亲密接触，请大家用跺脚声来欢迎自己。

先给大家介绍一下"一人一故事剧场"的情况，它包括领航员、演员、乐师和观众。"一人一故事剧场"会请观众分享一些感受、心情、片段或故事，演员会以即兴戏剧的方式将它们演出来，作为礼物送给大家。整个过程不需要沟通就可以做到，非常神奇。乐师会为我们提供美妙的音乐伴奏。关于"一人一故事剧场"，我想多说一点，第一次接触"一人一故事剧场"的时候，内心非常震撼，因为我感觉到这是一个我心目中想要的东西。今天，我希望把这种剧场的形式奉献给大家，听过不如看过，看过不如感受过，现在让我们马上来感受一下"一人一故事剧场"吧。

三、演出团队自我介绍

杨阳：现在我们面前有一张凳子，大家猜猜会发生什么事情？下面送出今天的第一份礼物，来自我们的自我介绍。请看！

蕴琪：我叫蕴琪，我记得我初中的时候很喜欢看有关鲁滨逊的书，那时候我幻想自己可以和他一样环游世界。

春晖：哇……（转圈）

秀明：背起行囊，走、走、走，走天下。

晓丹：世界那么大，一定要去很多地方。

坚怡：好棒啊！

丹璇：（唱）不要问我从哪里来，我的故乡在远方。

……

（自我介绍环节：演出团队包括领航员和乐师在内，每位成员进行自我介绍，并分享自己对青春的感受；其他成员分别用流动塑像的方式演绎每位自我介绍的成员的心情或感受，直到所有成员都完成自我介绍。）

四、演出故事

（一）风华正茂的青春（男同学）——流动塑像

（访问）

杨阳：如果刚才演员的自我介绍中有一个主题，大家猜猜这个主题是什么？

观众：青春。

杨阳：青春。好，今天就聊聊关于青春的那些事。说起青春这两个字，大家第一反应是什么呢？

观众：很疯狂。

杨阳：是感觉生活充满很多的可能性，什么都可以尝试去做是吗？怎么称呼你？小健是吗？好，谢谢你，小健。

杨阳：下面我们用流动塑像，来看看小健的这种心情——疯狂，无限可能性的青春。来！请看！

（表演开始）

……

（二）期待交往而又不敢迈出这一步（女老师）——三段故事

（访问）

杨阳：好，谢谢你们。青春无极限。我们刚才听到的是关于自己的青春继续、激情继续，那其他的场景呢？在工作、生活、学习当中，有什么让你对青春留下很深刻印象的片段？好，邀请那位朋友。

观众：大家好，我觉得我的青春是躁动的，因为在我的中学，或者读师范的年代，会有一些男女生相互交往，而青春期的心情其实是想去跟异性交往，但是又会有一些避忌，会有师长的一些忠告，压抑着你，让你不能去做但是又很想去做一些事情。

杨阳：有哪些让你印象深刻的关于青春的情感？

观众：嗯，因为老师当时怕学生们学业压力大，但是也没有现在大，大家上完课之后会一起打球。

杨阳：那你跟那个……

观众：不是，是跟其他人一起。记得有一个男孩子特别吸引人，在这个过程中老师会跟我们讲学业的重要性之类的，上大学之后，不要将太多精力放在玩上面，应该注意一下分寸，把精力放在学习上。

杨阳：哦？老师会给出这种劝导，那你当时的感受是怎么样的？

观众：其实我那时候很乖，虽然很听老师的话，但是跃跃欲试地想要踏出一步的心情也是存在的。

杨阳：很希望尝试，但又想尊重师长对吧？

观众：对，就这样很疑惑地度过了青春的那段时光，考到师范学校之后也没有再交往，但是那段青春的岁月，现在想起来还是会有青春的躁动。

杨阳：好，我明白，谢谢你。现在我们用三段故事来看看楠楠这段故事。

（表演开始）

晓丹：唉，学校，学生，当然是以学业为重啊。你要乖啊，不能这样。

蕴琪：啊，是的。可是又有点害怕。

春晖：嚯——嚯——嚯，我的青春我做主，不是我的青春你做主。嚯——嚯——嚯，我们一起来玩吧！这样的青春，好想快点过去，好想到自由的年代。

杨阳：送给你，楠楠。谢谢演员这段青春的岁月。好，请下一位出场。

……

——案例节选自杨阳的《以戏剧促进心灵成长——应用戏剧在心理健康教育中的运用实践手册》

项目六　教育发展类活动策划与组织

【项目概览】

"十四五"时期,我国60岁及以上老年人口总量将突破3亿,占比将超过20%,进入中度老龄化阶段,人口老龄化将是今后较长时间的基本国情。我国老年人口众多,对老年人普及健康教育至关重要,健康教育是为了提高身心健康的自觉性、普及有关身心健康的知识而进行的指导教育;了解我国传统孝道和弘扬传统文化,是为了让更多的年轻人关爱和理解老年人;普及新媒体技术,关注老年人需求,增加老年人的生活乐趣。

【项目目标】

知识目标

(1)了解老年人常见病的知识以及掌握相关活动策划知识;
(2)了解我国传统孝道和文化的相关知识;
(3)了解常用新媒体使用方法的相关知识。

技能目标

(1)能够分析高血压、糖尿病相关其危险因素,组织防治宣传活动;
(2)能够掌握和我国传统孝道文化以及传统节日知识策划老年活动;
(3)能够教授老年人手机微信目前主要的使用方法。

素质目标

(1)具备为老服务使命感和乐于奉献的价值追求;
(2)弘扬传统传统文化和孝老爱老的孝道文化;
(3)培育精益求精的工匠精神和劳模精神。

任务一
健康教育活动策划与组织

健康教育（Health Education）是通过信息传播和行为干预，帮助个人和群体掌握卫生保健知识、树立健康观念，自愿采纳有利的健康行为和生活方式的教育活动与过程。其目的是消除或减轻影响健康的危险因素，预防疾病，促进健康和提高生活质量。健康教育的着眼点是促进个人或群体改变不良的行为与生活方式。由于行为的改变以知识、信念、健康观的改变为基础，因此首先要使个体或群体掌握卫生保健知识，提高认知水平和技能，建立起追求健康的理念，并为此自觉自愿地，而不是勉强地改善自己的行为与生活方式。

无论是针对个体的健康管理，还是针对群体的健康管理，健康教育都是一种非常基本和重要的方法和策略。

（1）在个体健康管理中的作用：针对个体健康信息收集问卷的设计原理与健康教育常用的问卷相似，内容中所包含的行为和生活方式相关问题及健康教育需求等问题在健康教育的问卷中也经常问及。在对个体进行健康教育干预时，要应用健康教育中常用的人际传播和行为干预策略。因此，熟悉和掌握健康教育的理论和时间技能是实现有效的个体健康管理的基础。

（2）在群体健康管理中的作用：健康教育计划设计、实施和评价的基本步骤：信息收集—健康风险评估—教育、干预—效果评价。在群体健康干预中，要运用到比针对个体更加全方位、多样化的手段，创造有利于健康的社会、社区环境以及工作和家庭氛围，包括社会动员策略、群体行为干预的理论与方法、大众传播和人际沟通的技巧与方法。

健康教育重点关注行为和生活方式，行为是一种复杂的活动，生活方式更是已经形成的行为定型，行为和生活方式的改变是一个相当复杂而且艰苦的过程，是一种说起来容易，做起来困难并且痛苦的事情。下面介绍行为诊断的方法和几种比较成熟的理论模型——知信行模式、健康信念模式、自我效能理论以及行为改变的阶段理论。

一、知信行模式

知信行是知识、信念和行为的简称，健康教育中的知信行模式实质上是认知理论在健康教育中的应用。知信行模式认为：卫生保健知识和信息是建立积极、正确的信念与态度，进而改变健康相关行为的基础，而信念和态度则是行为改变的动力。只有当人们了解了相关的健康知识，并建立起积极、正确的信念与态度后，才有可能主动形成有益于健康的行为，改变危害健康的行为。

知信行理论可以简单地表示为知识→信念→行为。

例如，吸烟作为个体的一种危害健康的行为已存在多年，并形成了一定的行为定式。若要改变吸烟行为，使吸烟者戒烟，首先需要吸烟者了解吸烟的危害，戒烟的益处，以及戒烟的知识，这是使吸烟者戒烟的基础。具备了知识，吸烟者才会进一步形成吸烟有害健康的信念，对戒烟持积极态度，并相信自己有能力戒烟，这标志着吸烟者已有动力开始采取行动戒烟了。但是，要使知识转化为行为改变，仍然是一个漫长而复杂的过程，有很多因素可能影响从知识到行为的顺利转化，而其中任何一个因素都有可能导致行为形成和改变的失败。在健康教育实践中，常常遇到"知而不信""信而不行"的情况，"知而不信"的原因可能在于其所传播信息的可信性和权威性受到质疑、感染力不强，不足以激发人们的信念；"信而不行"的可能原因在于人们建立行为或改变行为中存在一些不易克服的障碍，或者需要付出较大的代价，这些障碍和代价抵消了行为的益处，因此不产生行动。由此可见，人们只有全面掌握知信行转变的复杂过程，才能及时、有效地消除或减弱不利因素造成的影响，促进有利环境的形成，进而达到改变行为的目的。

二、健康信念模式

健康信念模式（Health Belief Model，HBM）理论强调感知在决策中的重要性，影响感知的因素很多，是运用社会心理学方法解释健康相关行为的理论模式。该理论认为信念是人们采纳有利于健康的行为的基础，人们如果具有与疾病、健康相关的信念，他们就会采纳健康行为，改变危险行为。人们在界定是否采纳某健康行为时，首先要对疾病的威胁进行判断，然后对预防疾病的价值、采纳健康行为对改善健康状况的期望和克服行动障碍的能力进行判断，最后才会做出是否采纳健康行为的决定。在健康信念模式中，是否采纳有利于健康的行为与下列因素有关：

1. 感知疾病的威胁

感知疾病的威胁（Perceived Threat），对疾病威胁的感知由对疾病易感染性的感知和对疾病严重性的感知构成，对疾病易感染性和严重性的感知程度高即对疾病威胁的感知程度高，是促使人们产生行为动机的直接原因。

（1）感知疾病的易感性（Perceived Susceptibility）：是指个体对自身患某种疾病或出现某种健康问题的可能性的判断。人们越是感到自己患某疾病的可能性大，越有可能采取行动避免疾病的发生。

（2）感知疾病的严重性（Perceived Severity）：疾病的严重性既包括疾病对躯体健康的不良影响，如疾病会导致疼痛、伤残和死亡，还包括疾病引起的心理、社会后果，如意识到疾病会影响到工作、家庭生活、人际关系等。人们往往更有可能采纳健康行为，防止严重健康问题的发生。

2. 感知健康行为的益处和障碍

（1）感知健康行为的益处（Perceived Benefits of Action）：是指个体对采纳健康行为后能带来的益处的主观判断，包括对保护和改善健康状况的益处和其他边际收益。一般而言，当人们认识到采纳健康行为的益处，或认为益处很多时，则更有可能采纳该行为。

（2）感知健康行为的障碍（Perceived Barriers of Action）：是指个体对采纳健康行为会面临的障碍的主观判断，包括行为复杂、时间花费、经济负担等。感觉到障碍多，会阻碍个体对健康行为的采纳。

因此，个体对健康行为益处的感知越强，采纳健康行为的障碍越小，个体采纳健康行为的可能性越大。

3. 自我效能

自我效能是后补充到健康信念模式中的一个因素，强调自信心对产生行为的作用。

4. 提示因素

提示因素（Cues to Action）是指诱发健康行为发生的因素，如大众媒介的疾病预防与控制运动，医生建议采纳健康行为、家人或朋友患有这种疾病等都有可能作为提示因素诱发个体采纳健康行为。提示因素越多，则个体采纳健康行为的可能性越大。

5. 社会人口学因素

包括个体特征，如年龄、性别、民族、人格特点、社会阶层、同伴影响，以及个体所具有的疾病与健康知识。具有卫生保健知识的人更容易接受健康行为。对不同类型的健康行为而言，不同年龄、性别、个体特征的人接受行为的可能性相异。

下面以针对高血压病的低钠盐行为为例，介绍健康信念模式的应用。如某人60岁，近期体检时发现患有高血压，由于几十年来的饮食口味很重的饮食习惯会导致高血压（感知疾病的易感性），而高血压可能导致脑卒中，脑卒中可能带来严重的后遗症甚至导致死亡（感知疾病的严重性），因此他相信控制盐的摄入量对控制血压有好处（感知健康的益处），同时也觉得改掉多年来养成的饮食习惯太难了（感知健康行为的障碍），但还是相信自己通过努力可以逐渐把口味变淡（自我效能）。在这种情况下，医生的建议（提示因素）可以帮助他做出减少盐摄入量的决定。综合以上因素，这个人可能逐渐采纳低钠盐饮食行为。

三、自我效能理论

自我效能是美国心理学家班杜拉在1977年提出来的，自我效能是指个体对自己组织、执行某特定行为并达到预期结果的能力的主观判断。即个体对自己有能力控制内、外因素而成功采纳健康行为并取得期望结果的自信心、自我控制能力。自我效能是人类行为动机、健康和个体成就的基础，是决定人们能否产生行为动机和产生行为的一个重要因素。因为只有人们相信他们的行动能够导致预期结果，才愿意付出行动，否则人们在面对困难时就不会有太强的动机也不愿长期坚持。自我效能高的人，更有可能采纳所建议的有益于健康的行为。

自我效能可以通过以下四种途径产生并提高。①自己成功完成过某行为：一次成功能帮助人们增加其对熟练掌握某一行为的期望值，是表明自己有能力执行该行为的最有利的证据；②他人间接的经验：看到别人成功完成了某行为并且结果良好，而增强了自己通过努力和坚持也可以完成该行为的自信心；③口头劝说：通过别人的劝说和对成功经验的介绍，对自己执行某行为的自信增加；④情感激发：焦虑、紧张、情绪低落等不良情绪会影响人们对自己能力的判断，因此，可以通过一些手段消除不良情绪，激发积极的情感，从而提高人们对自己所拥有能力的信心。

四、行为改变的阶段理论

1982年，美国心理学家Prochaska和Diclemente首次提出了行为改变的阶段理论，描述和解释了吸烟者在戒烟过程中行为变化的各个阶段以及每个阶段主要的变化过程。该理论的主要依据是：人的行为变化是一个过程而不是一个事件，而且每个改变行为的人都有不同的需要和动机，只有针对其需要提供不同的干预帮助，才能促使教育对象向下一阶段转变，最终采纳有益于健康的行为。

行为改变的阶段理论把行为转变分为五个阶段，对于成瘾行为来说，还存在第六个阶段即终止阶段。

（1）没有打算阶段（Pre-contemplation）：在最近六个月内，没有考虑改变自己的行为，或者有意坚持不改变。这些人不知道或没有意识到自己存在不利于健康行为及其危害性，对于行为转变没有兴趣，或者觉得浪费时间，或者认为自己没有能力改变自己的行为。处于该阶段的人不喜欢阅读、讨论或考虑与自身行为相关的问题或内容，有些人甚至有诸多理由为自身的行为辩解。

（2）打算阶段（Contemplation）：在最近六个月内，人们开始意识到问题的存在及其严重性，意识到改变行为可能带来的益处，也知道改变行为需要付出代价，因此出现由于在益处和代价之间权衡而犹豫不决的矛盾心态。

（3）准备阶段（Preparation）：在最近三十天内，人们郑重地做出行为改变的承诺（如向亲属、朋友宣布自己要改变某种行为），并有所行动，如向别人咨询有关行为改变的事宜、购买有关自我帮助的书籍、制订行为改变时间表等。

（4）行动阶段（Action）：在六个月内，人们已经开始采取行动，但是由于许多人的行动没有计划性，没有设定具体目标、实施步骤，没有社会网络和环境的支持，最终导致行动失败。

（5）维持阶段（Maintenance）：改变行为已经达到六个月以上，人们已经取得行为转变的成果并加以巩固，以防止其复发。许多人在取得了行为改变的初步成功后，由于自身的松懈、经不起外界的诱惑等原因而造成复发。

（6）终止阶段（Termination）：在某些行为，特别是成瘾性行为中可能有这个阶段。在此阶段中，人们不再受到诱惑，对行为改变维持高度的自信心。可能有过沮丧、无聊、孤独、愤怒的情绪，但能坚持，确保不再回到过去的行为习惯上去。研究表明，通常有20%的人达到这个阶段。经过这个阶段便不会再复发。

处在不同阶段的人，从前一个阶段过渡到下一个阶段时，会发生不同的心理变化过程。从没有打算到打算阶段，主要经历对原有不健康行为的重新认识，产生焦虑、恐惧的情绪，对别人提倡的健康行为有了新的认识，然后意识到应该改变自己的不健康行为；从打算阶段到准备阶段，主要经历自我再评价，意识到自己应该抛弃不健康的行为；从准备阶段到付诸行动，要经历自我解放，从认识上升到改变行为的信念并做出改变的承诺；当人们一旦开始行动，需要有许多支持条件来促使行动进行下去，如建立社会支持网络、社会风气的变化、消除促使不健康行为复发的时间、激励机制等。

行为的干预首先要确定目标人群所处的阶段，然后有针对性地采取干预措施，这样才能取得预期的效果。

在实践中，为了保证行为干预的有效性，必须先了解人们在不同的行为阶段的不同需求，然后有针对性地采取措施帮助他们进入下一阶段。在第一和第二阶段，应重点促使人们进行思考，认识到危险行为的危害性、权衡改变行为的利弊，从而产生改变行为的意向、动机；在第三阶段，应改变环境来消除或减少引诱，通过自我强化和学会信任来支持行为改变。如干预效果不理想或不成功，对象的行为会停留在某一阶段甚至倒退。健康传播是健康教育重要的干预措施之一。要成功达到预防疾病、促进健康的目标，必须依赖个体和社会的有效参与，因此，需要广泛深入地开展健康传播活动。

子任务一　高血压知识讲座

情境导入

近日，某社区组织附近居民测量血压，经过统计发现，大部分人患有高血压，针对这种情况，社区服务中心的工作人员决定举办一场关于高血压知识的健康讲座，此举是为了让更多的人对高血压有所了解。

问题讨论
1. 如果你是本次活动的策划人员，应当怎样组织大家参加活动？
2. 如何结合案例，编写一份适合本社区的策划书。

【知识导学】

高血压是一种以动脉血压持续升高为特征的进行性心血管损害性疾病，是全球人类最常见的慢性病，是冠心病、脑血管病、慢性肾脏疾病发生并致人死亡的最主要的危险因素。

《中国居民营养与慢性病状况报告 2015》中发布的资料显示，2012 年，中国 18 岁及以上人群高血压患病率为 25.2%，而且城市高于农村（分别为 26.8% 和 23.5%），男性高于女性，并且随着年龄的增加而显著增高。中国高血压患者有 2.7 亿。

一、高血压概述

（一）高血压相关概念和诊断标准

临床上高血压诊断标准为：经过非同日三次测量血压，收缩压 ≥ 140 毫米汞柱[①] 和（或）舒张压 ≥ 90 毫米汞柱。原因不明的高血压称为原发性高血压，大都需要终身治疗。由于某

---
① 1 毫米汞柱 =133.322 帕。

些疾病引起的高血压增高称为继发性高血压，占高血压总数的 5%~10%，其中许多可经特异性治疗获得根治，如原发性醛固酮增多症、肾血管性高血压等，通过手术等治疗可痊愈。因此，初诊原发性高血压时，应尽可能排除继发性高血压。白大衣高血压是指患者到医疗机构测量血压 ≥ 140/90 毫米汞柱，但动态血压 24 小时平均值 < 130/80 毫米汞柱或家庭自测血压值 < 135/85 毫米汞柱。隐性高血压是指患者到医疗机构测量血压 < 140/90 毫米汞柱，但动态血压 24 小时平均值 ≥ 130/80 毫米汞柱或家庭自测血压值 ≥ 135/85 毫米汞柱。

（二）血压测量标准方法

血压测量有三种方式，即诊室血压、自测血压、动态血压。一般来讲，诊室血压水平高于自测血压和动态血压 24 小时平均水平。自测血压水平接近动态血压 24 小时平均水平。

1. 诊室血压

诊室血压是指患者在医疗单位由医护人员测量的血压。目前，高血压诊断一般以诊室血压为准。诊室血压测量主要使用水银血压计。

2. 自测血压

自测血压（家庭自我测量血压）是指受测试者在诊室外的其他环境中测量出的高血压，自测血压可获取日常生活状态下血压信息，帮助排除白大衣高血压，检测出隐性高血压，对增强患者诊治的主动参与性、改善患者治疗依从性等方面具有重要作用。现已作为测量血压的方式之一，但对于精神焦虑或根据血压读数常自行改变治疗方案的患者，则不建议自测血压。对新诊断的高血压，建议家庭自测血压连续 7 天，每天早晚各 1 次，每次测量 3 遍；去掉第一天的血压值，仅计算后 6 天血压值，根据后 6 天血压平均值，为治疗决定提供参考。血压稳定后，建议每周固定 1 天自测血压，于早上起床后 1 小时，服降压药前测量坐位血压。血压不稳定或未达标的，建议增加自测血压的频率。推荐使用符合国家标准的上臂式全自动或半自动电子血压计。一般而言，自测血压低于诊室血压值。正常上限参考值为 135/85 毫米汞柱。

3. 动态血压

动态血压是指患者佩戴动态血压监测仪记录的 24 小时血压。动态血压测量应使用符合国际标准的监测仪。国内动态血压的正常值参考标准为 24 小时平均值 < 130/80 毫米汞柱。

二、高血压发病的危险因素

高血压发病机制尚未明确，现有研究认为与遗传和环境因素有关。大部分高血压的发生与环境因素有关，环境因素主要指不良生活方式。高血压的危险因素较多，比较明确的是超重、肥胖或腹型肥胖、高盐饮食、长期过量饮酒、精神长期过度紧张。以上为可改变的危险因素，而性别、年龄和家族史是不可改变的危险因素。在我国，引起高血压的主要危险因素如下。

1. 高钠、低钾膳食

在人群中，钠盐（氯化钠）摄入量与血压水平和高血压患病率呈正相关，而钾盐摄入量与血压水平呈负相关。膳食钠/钾比值与血压的相关性甚至更强。我国14组人群研究表明，膳食中钠盐的摄入量平均每天增加2克，收缩压和舒张压分别增高2.0毫米汞柱和1.2毫米汞柱。

高钠、低钾膳食是我国大多数高血压患者发病最主要的危险因素。我国大部分地区，人均每天盐摄入量在15克以上。在盐与血压的国际协作研究中，反应膳食钠/钾量的24小时尿钠/钾比值，我国人群在6以上，而西方人群仅为2～3。

2. 体重超重和肥胖

我国24万成人数据汇总分析表明，BMI≥24的人患高血压的风险是体重正常者的3～4倍，患糖尿病的危险是体重正常者的2～3倍，具有两项及两项以上危险因素的患高血压及糖尿病的风险是体重正常者的3～4倍。BMI≥28的肥胖者中90%以上患有上述疾病，或有危险因素聚集。男性腰围≥90厘米、女性腰围≥85厘米者患高血压的概率是腰围低于此界限者的3.5倍，其患糖尿病的危险为腰围低于此界限者的2.5倍，其中有两项及两项以上危险因素聚集者的高血压及糖尿病患者危险为正常体重的4倍以上。我国人群血压水平和高血压患病率北方高于南方，与人群体质指数差异近似。基线体质指数每增加3，在4年内发生高血压的危险女性增加57%，男性增加50%。

3. 饮酒

按每周至少饮酒一次计算，我国中年男性人群饮酒率为30%～66%。中年女性为2%～7%。男性持续饮酒者比不饮酒者4年内高血压发生危险增加40%。每天平均饮酒＞3个标准（1个标准相当于12克酒精，约合300克啤酒，或100克葡萄酒，或30克白酒），收缩压与舒张压分别平均升高3.5毫米汞柱和2.1毫米汞柱，且血压上升的幅度随着饮酒量的增加而增大。

4. 其他危险因素

高血压的其他危险因素还有：遗传、性别、年龄、工作压力、心理因素、高脂血症等。大量的临床资料证明高血压与遗传因素有关。如父母均患高血压，其子女的高血压发病率可达46%；父母中若有一人患高血压，子女高血压发生率为28%；若父母血压正常，子女高血压发生率仅为3%。女性在更年期以前，患高血压的比例较男性略低，但更年期以后则与男性患病率无明显差别，甚至还高于男性。

【技能操作】

一、活动背景

高血压是威胁人类健康的重要疾病之一。随着人们健康意识的增强，越来越多的人开始重视这类疾病。为了普及老年人关于高血压的知识，增加老年人对高血压的认识，社区举办了"高血压疾病"知识讲座。

二、活动目的

（1）提高社区老年人对高血压的认识，普及高血压相关常识。
（2）以老年人带动年轻人，在社区营造浓厚的养生保健气氛。

三、活动主题

防治高血压——不要让它压垮。

四、活动时间

××××年××月×日上午9点。

五、活动地点

社区老年人活动中心。

六、活动方式

现场讲授与互动提问。

七、讲座内容

（1）高血压相关概念。
（2）怎样正确测量血压。
（3）高血压发病的危险因素。
（4）如何正确面对高血压。
（5）互动提问环节。

八、活动对象

本社区老年人（其他社区居民也可自愿参加）。

九、前期准备工作

（1）在讲座现场悬挂横幅，张贴标语。
（2）在社区内张贴宣传通知或海报。
（3）音响、话筒及投影仪等设备的准备和调试。

十、预计效果

此次讲座活动做好全面的宣传工作，引导社区老年人及其他居民积极参加。讲座活动的开展，将使社区老年人了解高血压对健康的危险，以利于号召大家科学正确地对待高血压。

十一、注意事项

（1）讲座现场要秩序井然、保持卫生。
（2）互动环节积极提问。
（3）讲座结束后引导大家有序离开。

十二、经费预算

横幅 100 元，海报 50 元，共计 150 元。

【实战演练】

真理道社区为普及社区中老年高血压疾病的危险及高血压疾病的一些常识，联合老年服务与管理专业学生举办一次"高血压疾病的认知"趣味知识竞赛活动，邀请社区老年人积极报名参加。请你为这次活动进行策划组织并编写一份策划书。

（1）前期的社区宣传工作，引导老年人积极报名参加。
（2）依据报名人数将老年人分成若干个小组，以小组形式参赛。
（3）竞赛的流程可以分为快速抢答环节和必答环节。
（4）竞赛内容可以涵盖高血压危险因素和高血压常识等，既丰富多彩又符合老年人的特点。
（5）在比赛过程中可以设计现场观众助答环节，或者通过穿插做小游戏的形式来增加活动的趣味性，让老年人在乐中学、乐中知。
（6）奖品可以设置为电子血压计和高血压科普知识手册。

拓展学习

一、营养治疗原则

（1）限制热能，控制体重。
（2）比例适当的三大产能营养素。
（3）减少脂肪的摄入量，补充适量优质蛋白质。
（4）控制钠盐的摄入量。
（5）适当补充钾、钙和镁。

二、膳食调配

（1）多食用高钾、高钙的食物，如马铃薯、芋头、番茄、紫菜、茄子、莴笋、冬瓜、红枣、香蕉、葡萄、西瓜等；多食用含镁丰富的食物，如桂圆、干鲜豆类、绿叶菜、香菇等。
（2）选择鱼类、奶类、瘦肉、禽类、豆类及其制品作为蛋白质的来源。
（3）选择大豆油、花生油、芝麻油、玉米油等植物油进行烹调，少用动物油脂。
（4）多食有降压作用的食物，如芹菜、萝卜、番茄、黄瓜、荸荠、木耳、香蕉等，以及山楂、大蒜、香菇、银耳等。
（5）禁食所有过咸食物，尤其是腌制食品，如咸鱼、腊肉、酱菜、皮蛋，以及限制含钠高的绿叶蔬菜的摄入量。
（6）多喝硬水，饮淡茶，禁烟限酒。硬水，尤其是矿泉水含有益的矿物元素相对较多；茶叶中含有的利尿物质对降低血压有益，可适当饮用，但只能饮淡茶，不可饮浓茶。

子任务二　糖尿病防治知识讲座

情境导入

靖江里老年服务中心的老年人在活动室讨论糖尿病有哪些危害，前不久有一位老年人因糖尿病住院了，现在大家对于糖尿病有些恐惧，他们想要了解更多的关于糖尿病的知识。为了满足老年人的这一需求，服务中心的工作人员决定举办一场糖尿病防治知识讲座，让老年人对糖尿病有更多的认知。

问题讨论

1. 如果你是本次活动的策划人员，应当从哪些方面进行策划？
2. 怎样才能结合案例，编写一份完整的策划书。

[知识导学]

糖尿病是严重影响人类健康甚至危及生命的常见病，是一组由胰岛分泌不足和（或）作用缺陷，引起糖类、脂肪、蛋白质等代谢紊乱，以长期高血糖为主要表现的综合征。临床表现为糖耐量低下、高血糖、糖尿，以及多尿、多饮、多食、消瘦乏力（三多一少），久病可出现眼、肾、心脏等重要器官及神经、皮肤等组织的并发症。糖尿病的临床治疗为宣教、药物、饮食、运动、检测，即所谓"五驾马车"并驾齐驱的综合治疗。其中，营养治疗是基础治疗措施，除特殊情况暂时中断外，必须长期坚持。营养护理的目的是保护胰岛功能，帮助患者达到并保持较好的代谢控制，以改善血糖、尿糖和血脂水平，达到或接近正常，减少急、慢性并发症的发生，维持或达到理想体重。

一、糖尿病的诊断

血糖食物正常值和糖代谢异常的诊断切点主要依据血糖值与糖尿病并发症的关系来确定。1999年，世界卫生组织提出了基于空腹血糖水平的糖代谢分类标准。

糖尿病常用的诊断标准和分类有世界卫生组织（1999年）标准和美国糖尿病学会2003年标准。我国目前采用世界卫生组织（1999年）糖尿病诊断标准，即血糖升高达到下列三条标准中的任意一项时，就可诊断其患有糖尿病。

（1）糖尿病症状 + 任意时间血浆葡萄糖水平 ≥ 11.1 毫摩尔/升（200 毫克/分升）；

（2）空腹血浆葡萄糖（FPG）水平 ≥ 7.0 毫摩尔/升（123 毫克/分升）或餐后 2 小时血浆葡萄糖水平 ≥ 11.1 毫摩尔/升（200 毫克/分升）。

糖尿病的诊断应尽可能依据静脉血浆血糖，而不是毛细血管血的血糖检测结果。

我国资料显示仅查空腹血糖，糖尿病的漏诊率较高，理想的调查是同时检查空腹及OGTT（口服葡萄糖耐量试验）后2小时血糖值。但人体内的血糖浓度容易波动，且只代表一个时间"点"上的血糖水平，而且不同的医院检测有时也会出现差别，因此近年来也倾向将糖化血红蛋白（HbA1c）作为筛查糖尿病高危人群和诊断糖尿病的一种方法。HbA1c结果稳定，不受进食时间及短期生活方式改变的影响；变异性小；检查不受时间限制，患者依从性好。2010年，ADA指南已将 HbA1c ≥ 6.5% 作为糖尿病的诊断标准之一。注意，HbA1c < 6.5% 也不能排除糖尿病，还需要进一步进行糖耐量检查。

急性感染、创伤或其他应激情况下可出现暂时血糖增高，若没有明确的高血糖病史，就不能以此诊断为糖尿病，须在应激消除后复查。

二、Ⅱ型糖尿病的流行病学

（一）糖尿病患病率

《中国Ⅱ型糖尿病防治指南（2017年版）》显示，截至1993年，我国成年人糖尿病患病率为0.67%。1994—1995年全国19省市21万人的流行病学调研显示，成人糖尿病患病率为 2.12%。2002 年，城市人群患病率上升到 4.5%。2008 年调查显示，成年人糖尿病患病率为 9.7%。2013 年，成年人糖尿病患病率为 10.9%。

（二）糖尿病前期患病率

糖尿病前期是指血浆葡萄糖水平在正常人群与糖尿病人群之间的一种中间状态，又称为糖调节受损（IGR）。糖尿病前期包括两种异常的糖代谢状态，即空腹血糖调节受损（IFG）和糖耐量受损（IGT），或二者兼有。通俗地讲，糖尿病前期即空腹和（或）餐后血糖已经升高，但还没有达到诊断为糖尿病的程度。所有糖尿病患者在发病过程中均要经过糖调节受损阶段，糖调节受损是Ⅱ型糖尿病的前奏和必经之路，糖调节受损者被认为是糖尿病。其中约有 1/3 的人，如果不进行生活方式的干预，最终必然会走上糖尿病这条路。糖尿病前期诊断标准为空腹血糖为 6.1~7.0 毫摩尔/升和（或）糖耐量试验 2 小时血糖为 7.8~11.1 毫摩尔/升。

（三）糖尿病流行病学特点

（1）Ⅰ型及妊娠糖尿病等其他类型糖尿病少见，以Ⅱ型为主，约占 90%。
（2）男性略高于女性（分别为 11.1% 和 9.6%）。
（3）经济发达地区明显高于欠发达地区，城市高于农村。
（4）未诊断的糖尿病患者人群基数较大，据 2013 年调查显示，未诊断的糖尿病患者约占总数的 63%。
（5）肥胖和超重人群中糖尿病患者显著增加。肥胖人群中的糖尿病患者升高了 2 倍。BMI 越高，则糖尿病患病率越高。

三、Ⅱ型糖尿病的危险因素

Ⅱ性糖尿病主要是由遗传和环境因素引起外周组织（主要是肌肉和脂肪组织）胰岛素抵抗（Insulin Resistance，IR）和胰岛素分泌缺陷，导致机体内的胰岛素相对或绝对不足，使葡萄糖的摄取和利用减少，从而引发高血糖，导致糖尿病。

1. 遗传因素

Ⅱ型糖尿病有很强的家族聚集性，糖尿病亲属中的患病率比非糖尿病亲属高 4~8 倍。中国人Ⅱ型糖尿病遗传率为 51.2%~73.8%，一般高于 60%；而Ⅰ型糖尿病的遗传率为 44.4%~53.7%，低于 60%，可见两型的遗传是各自独立的，Ⅱ型糖尿病具有更强的遗传倾向。另外，许多研究提示，与西方国家的人相比，中国人对Ⅱ型糖尿病的易感性更高。

2. 肥胖（或超重）

肥胖是Ⅱ型糖尿病最重要的危险因素之一。不同种族的男女，BMI 均与发生Ⅱ型糖尿病的危险性呈正相关关系。

3. 身体活动不足

许多研究发现，身体活动不足增加糖尿病发病的危险，活动最少的人与最爱活动的人相比Ⅱ型糖尿病的患病率增加2~6倍。有规律的体育锻炼能增加胰岛素的敏感性并改善人的糖耐量。

4. 膳食因素

高能量饮食是明确肯定的Ⅱ型糖尿病的重要膳食危险因素。目前认为，摄取高脂肪、高蛋白、高碳水化合物和缺乏维生素的膳食也可能与发生Ⅱ型糖尿病有关。

5. 糖耐量损害

糖耐量损害是指患者血糖水平介于正常人和糖尿病人之间的一种中间状态。糖耐量受损常伴有以下因素，即原空腹血糖≥5.0毫摩尔/升，餐后2小时血糖≥9.4毫摩尔/升，BMI＞25，腹部肥胖和空腹胰岛素水平增加等，更易转化为糖尿病。改善膳食和增加身体活动有利于降低糖耐量受损者向糖尿病的转化率。

6. 胰岛素抵抗

胰岛素抵抗是指机体对一定量的胰岛素的生物学反应低于预期正常水平的一种现象，常伴有高胰岛素血症。胰岛素抵抗是Ⅱ型糖尿病高危人群的重要特征之一。空腹胰岛素水平高的人更易发展为糖耐量受损或Ⅱ型糖尿病。肥胖者发展成Ⅱ型糖尿病前会出现胰岛素抵抗。

总之，糖尿病是遗传因素与环境因素共同作用所致。遗传因素是糖尿病发生的潜在原因，具有遗传易感染性的个体在环境因素（如肥胖、身体活动减少、高能膳食、纤维素减少及生活水平迅速提高等）的作用下，更易发生Ⅱ型糖尿病。

【技能操作】

一、活动背景

随着人们生活水平的日益提高，饮食结构随之发生变化，糖尿病的患病率逐年增加，严重危害了人们的健康，为了增强人们的防范意识，提高生活质量，防治糖尿病，让糖尿病远离人群已经成为重中之重。

二、活动目的

（1）让社区居民了解糖尿病防治知识，宣传糖尿病的预防和控制方法。
（2）教育居民改善饮食结构，增强体质，提高生活质量，远离糖尿病。

三、活动主题

认识糖尿病——是"吃糖"惹的祸吗？

四、活动时间

2021 年 11 月 16 日上午 9 点。

五、活动地点

社区老年人活动中心。

六、活动方式

现场讲授与互动提问。

七、讲座内容

（1）糖尿病的诊断。
（2）糖尿病发病的危险因素。
（3）如何正确对待糖尿病。
（4）互动提问环节。

八、活动对象

靖江里社区老年人（其他社区居民也可自愿参加）。

九、前期准备工作

（1）讲座现场悬挂横幅，张贴标语。
（2）在社区张贴宣传通知或海报。
（3）音响、话筒及投影仪等设备的准备和调试。

十、预计效果

此次讲座活动做好全面的宣传工作，引导社区老年人及其他居民积极参加。讲座活动的开展，将使社区老年人了解到高血压的危险，并号召大家科学正确地对待糖尿病。

十一、注意事项

（1）讲座现场要秩序井然并保持卫生。
（2）互动环节积极提问。

（3）讲座结束后引导大家有序离开。

十二、经费预算

本次活动的经费预算：横幅 100 元，海报 50 元，共计 150 元。

【实战演练】

真理道社区为普及社区糖尿病的危险性及糖尿病的一些常识，联合老年服务与管理、社区管理与服务专业的学生举办了一次"糖尿病的认知"趣味知识竞赛活动，邀请社区居民参与。请你为这次活动进行策划组织并编写一份策划书。

（1）前期由社区专业学生进行调研和宣传，并引导老年人积极报名参加。
（2）依据报名人数分成若干个小组，以小组形式参赛。
（3）竞赛流程多样化，根据参与者进行题目设计。
（4）竞赛内容可以涵盖糖尿病危险因素和糖尿病常识，引导老年人对糖尿病有更多了解。
（5）比赛过程中可以设计现场观众助答环节，或者通过穿插做小游戏的形式，增加活动的趣味性，让老年人在乐中学、乐中知。
（6）奖品可以设置为血糖仪及一些降血糖的食物和糖尿病科普知识手册。

拓展学习

一、营养治疗原则

（1）控制总热量。
（2）适量的糖类。
（3）控制脂肪的摄入。
（4）控制胆固醇的摄入。
（5）摄入充足的维生素。
（6）摄入适量的矿物元素。

二、膳食搭配

（1）选择血糖生成指数低的食物。粗杂粮食物，如莜麦、燕麦、荞麦、玉米、黑米、玉米面粥；豆类，如绿豆、蚕豆、扁豆、四季豆等；乳类及其制品，如牛奶、酸奶、奶粉等；薯类，如马铃薯、粉条、藕粉等；蔬菜类，如番茄、黄瓜等；水果类，如桃、梨、苹果、杏、樱桃、猕猴桃、柚子等。应根据血糖酌情摄取。
（2）应适当食用油脂蛋白质，如牛奶、鸡蛋、瘦肉、鱼、虾、豆类及其制品等。为保证蛋白质质量，动物性蛋白质应占总摄入量的 1/3 以上。
（3）多吃新鲜而且颜色深的叶、茎菜类，如菠菜、油菜、芹菜以及冬瓜、黄瓜、番茄等，在疾病控制好的情况下可以吃一些水果，如梨、苹果等。

（4）忌用或少用单糖食物，如白糖、红糖、甜点心、蜜饯、雪糕、甜饮料等；忌用或少用富含饱和脂肪酸和胆固醇的食物，如牛油、猪油、奶油及动物内脏、蟹黄、鱼籽等；含果糖和葡萄糖较高的水果应限量摄入，如多吃了，应相应减少主食的摄入量。

（5）白酒热量极高，故少饮为宜。

（6）餐次安排要合理。对于不需要用胰岛素治疗的Ⅱ型糖尿病患者，一日供应三餐；对采用胰岛素或口服降糖药，易出现低血糖者，应适当增加餐次，以4~6次为宜。每餐都应含有糖类、脂肪和蛋白质，以利于减缓葡萄糖的吸收。

任务二 传统文化教育活动策划与组织

中国传统文化是指在长期历史发展过程中形成和发展起来的，保留在中华民族中具有稳定形态的中国文化。包括思想观念、思维方式、价值取向、道德情操、生活方式、礼仪制度、风俗习惯、宗教信仰、文学艺术、教育科学等诸多层面的内容。

子任务一 传统孝道类活动策划

情境导入

某社区有一位李奶奶，她早年患脑栓塞，老伴20年前离世，只有一个女儿，多年来都是女儿照顾她的生活起居，但不幸的是女儿因心脏病离世，照顾李奶奶的事情落到女婿张大哥的身上。张大哥尽心尽力照顾岳母，让李奶奶能够安度晚年的行为，感染了社区的居民，并且张大哥的事迹被媒体报道。基于这个事件，居委会想要举办一场有关"孝道"的活动，让大家认识到"孝"的重要性，并让大家进行反思。

问题讨论

1. 如果你是策划人员，你将如何组织这场活动？
2. 结合案例，请写一份切实可行的活动策划书。

【知识导学】

一、孝道文化的基本内涵

"孝"字最早出现于甲骨文，上部为"老"，下部为"子"。这样的文字构造形式，充分体现出老年人与晚辈之间和谐相处才是"孝"的最高境界，儒家代表人物孔子提出"孝"的现代含义，并且将孝道理念作为儒学发展的重要理念，从儒学角度来看，"养""敬""事"是孝道文化的重要组成部分。

第一，"养"——赡养父母。《礼记》中提出"乐其耳目，安其寝处，以其饮食忠养之"。明确了子女赡养父母的义务，但如何养亲，也是我们要探讨的话题。按孔子所说，"今之孝者，是谓能养"，《二十四孝》中所提的鹿乳奉亲、怀橘遗亲、卧冰求鲤等范例所体现的是为父母提供饮食上的保障，而在现代社会则体现为经济赡养。

第二，"敬"——尊敬父母，从精神体现上要尊敬父母。"养"仅强调动物本性，"至于犬马皆能有养，不敬，何以别乎？"人类的高级之处就体现在精神上与动物有区别，因此，尊敬和赡养老年人是人类需要遵循的精神体现。从现代意义上讲，"敬"体现在保证父母物质基础上的精神层面的涵养与尊重，在传统礼教中所映射出的诸多敬老规范，也是传统伦理道德中儒家"仁"的思想升华。

第三，"事"——顺从父母。《论语》中提出"事父母几谏，见志不从，又敬不违，劳而不怨"。对父母表现出的言行错误，需要委婉地进行劝告，始终保持尊敬和顺从的态度，等父母心情好转再劝告。《论语》中所提出的"事"并不是指子女的绝对服从，而是指与父母在精神想法上进行平等交流，在保持基本尊重的同时积极地与父母沟通。

二、孝道文化的继承反思

受时代发展影响，孝道原有的一些冗繁形式已不再适应现代社会的生产需要，也无法再供给人们在现阶段精神领域的所需给养，赋予孝道文化更多与时代发展相适应的内涵已迫在眉睫，只有在保留原有精神基础上实现孝道内涵的创造性转换，才能为自我综合素养的提高创造一个良好的发展空间，顺应时代发展的需求。

（一）早期孝道文化

结合我国的历史发展来看，孝道文化是西周所提出的一种宗教信仰，最开始的孝道对象并不只限于父母，还包括祖先与宗室的老年人，结合相关文献表明，最早的孝道对象是祖先，尽孝的方式是祭祀，孝道所体现出的主要内容是对宗室长辈成员的敬重、祭祀以及赡养，西周时期属于宗族社会时代，国家在运作和发展的过程中，始终强调宗族组织的重要性，西周时期，上到军事权力的分配，下到人民财产的分配，都通过宗族来进行区分。

按照宗族世袭制划分社会发展阶层以及社会成员所具有的权利，被统治阶层的宗族需要为统治阶层的宗族生产服役，同时在宗族的内部也划分为不同的等级，宗族之间的服从性决定了宗族所具有的社会利益和地位，这种社会构造形式是以个人利益来作为宗族力量的整体保障，这一社会时期需要保证宗族的稳定发展，孝道理念的落实也是针对整个宗族的。

（二）新时期社会发展对孝道文化的冲击

1. 社会化分工取代依赖型亲子关系

结合当前我国的社会发展环境来看，已经基本实现了工业化发展进程，家庭相处模式也已经脱离了宗族模式，现在建立的都是以家庭为核心的社会性组织，个人有一定能力在外生存也不需要依附家族，虽然父母依然承担着子女成长教育和抚养的责任，但并不是唯一的抚养主体，青少年的教育开始由社会机构、国家教育以及家庭共同分担，随着教育体制改革，高科技和服务业开始呈现出分散性的发展特点，学生未来的就业成了国家需要解决的重要社会问题。工业革命所带来的社会变革改变了人们的传统生活形式，从生产和发展角度看，个人已不再单一地继承长辈所留下的事业，而是要借助新技术的应用，建立全新的谋生体系，有一定能力的个人，可以脱离传统的家庭限制，主动地投身于不同类型的企业单位和社会组织中。从消费的角度看，我国的消费形式已经呈现出多元化的发展状态，个人能够在不同领域实现自我价值，创造高品质生活，也可以通过新经济的发展促进产业升级，当下的社会关系让传统子女和父母之间的阶级依赖性得到了去除，只需要在精神层面做到平等互爱，就能够充分地传扬孝道文化，因此需要努力地适应当下的历史变革，更新传统的孝道理念。

2. 人人平等理念取代等级和阶级观念

传统孝道过分强调子女的绝对服从与阶级分化思想，已经不适合现代社会的发展，传统的孝道理念，让很多思想观念落后的家族仍然存在重男轻女的现象，认为只有男孩才能够延续香火，受此思想观念的影响，出现了很多不好的案例，古人所宣扬的孝道文化，主要是以父子关系为基础，在当时所处的社会环境下女性地位较低，与现在男女平等的社会结构存在着明显的发展矛盾。当前的家庭结构是以夫妻关系为主要核心的，因此孝道思想的发展也需要结合时代的发展特点，进行适当的调整和完善，孝道的主体之间要始终处于独立自主的发展关系，只有实现双向的情感交流，才能够充分体现出孝道的平等性，让孝道理念在当代社会发展过程中发挥出其应有的价值。

【技能操作】

一、活动背景

"孝"一直以来都是我国优良传统美德，古有二十四孝的典故，还有"百善孝为先"

的说法。然而，近年来，儿女不孝，不赡养老年人的事情层出不穷，使孝道的传播受到有史以来最严峻的挑战。通过弘扬孝道活动，让大家了解父母的艰辛，从而在今后的生活中更加孝敬他们。

二、活动目的

（1）通过本次活动弘扬传统孝道文化。
（2）使父母与子女之间互相了解，增进感情，体会双方的不容易。
（3）能够营造和谐的社区氛围。

三、活动主题

孝道——你道、我道，行大道。

四、活动时间

××××年××月×日。

五、活动地点

社区居民活动中心。

六、活动方式

列举正反两方面的案例和组织观看相关视频。

七、活动内容

（1）让张大哥来讲解其照顾岳母的心路历程。
（2）通过一些影像资料让大家了解到父辈们的艰辛。
（3）举反面例子，让大家了解到不孝是违背道德的，甚至是触犯法律的。

八、活动对象

本社区居民（其他社区居民也可自愿参加）。

九、前期准备工作

（1）讲座现场悬挂横幅，张贴标语。
（2）在社区张贴宣传通知或海报。
（3）音响、话筒及投影仪等设备的准备和调试。

十、预期效果

社区居民中的父母和子女能够互相理解对方的不容易，在生活中能够互相体谅，尤其是能够让子女了解到父母的艰辛，在今后生活中要多关心、关爱、陪伴父母。

十一、注意事项

（1）讲座现场要秩序井然并保持卫生。
（2）互动环节积极提问。
（3）讲座结束后引导大家有序离开。

十二、经费预算

本次活动的经费预算：横幅××元，海报××元，共计××元。

【实战演练】

真理道社区为弘扬孝道文化，联合老年服务与管理专业及社区管理与服务专业的学生参与进来，希望能够为他们策划一场有关孝道的趣味知识竞赛活动。请你为这次活动编写一份策划书。

（1）前期的社区宣传工作，引导社区居民积极报名参加。
（2）依据报名人数分成若干个小组，以小组形式参赛。
（3）竞赛的流程可以分为快速抢答环节和必答题环节。
（4）竞赛内容可以涵盖中国所有的孝道文化知识，既让大家了解了知识，又明白其中的含义。
（5）比赛过程中可以设计现场观众助答环节，或者通过穿插做小游戏的形式，增加活动的趣味性，让老年人在乐中学、乐中知。
（6）奖品可以设置为二十四孝故事人物的模型和孝道文化手册。

拓展学习

1. 孝感动天

舜，传说中的远古帝王，五帝之一，姓姚，名重华，号有虞氏，史称虞舜。相传他的父亲瞽叟及继母、异母弟象，多次想害死他：让舜修补谷仓仓顶时，从谷仓下纵火，舜手持两个斗笠跳下逃脱；让舜掘井时，瞽叟与象却下土填井，舜掘地道逃脱。事后舜毫不嫉恨，仍对父亲恭顺，对弟弟慈爱。他的孝行感动了天帝。舜在历山耕种，大象替他耕地，鸟代他锄草。帝尧听说舜非常孝顺，有处理政事的才干，把两个女儿娥皇和女英嫁给他；经过多年观察和考验，选定舜做他的继承人。舜登天子位后，去看望父亲，仍然恭恭敬敬，并封象为诸侯。

后人有诗赞曰：队队春耕象，纷纷耘草禽。嗣尧登宝位，孝感动天心。

2. 亲尝汤药

汉文帝刘恒，汉高祖第四子，为薄太后所生。高后八年（前180年）即帝位。他以仁孝之名，闻于天下，侍奉母亲从不懈怠。母亲卧病三年，他常常目不交睫，衣不解带；母亲所服的汤药，他亲口尝过后才放心让母亲服用。他在位24年，重德治，兴礼仪，注意发展农业，使西汉社会稳定，人丁兴旺，经济得到恢复和发展，他与汉景帝的统治时期被誉为"文景之治"。

3. 啮指痛心

曾参，字子舆，春秋时期鲁国人，孔子的得意弟子，世称"曾子"，以孝著称。少年时家贫，常入山打柴。一天，家里来了客人，母亲不知所措，就用牙咬自己的手指。曾参忽然觉得心疼，知道母亲在呼唤自己，便背着柴迅速返回家中，跪问缘故。母亲说："有客人忽然到来，我咬手指盼你回来。"曾参于是接见客人，以礼相待。曾参学识渊博，曾提出"吾日三省吾身"（《论语·学而》）的修养方法，相传他著述有《大学》《孝经》等儒家经典，后世儒家尊他为"宗圣"。

4. 百里负米

仲由，字子路、季路，春秋时期鲁国人，孔子的得意弟子，性格直率勇敢，十分孝顺。早年家中贫穷，自己常常采野菜做饭食，却从百里之外负米回家侍奉双亲。父母死后，他做了大官，奉命到楚国去，随从的车马有百乘之众，所积的粮食有万种之多。坐在垒叠的锦褥上，吃着丰盛的筵席，他常常怀念双亲，慨叹说："即使我想吃野菜，为父母亲去负米，哪里能够再得呢？"孔子赞扬说："你侍奉父母，可以说是生时尽力，死后思念哪！"(《孔子家语·致思》)

5. 芦衣顺母

闵损，字子骞，春秋时期鲁国人，孔子的弟子，在孔门中以德行与颜渊并称。孔子曾赞扬他说："孝哉，闵子骞！"(《论语·先进》)。他生母早死，父亲娶了后妻，又生了两个儿子。继母经常虐待他，冬天，两个弟弟穿着用棉花做的冬衣，却给他穿用芦花做的"棉衣"。一天，父亲出门，闵损牵车时因寒冷打战，将绳子掉落地上，遭到父亲的斥责和鞭打，芦花随着打破的衣缝飞了出来，父亲方知闵损受到虐待。父亲返回家，要休逐后妻。闵损跪求父亲饶恕继母，说："留下母亲只是我一个人受冷，休了母亲三个孩子都要挨冻。"父亲十分感动，就依了他。继母听说，悔恨知错，从此对待他如亲子。

6. 鹿乳奉亲

郯子，春秋时期人。父母年老，患眼疾，需饮鹿乳疗治。他便披鹿皮进入深山，钻进鹿群中，挤取鹿乳，供奉双亲。一次取乳时，看见猎人正要射杀一只麋鹿，郯子急忙掀起鹿皮现身走出，将挤取鹿乳为双亲医病的实情告知猎人，猎人敬他孝顺，以鹿乳相赠，护送他出山。

7. 戏彩娱亲

老莱子，春秋时期楚国隐士，为躲避世乱，自耕于蒙山南麓。他孝顺父母，尽拣美味供奉双亲，七十岁尚不言老，常穿着五色彩衣，手持拨浪鼓如小孩子般戏耍，以博父母开怀。一次为双亲送水，进屋时跌了一跤，他怕父母伤心，索性躺在地上学小孩子哭，二老大笑。

8. 卖身葬父

董永，相传为东汉时期千乘(今山东高青县北)人，少年丧母，因避兵乱迁居安陆(今属湖北)。其后父亲亡故，董永卖身至一富家为奴，换取丧葬费用。上工路上，于槐荫下遇一女子，自言无家可归，二人结为夫妇。女子以一月时间织成三百匹锦缎，为董永抵债赎身，返家途中，行至槐荫，女子告诉董永：自己是天帝之女，奉命帮助董永还债。言毕凌空而去。因此，槐荫改名为孝感。

9. 刻木事亲

丁兰，相传为东汉时期河内(今河南黄河北)人，幼年父母双亡，他经常思念父母的养育之恩，于是用木头刻成双亲的雕像，事之如生，凡事均和木像商议，每日三餐敬过双亲后自己方才食用，出门前一定禀告，回家后一定面见，从不懈怠。久之,其妻对木像便不太恭敬了,竟好奇地用针刺木像的手指,而木像的手指居然有血流出。丁兰回家见木像眼中垂泪,问知实情,遂将妻子休弃。

10. 行佣供母

江革,东汉时齐国临淄人,少年丧父,侍奉母亲极为孝顺。战乱中,江革背着母亲逃难,几次遇到匪盗,贼人欲杀死他,江革哭告:老母年迈,无人奉养,贼人见他孝顺,不忍杀他。后来,他迁居江苏下邳,做雇工供养母亲,自己贫穷赤脚,而母亲所需甚丰。明帝时被推举为孝廉,章帝时被推举为贤良方正,任五官中郎将。

11. 怀橘遗亲

陆绩,三国时期吴国吴县华亭(今上海市松江)人,科学家。六岁时,随父亲陆康到九江谒见袁术,袁术拿出橘子招待,陆绩往怀里藏了两个橘子。临行时,橘子滚落地上,袁术嘲笑道:"陆郎来我家作客,走的时候还要怀藏主人的橘子吗?"陆绩回答说:"母亲喜欢吃橘子,我想拿回去送给母亲尝尝。"袁术见他小小年纪就懂得孝顺母亲,十分惊奇。陆绩成年后,博学多识,通晓天文、历算,曾作《浑天图》,注《易经》,撰写《太玄经注》。

12. 埋儿奉母

郭巨,晋代隆虑(今河南林县)人,一说河内温县(今河南温县西南)人,原本家道殷实。父亲死后,他把家产分作两份,给了两个弟弟,自己独取母亲供养,对母极孝。后家境逐渐贫困,妻子生一男孩,郭巨担心,养这个孩子,必然影响供养母亲,遂和妻子商议:"儿子可以再有,母亲死了不能复活,不如埋掉儿子,节省些粮食供养母亲。"当他们挖坑时,在地下二尺处忽见一坛黄金,上书"天赐郭巨,官不得取,民不得夺"。夫妻得到黄金,回家孝敬母亲,并得以兼养孩子。

13. 扇枕温衾

黄香,东汉江夏安陆人,九岁丧母,事父极孝。酷夏时为父亲扇凉枕席;寒冬时用身体为父亲温暖被褥。少年时即博通经典,文采飞扬,京师广泛流传"天下无双,江夏黄香"。安帝(107—125年)时任魏郡(今属河北)太守,魏郡遭受水灾,黄香尽其所有赈济灾民。著有《九宫赋》《天子冠颂》等。

14. 拾葚异器

蔡顺,汉代汝南(今属河南)人,少年丧父,事母甚孝。当时正值王莽之乱，又遇饥荒，柴米昂贵，只得拾桑葚母子充饥。一天，巧遇赤眉军，义军士兵厉声问道："为什么把红色的桑葚和黑色的桑葚分开装在两个篓子里？"蔡顺回答说："黑色的桑葚供老母食用，红色的桑葚留给自己吃。"赤眉军怜悯他的孝心，送给他三斗白米，一头牛，带回去供奉他的母亲，以示敬意。

15. 涌泉跃鲤

姜诗，东汉四川广汉人，娶庞氏为妻。夫妻孝顺，其家距长江六七里之遥，庞氏常到江边取婆婆喜喝的长江水。婆婆爱吃鱼，夫妻就常做鱼给她吃，婆婆不愿意独自吃，他们又请来邻居老婆婆一起吃。一次因风大，庞氏取水晚归，姜诗怀疑她怠慢母亲，将她逐出家门。庞氏寄居在邻居家中，昼夜辛勤纺纱织布，将积蓄所得托邻居送回家中孝敬婆婆。其后，婆婆知道了庞氏被逐之事，令姜诗将其请回。庞氏回家这天，院中忽然喷涌出泉水，口味与长江水相同，每天还有两条鲤鱼跃出。从此，庞氏便用这些供奉婆婆，不必远走江边了。

16. 闻雷泣墓

王裒，魏晋时期营陵（今山东昌乐东南）人，博学多能。父亲王仪被司马昭杀害，他隐居以教书为业，终身不面向西坐，表示永不作晋臣。其母在世时怕雷，死后埋葬在山林中。每当风雨天气，听到雷声，他就跑到母亲坟前，跪拜安慰母亲说："裒儿在这里，母亲不要害怕。"他教书时，每当读到《蓼莪》篇，就常常泪流满面，思念父母。

17. 乳姑不怠

崔山南，名琯，唐代博陵（今属河北）人，官至山南西道节度使，人称"山南"。当年，崔山南的曾祖母长孙夫人，年事已高，牙齿脱落，祖母唐夫人十分孝顺，每天盥洗后，都上堂用自己的乳汁喂养婆婆，如此数年，长孙夫人不再吃其他饭食，身体依然健康。长孙夫人病重时，将全家大小召集在一起，说："我无以报答新妇之恩，但愿新妇的子孙媳妇也像她孝敬我一样孝敬她。"后来崔山南做了高官，果然像长孙夫人所嘱，孝敬祖母唐夫人。

18. 卧冰求鲤

王祥，琅琊人，生母早丧，继母朱氏多次在他父亲面前说他的坏话，使他失去父爱。父母患病，他衣不解带侍候，继母想吃活鲤鱼，时值天寒地冻，他解开衣服卧在冰上，冰忽然自行融化，跃出两条鲤鱼。继母食后，果然病愈。王祥隐居二十余年，后从温县县令做到大司农、司空、太尉。

19. 恣蚊饱血

吴猛，晋朝濮阳人，八岁时就懂得孝敬父母。家里贫穷，没有蚊帐，蚊虫叮咬使父亲不能安睡。每到夏夜，吴猛总是赤身坐在父亲床前，任蚊虫叮咬而不驱赶，只因担心蚊虫离开自己去叮咬父亲。

20. 扼虎救父

杨香，晋朝人。十四岁时随父亲到田间割稻，忽然跑来一只猛虎，把父亲扑倒叼走，杨香手无寸铁，为救父亲，全然不顾自己的安危，急忙跳上前，用尽全身气力扼住猛虎的咽喉。猛虎终于放下父亲跑掉了。

21. 哭竹生笋

孟宗，三国时江夏人，少年时父亡，母亲年老病重，医生嘱用鲜竹笋做汤。时值严冬，没有鲜笋，孟宗无计可施，独自一人跑到竹林里，扶竹哭泣。少顷，他忽然听到地裂声，只见地上长出数茎嫩笋。孟宗大喜，采回做汤，母亲喝了后果然病愈。后来他官至司空。

22. 尝粪忧心

庾黔娄，南齐高士，任孱陵县令。赴任不满十天，忽觉心惊流汗，预感家中有事，当即辞官返乡。回到家中，知父亲已病重两日。医生嘱咐说："要知道病情吉凶，只要尝一尝病人粪便的味道，味苦就好。"黔娄于是就去尝父亲的粪便，发现味甜，内心十分忧虑，夜里跪拜北斗星，乞求以身代父去死。几天后父亲死去，黔娄安葬了父亲，并守制三年。

23. 弃官寻母

朱寿昌，宋代天长人，七岁时，生母刘氏被嫡母（父亲的正妻）嫉妒，不得不改嫁他人，五十年母子音信不通。神宗时，朱寿昌在朝做官，曾经刺血书写《金刚经》，行四方寻找生母，得到线索后，决心弃官到陕西寻找生母，发誓不见母亲永不返回。终于在陕州遇到生母和两个弟弟，母子欢聚，一起返回，这时母亲已经七十多岁了。

24. 涤亲溺器

黄庭坚，北宋分宁（今江西修水）人，著名诗人、书法家。虽身居高位，侍奉母亲却竭尽孝诚，每天晚上，都亲自为母亲洗涤溺器（便桶），没有一天忘记儿子应尽的职责。

子任务二　传统节日类活动策划

情境导入

近日，某养老院邀请养老专业的师生去养老院，为居住在养老院里的老年人策划一场活动。考虑到端午节即将到来，养老专业的师生与养老院进行沟通后，选择在端午节这天到养老院举办一场活动，这样能够使老年人体会到过节的氛围，愉悦身心。

问题讨论

1. 如果你是策划人员，你将如何组织这场活动？
2. 结合案例，请写一份切实可行的活动策划书。

【知识导学】

中国传统节日形式多样、内容丰富，是中华民族悠久历史文化的重要组成部分。传统节日的形成，是一个民族或国家的历史文化长期积淀凝聚的过程。中华民族的古老传统节日，涵盖了原始信仰、祭祀文化、天文历法、易理术数等人文与自然文化内容，蕴含着深邃丰厚的文化内涵。从远古时期发展而来的中国传统节日，不仅清晰地记录着中华民族先民丰富而多彩的社会生活文化内容，也积淀着博大精深的历史文化内涵。

一、除夕

农历十二月三十晚上叫除夕。

来历：除夕最早源于先秦时期的"逐除"。据记载，古人在新年的前一天，用击鼓的方法来驱除"疫疠之鬼"，来年才会无病无灾。这就是"除夕"的由来。"除"意思是"交替"；"夕"意思是"夜晚"。故除夕之夜，含有"旧岁到此而除，明日另换新岁"的意思。"除"乃除旧布新之意。"除夕"有"送旧迎新、祛病消灾"的意思。

风俗活动：守岁、放烟花、吃团圆饭。

诗句：（唐）范成大《卖痴呆词》："除夕更阑人不睡，厌禳钝滞迎新岁；小儿呼叫走长街，云有痴呆召人卖。"

二、春节

农历正月初一即春节，是农历的一岁之首，俗称"大年"。是我国民间最热闹、最隆重的一个传统节日。

来历：古代的春节是指农历二十四个节气中的"立春"时节，南北朝以后才将春节改在一年岁末，并泛指整个春季，这时大地回春，万象更新，人们便把它作为新的一年的开始。到了辛亥革命后的民国初年，人们改农历为公历（阳历）后，便将农历正月初一定为春节。直到1949年中国人民政治协商会上才正式把正月初一的新年定为"春节"，至今仍有许多人把过春节称为过年。

　　年：人们常把过春节说成"过年"，而"年"的最初含义与今天根本不同。据说，在很古老的时候，有一种十分凶恶的野兽叫"年"。它一出来，见人吃人，见畜伤畜，大家的生命安全受到严重威胁。天神为了惩罚"年"，把它锁进深山，一年只许它出山一次。人们发现"年"有"三怕"——怕红颜色、怕响声、怕火光，于是，有一年腊月三十晚，大伙在门口贴上红纸，不断地敲锣打鼓、放鞭炮，晚上屋子里彻夜点灯，"年"来了一看，家家灯光通明；一听，处处放炮声，吓得它不敢进村。白天它又偷偷下山来，见还是户户门上红，遍地咚咚响，吓得它胆战心惊，调头又跑回去了。从此以后，"年"一直没敢再来，据说最后在深山老林里饿死了。后来，人们才把"防年""驱年"，变成安安稳稳地过年了。

　　风俗活动：贴春联、放爆竹、敲锣鼓、吃饺子、拜年。

　　诗句：王安石《元日》："爆竹声中一岁除，春风送暖入屠苏，千门万户曈曈日，总把新桃换旧符。"

三、元宵节

　　农历正月十五日，又称"上元节"，是我国一个重要的传统节日。

　　来历：我国古代历法和月相有密切的关系，每月农历正月十五，人们迎来一年之中第一个月圆之夜，这一天被看作是吉日。早在汉代，正月十五已作为祭祀天帝、祈求福佑的日子。后来，古人把正月十五称"上元"，七月十五称"中元"，十月十五称"下元"。在南北朝早期，三元已是要举行大典的日子，在三元中，上元最受重视。到后来，中元、下元的庆典逐渐废除，而上元的庆典则经久不衰。"上元"又称"元夜""元夕"或"元宵"，元宵这一名称一直沿用至今。因有张灯、看灯习俗，民间又称其为"灯节"。

　　风俗活动：吃元宵、踩高跷、挂花灯、猜灯谜。

　　诗句：（宋）欧阳修《生查子·元夕》："去年元夜时，花市灯如昼。月上柳梢头，人约黄昏后。今年元夜时，月与灯依旧。不见去年人，泪湿春衫袖。"

四、清明节

　　来历：农历三月初八是清明节，又叫踏青节，是我国最重要的一个祭祀节日，是祭祖和扫墓的日子。扫墓俗称上坟，是祭祀死者的一种活动，通常在清明节进行。按照旧的习俗，扫墓时，人们要携带酒食果品、纸钱等物品到墓地，将食物供祭在亲人墓前，再将纸钱焚化，为坟墓培上新土，折几枝嫩绿的新枝插在坟上，然后叩头行礼祭拜，最后吃掉酒食再回家。进入新时代后,提倡文明祭扫,建议用鲜花代替烧纸钱,以利于低碳环保,防止火灾。

风俗活动:烧纸上坟,踏青,开展体育活动。

诗句:(唐)杜牧《清明》:"清明时节雨纷纷,路上行人欲断魂。借问酒家何处有?牧童遥指杏花村。"

五、端午节

农历五月初五为"端午节",是我国的一个古老节日。"端午"本名"端五",端是初的意思,"五"与"午"互为谐音而通用。

来历:我国古代最早的爱国诗人屈原被放逐后,目睹楚国政治日益腐败,又无法实现自己的政治理想,无力拯救危亡的祖国,于是投汨罗江殉国。此后,人们为了不让鱼虾吃掉其尸体,纷纷用糯米和面粉捏成各种形状的饼子投入江中,这便成为后来端午节吃粽子和炸糕的由来。

风俗活动:吃粽子、赛龙舟。

诗句:(唐)文秀《端午》:"节分端午自谁言,万古传闻为屈原。堪笑楚江空渺渺,不能洗得直臣冤。"

六、七夕

农历七月初七的晚上称"七夕"。

来历:民间传说牛郎织女农历七月初七在天河鹊桥相会,后有妇女于此夜向织女星穿针乞巧等风俗。所谓乞巧,即在月光下对着织女星用彩线穿针,如有人能穿过七枚大小不同的针眼,就算是很"巧"了。

风俗活动:妇女比赛针线活。

诗句:(五代·后唐)杨璞《七夕》:"未会牵牛意若何,须邀织女弄金梭。年年乞与人间巧,不道人间巧已多。"

七、中秋节

农历八月十五,这一天正当秋季的正中,故称"中秋"。人们把它看作大团圆的象征。

来历:相传,元朝末年,广大人民为了推翻元朝残暴的统治,把发起暴动的日期写在纸条上,放在月饼馅里,以便互相秘密传递,号召大家在八月十五起义。终于在这一天爆发了全国规模的农民大起义,推翻了腐朽透顶的元朝统治。此后,中秋节吃月饼的风俗就更加广泛地流传开来。

风俗活动:晚上准备各种瓜果和熟食,赏月,吃月饼。

诗句：（唐）白居易《八月十五日夜湓亭望月》："昔年八月十五夜，曲江池畔杏园边。今年八月十五夜，湓浦沙头水馆前。西北望乡何处是，东南见月几回圆。昨风一吹无人会，今夜清光似往年。"

八、重阳节

我国古代以九为阳，农历九月初九正是阳月阳日，故名"重阳"。

来历：相传东汉时费长房对汝南人桓景说："九月九日汝南将有大灾难，赶快叫家里人缝制小袋，内装茱萸，缚在臂上，登上高山，饮菊花酒，借以避难。"这一天桓景全家登山，晚上回家，果然家里的鸡、狗、羊全部死掉。从此，民间就有在重阳节做茱萸袋、饮菊花酒、举行庙会、登高等风俗。因"高"与"糕"音同，所以又有吃"重阳糕"的习俗。

风俗活动：做茱萸袋、吃重阳糕、饮菊花酒、举行庙会、登高。

诗句：（唐）王维《九月九日忆山东兄弟》："独在异乡为异客，每逢佳节倍思亲。遥知兄弟登高处，遍插茱萸少一人。"

除了上述的八个节日外，我国还有腊八节、寒食节、小年等传统节日，它们都有自己的内涵，都有自己的故事，都值得我们进行深入了解。

【技能操作】

一、活动背景

在当今这个快节奏的社会，人们的生活压力越来越大，为了让家人过上更好的生活，大家总是在外奔波忙碌。而此时，只有日渐年迈的父母孤独在家。某养老院的老年人虽说身在敬老院，但谁人不知，世上最温暖的地方是儿女环绕的家里，他们需要的是那份被关爱的温暖。"每逢佳节倍思亲"，在端午节，这个中华民族的传统节日里，他们却依然见不到儿女，不能享受那份团聚的天伦之乐。作为老年服务与管理专业的学生，我们有责任和义务在这样的日子里为老年人送去一份关爱，让他们感受到节日的温暖，感受到社会对他们的关怀。

二、活动目的

（1）丰富养老院老年人的生活，给他们带来一份欢乐和心灵上的慰藉，让他们感受到社会的温暖。

（2）送上节日的祝福，让老年人感受到老年服务与管理专业学生温情的关爱。

（3）增强学生和老年人沟通的能力，倾听他们的故事，品味他们的人生，丰富我们的阅历。

（4）让大家了解社会，关注老年群体，在活动中学会关爱，学会感恩。

三、活动主题

情系端午节，爱在养老院。

四、活动时间

××××年××月×日。

五、活动地点

养老院老年活动室。

六、活动方式

师生表演节目和包粽子及与老年互动。

七、活动内容

（1）为养老院的老年人送上我们准备的水果，以及节日祝福。
（2）为老年人送上我们精心准备的舞蹈、歌曲、折纸等节目。
（3）与老年人一起包粽子。
（4）和老年人合影留念，记录美好瞬间。

八、活动对象

养老院中的具备自理能力的老年人。

九、前期准备工作

（1）与养老院沟通确定最终的活动方案。
（2）参加活动的人员必须了解全部的活动内容。
（3）提前彩排所有表演的节目。
（4）提前准备好所需的各种物品。

十、预期效果

此次活动能够让住在椿萱茂养老院的老年人感受到我们的热情,感受到节日的氛围,让所有老年人感受到温暖。

十一、注意事项

(1)活动当天参与人员应提前到达养老院集合,准时到达,禁止迟到。

(2)活动中尽可能多地加入一些与老年人互动的环节,让他们可以真正参与到活动中,感受到节日的氛围。

(3)到养老院后时刻注意礼貌问题,注意态度和语言的文明。

(4)现场如遇突发事件(如老年人昏倒),应及时联系养老院方面负责人。

(5)与养老院的负责人协商好各项活动开展所需了解以及应该注意的问题,如老年人平时的爱好、习惯、性格、有什么疾病或者其他需要注意的地方。

(6)进入养老院,见到老年人一定要微笑打招呼,这是对老年人的一种尊重与认可。与老年人交谈时要尽量去倾听他们,要引导老年人多讲述他们的往事。清扫房间时一定要将物品放回原处,不要改变它们的原有布局。

(7)有些老年人年纪比较大,可能会说些我们听不懂的话甚至患有阿尔茨海默病等,对此大家要尽量耐心倾听;有的老年人可能会有点耳背,所以大家要注意语速不能过快。

(8)活动结束后要确保老年人安全后再离开。

十二、经费预算

水果××元,包粽子材料××元,礼品××元,共计××元。

【实战演练】

真理道社区想要在端午节来临之际,组织一场知识竞赛活动,让附近的居民参与进来,这样既能让社区的居民体会到端午节的气氛,又能增加居民对端午节的了解。请你为这次活动进行策划组织并编写一份策划书。

(1)前期的社区宣传工作,引导老年人积极参加。

(2)依据报名人数分成若干个小组,以小组形式参加活动。

(3)包粽子环节分小组进行,让小组代表介绍粽子形状及摆放的寓意。

(4)竞赛的流程可以分为快速抢答环节和必答题环节。

（5）比赛过程中可以设计现场观众助答环节，或者通过穿插做小游戏的形式来增加活动的趣味性，让老年人在乐中学、乐中知。

（6）奖品可设置成五彩绳、粽子等。

拓展学习

端午节是中国民间的传统节日，关于端午节的起源在民间有着诸多的传说故事，源于纪念屈原，源于纪念伍子胥，源于纪念孝女曹娥，源于古越民族图腾祭，源于五月五日是恶月恶日……但流传最广的是屈原的传说故事，接下来介绍一下关于端午节起源的各种传说。

一、源于纪念屈原

据《史记》"屈原贾生列传"记载，屈原，是春秋时期楚怀王的大臣。他倡导举贤授能，富国强兵，力主联齐抗秦，遭到贵族子兰等人的强烈反对，屈原遭谗去职，被赶出都城，流放到沅、湘流域。在流放过程中，他写下了忧国忧民的《离骚》《天问》《九歌》等不朽诗篇，独具风貌，影响深远（因而，端午节也称诗人节）。公元前278年，秦军攻破楚国京都。屈原眼看自己的祖国被侵略，心如刀割，但是始终不忍舍弃自己的祖国，在五月五日写下了绝笔作《怀沙》之后，抱石投汨罗江身死，用自己的生命谱写了一曲壮丽的爱国主义乐章。

传说屈原死后，楚国百姓哀痛异常，纷纷涌到汨罗江边去凭吊屈原。渔夫们划起船只，在江上来回打捞他的真身。有位渔夫拿出为屈原准备的饭团、鸡蛋等食物，"扑通、扑通"地丢进江里，说是让鱼虾吃饱了，就不会去咬屈大夫的身体了。人们见后纷纷仿效。一位老医生则拿来一坛雄黄酒倒进江里，说是想药晕蛟龙水兽，以免伤害屈大夫。后来，为怕饭团为蛟龙所食，人们想出用楝树叶包饭，外缠彩丝，后发展成粽子。以后，每年的五月初五，就有了龙舟竞渡、吃粽子、喝雄黄酒的风俗；以此来纪念爱国诗人屈原。

二、源于纪念伍子胥

端午节的第二个传说，在江浙一带流传很广，是纪念春秋时期（公元前770—前476年）的伍子胥。伍子胥名员，楚国人，父兄均为楚王所杀，后来子胥弃暗投明，奔向吴国，助吴伐楚，五战而入楚都郢城。当时，楚平王已死，子胥掘墓鞭尸三百下，以报杀父兄之仇。吴王阖庐死后，其子夫差继位，吴军士气高昂，百战百胜，越国大败，越王勾践请和，夫差许之。子胥建议，应彻底消灭越国，夫差不听，吴国大宰，受越国贿赂，谗言陷害子胥，夫差信之，赐子胥宝剑，子胥以此死。子胥本为忠良，视死如归，在死前对邻舍人说："我死后，将我眼睛挖出悬挂在吴京之东门上，以看越国军队入城灭吴"，便自刎而死。夫差闻言大怒，令取子胥之尸体装在皮革里于五月五日投入大江，因此相传端午节亦为纪念伍子胥之日。

三、源于纪念孝女曹娥

端午节的第三个传说，是为纪念东汉（公元23—220年）孝女曹娥救父投江。曹娥是东汉上虞人，父亲溺于江中，数日不见尸体。当时，孝女曹娥年仅十四岁，昼夜沿江号哭。过了十七天，在五月五日也投江，五日后抱出父尸。就此传为神话，继而相传至县府知事，令度尚为之立碑，让他的弟子邯郸淳作诔辞颂扬。

孝女曹娥之墓，在今浙江绍兴，后传曹娥碑为晋王义所书。后人为纪念曹娥的孝节，在其投江之处兴建曹娥庙，将她所居住的村镇改名为曹娥镇，将曹娥殉父之处定名为曹娥江。

四、源于古越民族图腾祭

近代大量出土文物和考古研究证实：长江中下游广大地区，在新石器时代，有一种几何印纹陶为特征的文化遗存。该遗存的族属，据专家推断是一个崇拜龙的图腾的部族，史称百越族。出土陶器上的纹饰和历史传说示明，他们有断发文身的习俗，生活于水乡，自比是龙的子孙。其生产工具，大量的还是石器，也有铲、凿等小件的青铜器。

作为生活用品的坛坛罐罐中，烧煮食物的印纹陶鼎是他们所特有的，是他们族群的标志之一。直到秦汉时代尚有百越人，端午节就是他们创立的用于祭祖的节日。在数千年的历史发展中，大部分百越人已经融入汉族中了，其余部分则演变为南方许多少数民族，因此，端午节成了全体中国人的节日。

五、源于五月五日是恶月恶日

"中国的历史传统认为五月五日是恶月恶日，按照《易经》等典籍记载，阴恶从五而生，五月五日恰恰是阳气运行到端点的端阳之时，这种日子恶疠病疫多泛滥，因此，这一天人们便插艾叶、挂菖蒲、喝雄黄酒、佩香囊等，以驱邪辟邪、保健健身。"袁学骏说，"屈原在农历五月初五投江自尽，可能有意在端午节这天表达自己对国家民族的忠心。"

适老活动策划与组织

任务三
新媒体运用教育活动策划与组织

情境导入

赵爷爷，68岁，现退休在家。平时性格豪爽开朗，喜欢结交朋友，爱帮助别人，深受大家的尊敬。赵爷爷儿子和女儿均在外地工作，老伴在儿子家帮着带孙子，现在家里就只有他一人。退休后，赵爷爷总感觉成天无所事事，很无聊，身边也无人可交流，而且对老年活动和身体锻炼都提不起兴趣，加之好久没见到儿女和孙子，情绪十分低落，变得寡言少语，经常唉声叹气。前不久，他的儿子前来探望时，发现父亲情绪不佳，对孙子十分思念，于是给赵爷爷买了一部智能手机，简单教了赵爷爷如何使用微信视频功能，让其与小孙子视频通话，赵爷爷非常高兴。可是最近赵爷爷发现他找不到视频功能了，于是急得团团转。

针对以上案例，请你组织一次微信使用教育活动。

问题讨论

1. 微信都有哪些功能？
2. 如何教会老年人使用微信？
3. 老年人使用微信时应注意哪些问题？

【知识导学】

当今世界，信息技术创新日新月异，网络业态、传播形态、舆论生态发生深刻变化，网络新媒体已成为思想文化交流交锋的重要场域，给宣传舆论工作带来新机遇、新挑战。认清时代发展大势，遵循新媒体发展规律，加快推进政法网络新媒体创新发展，是学习贯彻党的二十大精神的重要举措和实际行动。

在信息渠道多样化的今天，大众媒体对受众的吸引力逐步稀释。互联网的快速性、多媒体性和不受时空限制等特性，尽显新媒体的优势。而微信已经成了大家日常联络的工具，其中老年用户已经占了不低比例，大家都喜欢使用微信聊天，发朋友圈，还喜欢跟亲友视频，抢红包等。微信，已经成为人们的一种生活方式，在老年人中宣传党的二十大精神，宣介我国推动经济社会发展的重大举措，充分反映国际社会的积极评价，生动展示我们党和国家的良好形象的发挥了重要作用。

一、微信简介

微信是腾讯公司于2011年1月21日推出的一个为智能终端提供即时通信服务的免费

应用程序，由张小龙带领的腾讯广州研发中心产品团队打造。微信支持跨通信运营商、跨操作系统平台通过网络快速发送免费（需消耗少量网络流量）语音、短信、视频、图片和文字。同时，也可以使用通过共享流媒体内容的资料和基于位置的社交插件"摇一摇""漂流瓶""朋友圈""公众平台""语音记事本"等服务插件。

截至 2016 年第二季度，微信已经覆盖中国 94% 以上的智能手机，月活跃用户达到 8.06 亿，用户覆盖 200 多个国家，使用语言超过 20 种。此外，各品牌的微信公众账号总数已经超过 800 万个，移动应用对接数量超过 85 000 个，广告收入增至 36.79 亿元，微信支付用户则达到约 4 亿人。

微信提供公众平台、朋友圈、消息推送等功能，用户可以通过"摇一摇""搜索号码""附近的人"、扫二维码等方式添加好友和关注公众号，还可以通过微信将内容私下分享给好友以及将看到的精彩内容分享到朋友圈。

二、微信基本功能

1. 聊天

支持发送语音短信、视频、图片（包括表情）和文字，是一种聊天软件，支持多人群聊。

2. 添加好友

微信支持查找微信号（具体步骤：单击微信界面下方的通讯录→新的朋友→添加朋友→搜索号码，然后输入想搜索的微信号码，再单击查找即可）、查看 QQ 好友添加好友、查看手机通讯录和分享微信号添加好友、摇一摇添加好友、二维码查找添加好友和漂流瓶接受好友等七种方式。

3. 实时对讲机功能

用户可以通过语音聊天室和一群人语音对讲，但与在群里发语音不同的是，这个聊天室的消息几乎是实时的，并且不会留下任何记录，在手机屏幕关闭的情况下也仍可进行实时聊天。

三、微信支付介绍

微信支付是集成在微信客户端的支付功能，用户可以通过手机完成快速的支付流程。微信支付向用户提供安全、快捷、高效的支付服务，以绑定银行卡的快捷支付为基础。

支持支付场景：微信公众平台支付、App 支付、二维码扫描支付、刷卡支付，用户展示条码，商户扫描后，完成支付。用户只需在微信中关联一张银行卡，并完成身份认证，即可将装有微信 App 的智能手机变成一个全能钱包，之后即可购买合作商户的商品及服务，用户在支付时只需在自己的智能手机上输入密码，不需要任何刷卡步骤即可完成支付，整个过程简便流畅。

微信支付支持以下银行发卡的贷记卡：深圳发展银行、宁波银行。此外，微信支付还支持以下银行的借记卡及信用卡：招商银行、建设银行、光大银行、中信银行、农业银行、广发银行、平安银行、兴业银行、民生银行。

四、微信支付规则

（1）绑定银行卡时，需要验证持卡人本人的实名信息，即姓名、身份证号的信息。

（2）一个微信号只能绑定一个实名信息，绑定后实名信息不能更改，解卡不删除实名绑定关系。

（3）同一身份证件号码只能注册最多十个（包含十个）微信支付。

（4）一张银行卡（含信用卡）最多可绑定三个微信号。

（5）一个微信号最多可绑定十张银行卡（含信用卡）。

（6）一个微信账号中的支付密码只能设置一个。

（7）银行卡不需要开通网银（中国银行、工商银行除外），只要在银行中有预留手机号码，即可绑定微信支付。

注：一旦绑定成功，该微信号无法绑定其他姓名的银行卡／信用卡，请谨慎操作。

五、微信账号被封后零钱提现方法

用户登录微信时，系统提示弹出→选择【确定】→展示财产提取指引，点击【退出】→返回登录界面，点击登录→登录成功→【单击"我"→"钱包"】→用户根据自己的财产情况进行提现或转移操作。

六、微信其他功能

1. 朋友圈

用户可以通过朋友圈发表文字和图片，还可通过其他软件将文章或者音乐分享到朋友圈。用户可以对好友新发的照片进行"评论"或"点赞"，用户只能看相同好友的评论或点赞。

2. 语音提醒

用户可以通过语音告诉 Ta 提醒打电话或是查看邮件。

3. 通讯录安全助手

开启后可上传手机通讯录至服务器，也可将之前上传的通讯录下载至手机。

4. QQ 邮箱提醒

开启后可接收来自 QQ 邮箱的邮件，收到邮件后可直接回复或转发。

5. 私信助手

开启后可接收来自 QQ、微博的私信，收到私信后可直接回复。

6. 漂流瓶

通过扔瓶子和捞瓶子来匿名交友。

7. 查看附近的人

微信将会根据你的地理位置找到在用户附近同样开启本功能的人。

8. 语音记事本

可以进行语音速记，还支持视频、图片、文字记事。

9. 摇一摇

摇一摇是微信推出的一个随机交友应用，通过摇手机或点击按钮模拟摇一摇，可以匹配到同一时段触发该功能的微信用户，从而增加用户间的互动和微信黏度。

10. 群发助手

通过群发助手把消息发给多个人。

11. 微博阅读

可以通过微信来浏览腾讯微博内容。

12. 流量查询

微信自身带有流量统计的功能，可以在设置里随时查看微信的流量动态。

13. 游戏中心

可以进入微信"发现"寻找"游戏"一项，打开即可下载心仪的腾讯游戏。

14. 微信公众平台

通过这一平台，个人和企业都可以打造一个微信的公众号，可以群发文字、图片、语音三个类别的内容。

15. 账号保护

微信与手机号进行绑定，该绑定过程需要四步：

（1）在"我"的栏目里进入"个人信息"，单击"我的账号"。

（2）在"手机号"一栏输入手机号码。

（3）系统自动发送六位验证码到手机，成功输入六位验证码后即可完成绑定。

（4）"账号保护"一栏显示"已启用"，即表示微信已启动了全新的账号保护机制。

16. 微信红包

微信推出 6.1 版本后，在对话框里就能边聊天边发红包了。

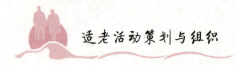

七、微信系统服务

微信公众平台主要有实时交流、消息发送和素材管理。用户可以对公众账户的粉丝分组管理、实时交流。同时，也可以使用高级功能编辑模式和开发模式对用户信息进行自动回复。

当微信公众平台关注数超过 500 人，就可以去申请认证的公众账号。用户可以通过查找公众平台账户或者扫描二维码关注公共平台。

2013 年 10 月 29 日，微信发布了新版公众平台，新平台支持服务号进行新的微信认证。

2014 年 1 月 15 日，微信发布了货币型基金理财产品——理财通，被人们称为微信版"余额宝"。

八、微信拦截系统

2014 年 8 月 7 日，微信已为抵制谣言建立了技术拦截、举报人工处理、辟谣工具三大系统。在相关信息被权威机构判定不实，或者接到用户举报并核实举报内容属实后，微信会积极提供协助阻断信息的进一步传播。在微信公众平台第一阶段的严打过程中，相关专业团队删除文章近千篇，封停账号 400 余个。

腾讯的产品对抵制谣言侵蚀提供了三大系统：技术拦截系统，举报人工处理系统，辟谣工具。

在日常运营中，腾讯有一支专业队伍负责处理用户的举报内容。根据用户的举报，经查证后一旦确认存在涉及侵权、泄密、造谣、骚扰、广告及垃圾信息等违反国家法律法规、政策及公序良俗、社会公德等内容，微信团队会视情况严重的程度对相关账号进行处罚。

九、微信城市服务

微信城市服务功能首批上线的服务包括看病就医、五险一金、气象环保、交通出行、便民服务、抗疫服务、政务综合、车辆服务等多项政务民生服务。

【技能操作】

一、账号注册

微信推荐使用手机号注册，并支持 100 余个国家的手机号。微信不可以通过 QQ 号直接登录注册或者通过邮箱账号注册。只能用手机注册绑定 QQ 号才能登录微信账号，微信会要求设置微信号和昵称。微信号是用户在微信中的唯一识别号，必须大于或等于六位，注册成功后允许修改一次。昵称是微信号的别名，允许多次更改。

记住手机号和微信登录密码，以便重新登录，或者在别的地方（如别的手机或平板电脑上）登录。

注：重新登录微信，或者在别的地方登录微信，忘记密码怎么办？不要急，微信会将验证码通过短信形式发到用户的手机上，用户收到此验证码后再登录就可以了。

工具：手机、微信App、无线网或移动数据流量。

1. 网络连接

单击设置，然后单击WLAN，输入用户名和密码，连接后即可上网。当离开无线区域时，进入设置，然后单击移动网络数据连接→启用，就可以使用移动数据流量了，如图6-3-1所示。

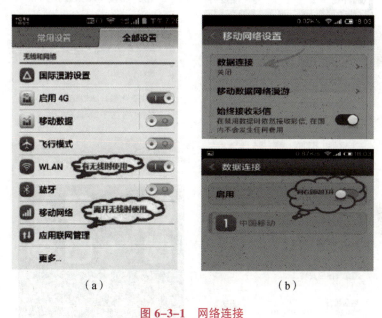

图 6-3-1 网络连接

（a）连接示意一；（b）连接示意二

2. 下载微信

进入手机中的"应用市场"或"商城"，搜索"微信"，即可进入微信下载界面，然后根据提示进行下载。另外，还可以进入浏览器，输入"微信下载"四个字，下载完成后，单击图标 进入，如图6-3-2所示。

3. 注册微信账号

单击右下角的"注册"，使用自己的手机号码就可以注册微信账号了。注册成功后，登录微信即可进入微信聊天界面，如图6-3-3所示。

二、找回密码

1. 通过手机号码找回

用手机注册或已绑定手机号码的微信账号,可用手机号码找回密码,在微信登录页面

图 6-3-2 下载微信
(a)步骤一;(b)步骤二;(c)步骤三;(d)步骤四

单击"忘记密码"→通过手机号码找回密码→输入注册的手机号码,系统会下发一条短信验证码至手机,打开手机短信中的地址链接(也可在电脑端打开),输入验证码重设密码即可。

2. 通过邮箱找回

通过邮箱注册或绑定邮箱,并已验证邮箱的微信账号,可用邮箱找回密码,在微信软件登录页面单击"忘记密码"→通过电子邮件找回密码→填写绑定的邮箱地址,系统会下发重设密码邮件至注册邮箱,单击邮件的网页链接地址,根据提示重设密码。

3. 通过注册 QQ 号找回

用 QQ 号注册的微信,微信密码与 QQ 密码是相同的,可在微信软件登录页面单击"忘记密码"→通过 QQ 号找回密码→根据提示找回密码,也可以单击进入 QQ 安全中心找回 QQ 密码。

三、调大字体

(1)老年人看微信字体比较吃力,于是可以把字体调大,以便于他们识别。进入微信后,单击右下角的"我",如图 6-3-4 所示。

图 6-3-3　注册微信账号

图 6-3-4　调大字体

(2)单击"设置",选择"通用",如图 6-3-5 所示。

(3)单击"字体大小",按老年人的视力选择,如图 6-3-6 所示。

注:如果你看朋友发来的文字信息时,觉得字太小,可以双击该文字,即可实现放大显示。

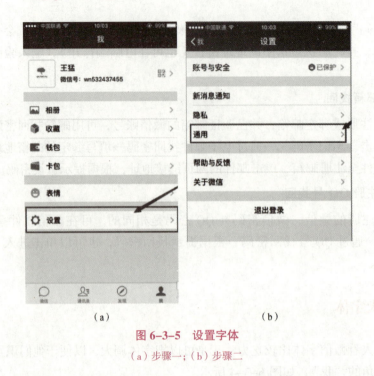

（a）　　　　　　　　　　　　（b）

图 6-3-5　设置字体
（a）步骤一；（b）步骤二

四、添加朋友

（1）进入微信聊天界面，单击界面右上角的加号，再单击添加朋友，然后输入朋友的手机号码，就可以添加对方为好友了，如图 6-3-7 所示。

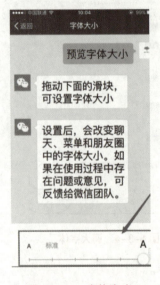 

图 6-3-6　字体大小　　　　　　　图 6-3-7　添加朋友

（2）添加好友之后，单击好友头像，如图 6-3-8 所示。
（3）进入聊天界面，输入聊天内容，单击"发送"。信息发送成功后，就可以用微信和好友聊天了，如图 6-3-9 所示。

图 6-3-8　单击好友头像

图 6-3-9　用微信和好友聊天

　　如果用户的手机联系人的微信号就是手机号码，那么添加方法很简单：打开微信，单击界面下方的"通讯录"，再单击"新的朋友"可以找到相关联系人，单击界面右边的"添加"，发一句话消息，等待其接受邀请就可以了（注意：只有先建立你手机联系人的手机号通讯录，才能做这一步）。

　　注：也有通过"扫一扫"二维码、摇一摇、漂流瓶等添加朋友的。建议大家不要随便添加朋友。对于一般手机联系人（如推销员），也不要随便添加其为微信好友。

　　（4）如何接受朋友发来的添加你为好友的邀请？

　　当你的朋友可以用你的微信号（手机号码、QQ 号或专门设置的微信号），向你发出邀请、添加你为微信朋友时，你可以：打开微信→点击下方通讯录→单击"新的朋友"，会看到你的朋友邀请你作为其微信朋友→如果你同意，就单击右侧的"接受"，同时就可以开始发送消息，与他联系了。

五、聊天功能操作

　　（1）单击通讯录 ，界面上就会出现你的全体好友，如图 6-3-10 所示。

　　（2）如果要给"唐芳"发信息，就用手指按一下"唐芳"，此时界面就会如图 6-3-11 所示。

　　（3）单击"发消息"，界面就会变成如图 6-3-12 所示的样子。

图 6-3-10　全体好友

（4）按住左下角的 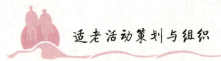 后，再用手指按住"按住说话"，如图 6-3-13 所示。

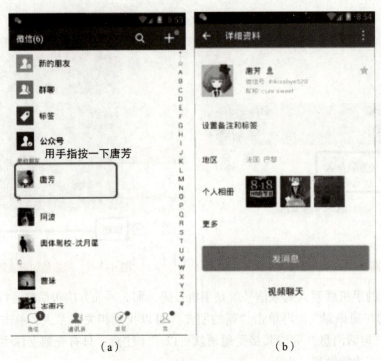

图 6-3-11 "唐芳"个人信息页面
(a) 界面一；(b) 界面二

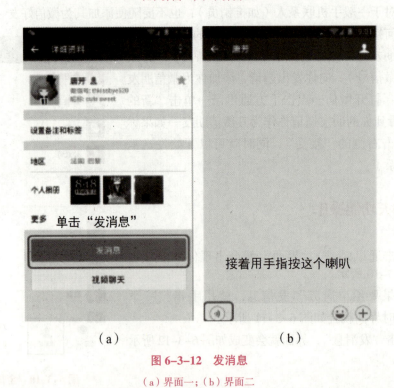

图 6-3-12 发消息
(a) 界面一；(b) 界面二

图 6-3-13　按住说话
（a）步骤一；（b）步骤二；（c）步骤三

（5）松开手指，你说的话就可以发送给对方了，如图 6-3-14 所示。

注：发送语音的好处是快捷，节约了输入拼音的时间，但是，朋友在接收时，要打开放在耳旁仔细听，没有文字信息直观，虽然也可以将其转化为文字，但由于可能存在口音而导致转化出的文字有误，并非十分准确。

每次传送的语音录音不能超过 1 分钟。如果一段话还没有讲完，可以分段再讲。在讲话录音过程中，如果觉得讲得不好，可以将手指向屏幕上方滑动，这段语音就取消了。

如果使用视频聊天功能，先用手指按住屏幕上的 ⊕ ，再用手指按住屏幕下方的 ▣ ，如图 6-3-15 所示。

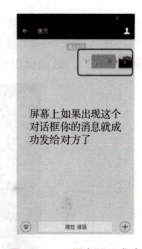

图 6-3-14　语音聊天成功

图 6-3-15　视频聊天（一）
（a）步骤一；（b）步骤二

继续用手指按住"视频聊天",等待对方接听,如图 6-3-16 所示。

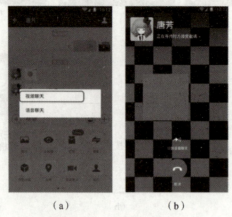

（a）　　　　　　　（b）

图 6-3-16　视频聊天（二）

（a）用手指按视频聊天；（b）等待对方接听

若对方接听了,就可以在屏幕上看到对方了,这个时候就可以跟对方聊天了。

注：如果在视频聊天过程中图像信号不好,可以放弃图像,单击界面中下方的"切到语音聊天",以确保语音聊天的通话质量稳定,如图 6-3-17 所示。

图 6-3-17　语音聊天功能切换

六、微信支付

首先用户要在微信钱包——银行卡中添加银行卡,然后设置一个由 6 位数字组成的支付密码。这样就可以在微信里充值话费、玩红包、转账、提现等。还有些 App 支付的时候可以选择微信支付。线下商场、饭店等也可以用微信支付。

微信扫一扫功能如图 6-3-18 所示。

（1）用户在商店里购买东西后,店家提供微信收款二维码给用户扫码用来付款,此时,打开微信,单击状态栏中的"发现",在"发现"界面中选择"扫一扫"。

(a)　　　　　　　　　　(b)

图 6-3-18　微信扫一扫功能

(a)选择"扫一扫"；(b)对准二维码扫描

（2）进入"二维码/码"，然后对准二维码扫描，"嘟"的一声响起，证明扫描完成，就可以输入付款金额和密码并完成支付了。

店铺扫用户微信的"收付款"二维码：这种微信付款方法就是店家有扫描付款二维码的设备，然后让用户打开微信付款二维码，这种操作方法是：

（1）打开微信，单击"我"，然后单击左上角的"支付"。

（2）在"支付"界面中单击"收付款"，如图 6-3-19 所示。

(a)　　　　　　　　　　(b)

图 6-3-19　使用微信支付

(a)单击"支付"；(b)单击"收付款"

（3）在"收付款"界面中，单击"向商家付款"，如果用户是第一次使用或久未使用或暂停使用此功能，此处需要重新开启该功能。单击"立即开启"，然后输入付款密码，如图 6-3-20 所示。

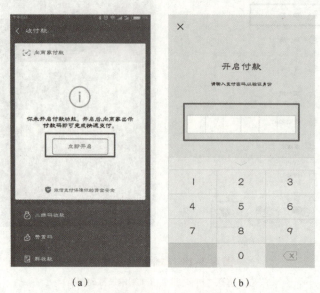

（a）　　　　　　　　　　　　（b）

图 6-3-20　开启付款功能

（a）单击"立即开启"；（b）输入付款密码

（4）然后将微信自动生成的付款码出示给店家扫描，如图 6-3-21 所示。

红包和转账功能：注意红包发出金额不能超过 200 元；否则将无法发送，但有特殊含义的日期，会提升额度供用户表达心意（如 5 月 20 日）。另外，微信还有转账功能，其功能类似于红包，但没有数额限制，微信红包本身存在趣味在里面，而转账就像银行转账那样，转多少钱都会直接显示出来。其操作跟发红包差不多，如图 6-3-22 和图 6-3-23 所示。

注：要保持零钱里有余额，或者绑定的银行卡有钱，当零钱余额不足时，微信会自动使用绑定银行卡里的余额。

七、微信挂号

去医院看病挂号一直是一件麻烦的事情，现场挂号往往要花费很长时间，而老年人挂号更是不易。事实上，微信已经有了线上挂号功能，如图 6-3-24 和图 6-3-25 所示。

（1）打开微信 App，单击右下角的"我"，再单击"钱包"。

图 6-3-21　付款码

（2）进入钱包界面，单击"城市服务"。

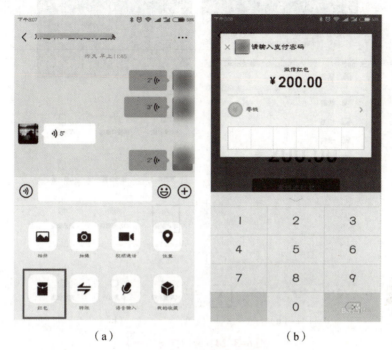

(a)   (b)

图 6-3-22　微信的红包功能

(a) 单击"红包"；(b) 输入付款密码

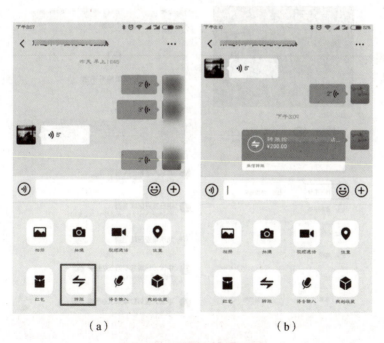

(a)   (b)

图 6-3-23　微信的转账功能

(a) 单击"转账"；(b) 转账成功

图 6-3-24　微信挂号（一）

（a）单击"我"；（b）单击"城市服务"

图 6-3-25　微信挂号（二）

（a）单击"挂号平台"；（b）选择医院

（3）进入城市服务界面，找到"看病就医"下方的"挂号平台"并单击打开。

（4）进入挂号就诊界面，这里会显示你所在城市的医院，找到想要预约挂号的医院并单击打开。

（5）进入医院界面，单击打开"预约挂号"。

（6）接着单击想要预约挂号的科室。

（7）最后选择预约挂号的主任医生名字和时间节点进行缴费。

【实战演练】

（1）两人一组，分别扮演老年人和志愿者，进行 QQ 软件操作的讲解活动。

（2）十人一组到养老机构或社区日间照料中心开展一次完整的新媒体应用教育活动的策划与组织。

项目七　社区参与类活动策划与组织

【项目概览】

《"十四五"国家老龄事业发展和养老服务体系规划》提出"鼓励老年人继续发挥作用",促进老年人社会参与。在全社会倡导积极老龄观,引导老年人根据自身情况,积极参与家庭、社区和社会发展。由于受传统家庭观念影响,90%以上的中国老年人会选择居家养老模式。社区作为城市最基本的居住单元,既可以发展为社区养老基本模式,又可以利用社区资源开展各类文化娱乐活动。本项目依托于社区为老年人晚年生活设计各类活动,提升老年人的社会参与度,丰富老年人晚年生活。

【项目目标】

知识目标

(1) 了解社区开展娱乐活动的类型和活动注意事项;
(2) 了解社区治理概念;
(3) 了解老年志愿服务的特点和作用。

技能目标

(1) 能够依据社区老年人特点组织策划不同类型的文化娱乐活动;
(2) 能够针对老年志愿者的需求开展培训;
(3) 能够根据社区需求开展治理类活动。

素质目标

(1) 坚持以人为本,为老服务,团结协作,真诚、有效沟通;
(2) 弘扬孝老、敬老、爱老的孝道文化、仁爱文化等中华传统美德;
(3) 培育爱岗敬业、尊重包容、责任担当的职业精神。

任务一 文化娱乐活动策划与组织

子任务一 老年运动类娱乐活动

情境导入

夕阳红社区老年活动中心为了丰富老年人精神生活并增进老年人的交流，增进邻里情谊，营造轻松愉快的生活氛围，举办消夏晚会。爱好各项文娱活动的老年人有的唱，有的跳，有的吹拉弹，老年人聚在一起哼唱着歌，伴随音乐舞动，一片欢声笑语，气氛温馨祥和。

问题讨论

（1）观察所在的社区或养老机构举办过哪些运动娱乐活动？

（2）如果你是晚会活动策划者，应从哪些方面来准备？

【知识导学】

随着社会的发展和生活水平的提高，越来越多的老年人展现出通过运动强身健体的强烈意愿。随着年龄增长，老年人的身体机能衰退，同时还患有一些慢性疾病。运动要选择适当的形式，合理适度，防止不恰当运动造成身体损伤。

一、老年运动处方概念

老年运动处方是借用医生为患者开处方的原理，针对老年人身体状况而将锻炼方式、运动时间和强度合理编制。指导老年人通过运动改善体质促进健康。

二、常见适老运动分类

适老运动分类见表7-1-1。

表7-1-1 适老运动分类

运动类型	举例
有氧耐力性运动	散步、慢跑、脚踏车和游泳等
抗阻力量性运动	下蹲、足趾站立、手指操、器械练习等
平衡性和柔韧性运动	跳舞、健身操、球类运动、太极拳等

三、老年人运动原则

1. 个性化设计

对老年人进行身体评估,选择适合老年人体质的活动方式和类型。

2. 循序渐进

运动量和运动频率、时间不宜过长,逐渐增加运动强度。

3. 安全适度

做好运动前热身和运动过程中的安全防护。动作幅度不能太大。老年人运动系统肌肉萎缩,韧带弹性下降,关节活动不灵活,神经系统反应迟钝,应避免突然大幅度进行扭颈、转腰、转髋等动作,以防止发生关节、肌肉损伤甚至骨折。

四、运动类活动注意事项

1. 选择合理的运动时间

合理适度地安排球类运动时间,融入生活锻炼节奏中。

2. 运动装备适宜

穿着舒适合体的运动衣和运动鞋。球类运动提前准备好球拍等运动器材。

3. 运动场地的选择

运动场地应选择相对宽敞、空气流通的地方,人员安排不要过度拥挤。

4. 注意事项

安排活动带领者协助老年人完成运动,运动节奏不宜过快,运动中尊重老年人意愿,并及时观察老年人运动中的反馈,如果有不适,应及时终止运动。

【技能操作】

夕阳红社区主办"老有所乐"歌舞会活动见表 7-1-2。

表 7-1-2 夕阳红社区主办"老有所乐"歌舞会活动

活动名称	"老有所乐"歌舞会
活动目的	丰富老年人精神文化生活,增进老年人之间的沟通和交流,营造丰富多彩的老年生活
服务对象	夕阳红社区老年人
参加人数	25 人

续表

活动名称			"老有所乐"歌舞会	
活动时间			2016年8月20日19点—20点30分	
活动地点			夕阳红社区舞蹈活动厅	
带领人员			夕阳红社区工作人员	
活动方式及内容	时间	主题	内容	
	17点30分—18点	场地布置	舞会场地宽敞干净，地面平整，通风良好。如安排在室内应光线充足，以1楼为宜，方便老年人出行	
		环境布置	场地音响提前调试，灯光柔和。摆放桌椅供老年人休息	
		人员安排	会场布置人员5名；活动带领人员1名；会场服务人员5名；工作人员应该耐心细致地做好服务工作，确保活动顺利进行	
	18点30分	老年人签到	提前了解参加活动的老年人的身体状况	
	19点活动开始	热身活动健身操	热身活动由带领人员引导，让所有老年人参与其中，烘托活动气氛	
		秧歌舞	老年舞蹈队表演	
		歌曲合唱串烧	《相亲相爱一家人》《在那遥远的地方》《我的中国心》	
	20点30分活动结束	手语舞《感恩的心》	带领人员引导所有老年人参与其中	

【实战演练】

重阳节是老年人的节日，请结合节日主题，协助"温馨之家"养老公寓举办一次运动类娱乐活动，在庆祝节日的同时开展与其相适宜的活动。

运动阶段的划分

1. 热身运动

运动前的热身准备，以5分钟左右为宜。通过热身使体内温度升高，血流量和肺呼吸量增加，全身肌肉充分伸展以便身体适应即将开始的运动，防止运动损伤和肌肉酸痛现象。

2. 运动过程

以合适的运动方式、强度和时间开展。

3. 整理过程

运动结束不要马上停止，以较低的运动强度继续活动一段时间。约10分钟，逐渐使呼吸和心跳恢复平稳，使积聚在肢体中的血液加速回流到心脏，以免因大脑缺血而导致头昏甚至晕厥。

你知道门球运动吗？

门球运动（图7-1-1）是一种适合老年人娱乐的球类运动。在平地或草坪上进行，用木槌击打球穿过设置好的铁门，又称槌球。门球起源于法国，13世纪传入英国，17世纪传入意大利，然后传到美国。20世纪30年代传入中国，当时只在燕京大学作为游戏课的内容而存在。20世纪70年代开始作为老年人的活动项目推广开来。门球运动因其占地少，花费省，安全性高，且技术简单，比赛时间短，运动量也不大，非常适于中老年人，故其也有"中老年人第一运动"之称。

图7-1-1　门球运动

子任务二　老年静态娱乐活动

情境导入

为丰富老年人闲暇活动，增强老年人的脑力锻炼和老年人之间相互交流，倡导积极健康的娱乐方式，幸福里社区举办了老年运动会棋牌类活动。活动现场为老年人准备了棋牌类游戏，有扑克牌、象棋、围棋、跳棋等项目，有个人赛与团体赛两个类别，共吸引社区中的90余人参加。现场欢笑声、落棋子声、扑克牌声相互交织，胜者兴高采烈，败者虽败犹荣，大家都玩得不亦乐乎。

问题讨论

1. 棋牌类活动对老年人有哪些好处？
2. 你还知道哪些适合老年人的静态类娱乐项目活动？

【知识导学】

一、书法养生功能

书法：中国汉字特有的一种传统艺术，按照文字特点及其含义，以其书体笔法、结构和章法书写，使之成为富有美感的艺术作品。汉字书法为汉族独创的表现艺术，被誉为无言的诗、无行的舞、无图的画、无声的乐等。中国书法的五种主要书体是篆书体、隶书体、楷书体、行书体、草书体。

书法养生四阶段如下：

1. 洗笔调墨四体松

通过洗笔、调墨等预备动作，疏通全身气血经络。

2. 预想字形神思凝

凝神静思，预想字形大小、平直、振动，令筋脉相连，意在笔先，然后写字。

3. 神气贯注全息动

把神、气贯注于书法运动的全过程，关键要做到神领笔毫、气运于手，以此带动全身的活动。这个阶段是书法运动的最实质性阶段。

4. 赏心悦目乐无穷

好的作品可以赏心悦目，令人乐在其中。学习书法，可以从自己的创造中得到满足感，心境也随之得到一种超然与净化，使心绪舒畅。

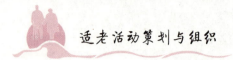

二、绘画养生功能

绘画：造形艺术的一种。用色彩和线条在纸、布、墙壁或其他平面上描绘事物形象。根据工具材料和技法的不同以及文化背景的不同，绘画分为中国画、油画、版画、水彩画、水粉画等主要画种。根据描绘对象的不同，绘画分为人物画、风景画、静物画等。

据加拿大滑铁卢大学的一项研究表明，画画可增强老年人的记忆力。伴随着年龄的增长，人们对于新信息的记忆能力会逐渐下降，这是由海马体和额叶等与记忆有关的主要大脑结构衰退所致。不过，大脑中负责表现图像和视觉空间处理的区域，在衰老过程中大多保持完好无损。我们认为，画画对阿尔茨海默病患者尤为有益，因为它能更好地利用大脑中那些没有被破坏的区域。研究人员表示，画画改善记忆的方法适用于很多人群，即使并不擅长画画，它也比记笔记、做可视化练习或被动地看图像效果更佳。

三、棋牌养生功能

棋牌：棋牌是棋类和牌类娱乐项目的总称，包括中国象棋、围棋、国际象棋、五子棋、跳棋、国际跳棋、军棋、桥牌、扑克牌、麻将等诸多传统或新兴娱乐项目，也是一种传统文化。

棋牌是集科学性、知识性、竞技性、趣味性于一体，以脑力运动为主的活动，老少皆宜，可提高人的记忆力和大脑思维的能力，培养人们良好的品德修养和紧密协作、适应环境的团队精神。

1. 锻炼思维，启迪智慧

棋牌能培养人们独立思考的能力，锻炼思维，启迪智慧。参与者通过发挥主观能动性，使逻辑性和辩证性也得到增强。

2. 增进友谊，陶冶情操

以牌会友可增进友谊，陶冶情操。心境畅达了，人的衰老速度也会延迟。

3. 提升老年人社交能力

在棋牌游戏的技艺切磋中增进老年人的感情，促进老年人人际交流。

4. 益寿延年抗衰老

由于生理原因，老年人的脏腑功能日渐衰退，思维记忆、智力反应已然不如从前，倘若能经常玩玩棋牌，促使大脑思维不断运用，将对延缓衰老、防止大脑功能退化十分有益。

【技能操作】

棋类活动见表7-1-3。

表 7-1-3　棋类活动

活动名称	"以棋会友　棋乐融融"		
活动目的	通过跳棋友谊赛的举办,增进社区老年人之间的交流,丰富老年人精神文化生活		
服务对象	社区老年人		
参加人数	20 人		
活动时间	2018 年 9 月 20 日 9 点—11 点		
活动地点	社区老年活动中心		
带领人员	社区工作人员		
活动方式及内容	时间	主题	内容
	8 点—9 点	场地布置	场地宽敞干净,地面平整,通风良好,光线充足,以 1 楼为宜,方便老年人出行
		环境布置	场地音响提前调试,灯光柔和。设置比赛区和观众休息区。设置一、二、三等奖和参与奖
		人员安排	会场布置人员 5 名; 活动带领人员 1 名; 会场服务人员 5 名; 工作人员应该耐心细致地做好服务工作,确保活动可以顺利进行
	8 点 50 分	老年人签到	提前了解参加活动的老年人的身体状况
	9 点 活动开始	宣读比赛规则	合理安排好参赛老年人的比赛场次
	10 点	中场休息 (10 分钟)	适当安排娱乐节目穿插于比赛中,防止老年人久坐
	11 点 活动结束	获胜者颁奖 参与奖颁奖	分享活动心得,促进老年人交流,增进社区居民的友谊

【实战演练】

书法是中华民族的文化瑰宝。为传承中华优秀文化,营造浓厚的社区文化氛围,幸福家园社区开展"翰墨飘香,乐享生活"书法培训讲座。请设计一份开展此次培训的活动策划书。

拓展学习

适合老年人种植的植物如下：

（1）长寿花，叶片较为肥厚，开着艳丽的小花，花期较长，具有较高的观赏价值。寓意着长命百岁、大吉大利。

（2）龟背竹，因植株叶片长大后开裂，好似龟背而得名，其实它不光可以美化环境，叶片也寓意着长命百岁。

（3）红豆杉，具有很强的净化空气的作用，很适合家中养殖。

茉莉花，叶翠绿、花香袭人，是大部分老年人较为喜欢的花卉，一盆在室，满屋飘香。

子任务三 老年亲子娱乐活动

情境导入

美丽家园养老院里热闹非凡，住在这里的老年人围桌而坐，身边围坐着家属。邀请来的义工表演团队献上精彩的节目，家属和老年人共同参与包饺子活动，欢乐、满足、幸福洋溢在老年人的脸上。一场亲情孝爱叙天伦、老少同乐喜相逢的欢乐场景让人难忘。

问题讨论

1. 情境中的亲子活动对于居住在养老院的老年人的身心健康有哪些益处？
2. 组织老年亲子类的活动需要怎样设计？

【知识导学】

俗语说："小孩怕宠，老年人要哄"，因此老年人更需要子女的情感沟通和交流，特别是养老机构中的老年人的情感需求更需要关注。家人的陪伴和关心是对老年人最好的情感慰藉。在养老院内开展亲子娱乐活动可以增进老年人与子女的交流，让老年人感受到家人的关爱，感受到亲情的慰藉。

老年亲子类活动可以开展一些难度稍大的手工活动，比如串珠、网花、香囊袋制作等。老年人因为视力下降、手部肌肉退化无力等无法独自完成，通过家人的协助可以完成手工作品的制作，提高老年人的动手能力，获得自我满足感和亲人陪伴的幸福感。

家庭烹饪类活动也是一个不错的选择，包饺子、做面点等可以让老年人和子女共同准备，一起完成，品尝美味，增进老年人与子女的情感交流。

【技能操作】

六一儿童节临近,乐享养老院的院长请社工小王协助设计并组织一场老年亲子类娱乐活动,请你协助组织完成。节日活动见表7-1-4。

表7-1-4 节日活动

活动名称	重返童年		
活动目的	结合儿童节这一特殊节日,邀请老年人家属共同参与娱乐活动,营造浓厚的家庭氛围,让老年人感受到家人的关爱和晚年生活的幸福		
服务对象	养老机构老年人		
参加人数	50人(老年人和家属)		
活动时间	2018年6月1日9点—10点30分		
活动地点	养老机构活动大厅		
带领人员	养老机构工作人员		
活动方式及内容	时间	主题	内容
	8点—9点	场地布置	场地宽敞干净,地面平整,通风良好,光线充足
		环境布置	场地音响提前调试,灯光柔和。设置场地休息区域
		人员安排	为每位老年人安排专门看护人员,保证老年人的安全。活动组织人员和志愿者应该耐心细致地做好服务工作,确保活动顺利进行
	8点50分	老年人签到	提前了解参加活动的老年人的身体状况
	9点活动开始	热身活动	安排手指操或者八段锦等简单活动,让老年人在亲属的陪伴下热身,以活跃现场氛围
		追忆童年	通过折叠纸飞机、纸青蛙、纸船等折纸游戏,回忆少年时代,可以进行分组竞赛
	10点30分活动结束	童年歌曲	唱响《让我们荡起双桨》《歌声与微笑》等童年时的歌曲

【实战演练】

夕阳红养老院准备开展一次家庭日活动,希望邀请入住老年人的家属到场,一起参与活动。请编写一份活动策划书。

> **拓展学习**
>
> 老年人主观幸福感的影响因素如下：
>
> 主观幸福感：评价者根据自定的标准对本人生活质量进行整体性评估而产生的体验。研究发现性别、年龄、退休前职业对老年人主观幸福感的影响较小，文化程度、婚姻状况、经济收入对幸福感的影响较大；同时，社会支持对老年人幸福感有较为显著的影响。营造尊老爱老的社会氛围，促进和睦的家庭氛围，建立慈爱孝敬的代际关系是提升老年人幸福感的重要手段。

子任务四　老年户外娱乐活动

情境导入

2018年，龙岗区平湖街道山厦社区党委联合山厦社区老年人协会一同举办了一场老年户外行活动，约150人参加。老年人走进甘坑客家小镇，追溯着客家古居的痕迹，在民俗文化的熏陶中，品客家独有的民俗文化情。老年人都纷纷感慨仿佛回到了童年，也都感叹现在科技的发达与祖国的强大。随后老年人前往影院，观看了一部以爱国主义为题材的电影《香港大营救》。电影的放映激起了老年人的爱国情怀，引得大家热泪盈眶。老年人纷纷表示过去的革命岁月值得追忆，而现今的红色文化更值得我们传承。

问题讨论

1. 老年户外活动有哪些？
2. 组织老年户外活动有哪些需要注意的地方？

【知识导学】

一、摄影活动

摄影是一门用光线绘图的技术，是指使用某种专门设备进行影像记录。我们通常使用相机进行影像记录。摄影也被称为照相，是通过物体所反射的光线使感光介质曝光的过程。曾有人评价"摄影家的能力是把日常生活中稍纵即逝的平凡事物转化为不朽的视觉图像"。

摄影活动对老年人的益处如下：

（1）摄影有助于消除老年人的寂寞感。喜欢摄影的老年人更容易找到有共同爱好的朋友，能够有更多的沟通互动。另外，在旅途中，老年人还能通过帮助别人拍照增加自我认同感，从而提升幸福感。

（2）摄影有助于老年人培养新的兴趣爱好，因为在摄影的过程中会出现很多新鲜事物，让生活变得更加丰富多彩。

（3）摄影可以开阔老年人的眼界，愉悦和放松心情。摄影通常选择风景优美、空气清新的环境，可以让心情变得愉悦舒畅。

（4）摄影可以让老年人强身健体。走进大自然是喜爱摄影的人不可或缺的实践活动。在外出"采风"活动和在操作相机设备以及电脑等工具的过程中，老年人的动手能力得到了锻炼，有助于保持健康。

（5）摄影还能够活跃老年人的思维，提高他们的创新能力。老年人为了预防阿尔茨海默病等，往往会学习一些新的知识和技能。而摄影需要构图，需要取景，有时还需要创意，这些都能促进老年人的思维锻炼，而又没有思想压力和精神负担。

（6）摄影可以提升老年人的艺术和审美水平。在摄影的过程中，老年人可以接触更多艺术作品，了解更多欣赏理论，可以增添对艺术文化的兴趣，进而陶冶情操，在艺术修养、审美能力方面都会得到提升。

二、垂钓活动

垂钓是垂竿钓鱼的简称，俗称"钓鱼"，是指使用钓竿、鱼钩、渔线等钓具，从江河湖海及水库中把鱼钓出来的一项活动。

三、短途旅游

短途旅游多为游玩的娱乐性质，通常是团体出行，在时间上较为短暂。老年人身体机能衰退，不宜长期户外活动，以选择短途的、舒适性高的旅游目的地和方式为宜。

携老游注意事项如下：

1. 提前考察线路

老年人安排出游行程时，要特别注意选择合适的旅游目的地以及旅游方式，并注意行程安排。旅游路线应根据老年人的实际状况度身定做，以行程设计轻松、体力消耗小为宜。

2. 检查身体，专人随行看护

出游前，要对老年人的身体情况有所了解，有慢性病的老年人出游应带齐药物。为每位老年人配备专门的随行看护人员，并安排医疗人员随行。

3. 选择适宜出行的时间

4—6月以及10—12月是老年人出游的黄金时间，这时候无论是南方还是北方，天气不会太炎热，也不会太寒冷。一般在这样舒适的天气情况下出游，老年人不容易生病，而且季节病也不容易发作。注意出行时间不要过长，以免打乱老年人的作息习惯。

4. 出行节奏舒缓，避免过度疲劳

由于身体原因，老年人出行节奏宜放缓，保证充足的休息。

【技能操作】

幸福之家养老院地处某生态湖边，环境优美，气候宜人。养老院院长希望组织机构内的老年人外出游玩，请你协助完成一次老年户外娱乐活动策划。户外娱乐活动见表7-1-5。

表7-1-5 户外娱乐活动

活动名称	环湖健步走		
活动目的	丰富老年人的娱乐生活，鼓励老年人亲近自然，适度锻炼，开展本次健步走户外活动		
服务对象	养老机构老年人		
参加人数	30人		
活动时间	2018年5月1日		
活动地点	生态湖畔		
带领人员	养老机构工作人员		
活动方式及内容	时间	主题	内容
	活动前	活动准备	设计好出行路线并实地考察，考虑场地是否适合老年人进行户外锻炼
		人员安排	为每位老年人安排专门的看护人员，保证老年人的安全。活动组织人员和志愿者应该耐心细致地做好服务工作，确保活动顺利进行
	9点活动开始	热身活动	安排简单热身运动
		环湖健步走	老年人穿着运动服、运动鞋，根据身体情况选择合适的步速进行健步走比赛。坚持安全适度的原则，注意应有医护人员随行，并安排适当的休息环节

【实战演练】

夕阳红养老院住着几位老战士，在庆祝中华人民共和国成立70周年之际，养老院希望组织一场影院的观影活动，丰富老年人的娱乐生活，追忆革命岁月，请你协助完成此次活动策划。

拓展学习

2016年3月1日，国家旅游局（现文化和旅游部）公布了《旅行社老年旅游服务规范》（以下简称《规范》），并于2016年9月1日起正式实行。《规范》充分保障了老年旅游者的合法权益，规范了旅行社的经营行为和服务内容，提高了旅行社行业的服务质量，为老年人旅游出行提供了法律上的保障。其原文如下：

前言

本标准由国家旅游局提出。

本标准由全国旅游标准化技术委员会（SAC/TC210）归口管理。

本标准起草单位：中国旅行社协会、南开大学旅游与服务学院、广州广之旅国际旅行社股份有限公司、四川忆程旅行社有限公司、探路者集团和易游天下国际旅行社（北京）有限公司。

本标准主要起草人：蒋齐康、姚延波、张雯、虞国华、黄晓略、钟晖、刘念、焦彦、张琬悦。

旅行社老年旅游服务规范

1. 范围

本标准规定了老年旅游服务要求，包括旅游产品要求、旅游者招徕、团队计划的落实、接待服务和后续服务等内容。

本标准适用于提供老年旅游产品的旅行社。

2. 规范性引用文件

下列文件对于本文件的应用是必不可少的。凡是注日期的版本适用于本文件。凡是不注日期的引用文件，其最新版本（包括所有的修改单）适用于本文件。

饭店（餐厅）卫生标准（GB 16153）

旅游客车设施与服务规范（GB/T 26359）

3. 术语与定义

下列术语和定义适用于本文件。

3.1

老年旅游者（Elderly Tourists）

年龄在60周岁以上（含60周岁）的老年旅游产品消费者。

3.2

老年旅游产品（Tour Products for Elderly People）

旅行社根据老年旅游者的旅游需求特点，专门为老年旅游者组织与开发的包含交通、住宿、餐饮、游览、导游等旅游服务在内的包价旅游产品。

3.3
随团医生（Tour Group Doctor）

指为老年旅游者提供保健知识、紧急救助、非处方药建议以及协助医生救治的医务工作者，需持有有效的医师执业资格证。

4. 旅游产品要求

4.1 旅游景点、活动的安排

4.1.1 应选择符合老年旅游者身体条件、适宜老年旅游者的旅游景点和游览、娱乐等活动，不应安排高风险或高强度的旅游项目。

4.1.2 宜选择具有完善无障碍设施的旅游景点。

4.1.3 宜在人群密集度较低、容易管理的区域安排自由活动。

4.1.4 宜安排乘坐景区内交通环保车、缆车等交通工具。

4.1.5 连续游览时间不宜超过3小时，可安排一定时间的午休。

4.2 行程的安排

4.2.1 整个行程应节奏舒缓，连续乘坐汽车时间不应超过2个小时，每个旅游景点应安排充裕的游览时间。

4.2.2 结合旅游目的地时令特点，宜选择适合老年旅游者的季节和天气出游。

4.3 地接社

4.3.1 组团社宜选择具有老年旅游者接待经验的地接社，地接社应具有诚信与履约能力。

4.3.2 组团社应要求并监督地接社充分了解接待计划，充分了解行程中的各项安全措施、安全保障能力和安全要求，发生意外情况时有应急计划与解决对策。

4.3.3 组团社应要求地接社对地陪提出老年旅游服务要求，以确保其服务达到所需品质。

4.3.4 组团社应定期进行地接社的筛选与优化。

4.4 交通工具

4.4.1 乘坐火车应安排座位，过夜或连续乘车超过8个小时应安排卧铺，宜尽量安排下铺。

4.4.2 宜选择老年专车、专列（专厢）、包机、包船等交通方式。

4.4.3 客车座位安排应适度宽松，宜保持15%的空座率。

4.4.4 应要求客车承运单位安排拥有至少5年驾龄、具有熟练驾驶经验、驾驶平稳的客运司机。

4.4.5 客车上应配备轮椅、拐杖等辅助器具。

4.4.6 应选择客车设施和服务符合GB/T 26359规定的旅游客车承运商。

4.5 饭店

4.5.1 宜选择噪声小、隔音效果好的饭店。

4.5.2 宜选择有电梯的饭店,没有电梯的饭店应安排老年旅游者入住3层以下楼层。

4.5.3 宜选择距离医院或急救中心较近的饭店。

4.5.4 宜选择具有无障碍设施的饭店。

4.6 导游/领队

4.6.1 应选择具备紧急物理救护等业务技能、了解一般医疗常识、具有至少3年导游从业经验、做事细致耐心的导游/领队全程随团服务。

4.6.2 导游和领队应接受过老年旅游服务技能的相关培训,掌握老年心理保健、老年健康管理等相关知识。

4.7 餐厅

4.7.1 应选择卫生标准符合GB 16153规定的餐厅,宜选择具有接待老年旅游者经验的餐馆。

4.7.2 团队餐食应在充分考虑老年人饮食特点的情况下,安排当地的特色餐饮。

4.7.3 应考虑老年旅游者的特殊需要,提前为有饮食禁忌的老年旅游者安排特殊饮食。

4.8 购物安排

如果老年旅游者有购物需求,应选择货真价实、服务质量较高的购物场所。

4.9 自费项目安排

旅游产品宜一价全包,不宜再安排自费项目。

4.10 旅游保险

组团社应与保险公司就旅游意外险的投保年龄上限进行沟通和协商,为更多老年旅游者提供保险保障。

5. 旅游者招徕

5.1 产品咨询服务

5.1.1 应耐心、详尽地解答老年人的问题。

5.1.2 应提供有关旅游产品内容、价格的详尽书面材料,书面材料的字号、字体要适合老年旅游者阅读。

5.1.3 应根据老年旅游者的生理特点推荐适宜的旅游产品,并向老年旅游者说明某些旅游活动对身体条件的限制性要求。

5.1.4 可在网上开辟老年旅游服务专区,为老年旅游者提供在线咨询服务。

5.2 合同签订服务

5.2.1 应耐心、详尽解读合同文本各项条款。

5.2.2 应详细说明并书面提供合同价格所包含的旅游产品的详细信息，包括但不限于相关旅游目的地景区景点对老年人的门票优惠政策等情况。

5.2.3 应采集老年旅游者详细信息，包括个人健康情况、个人通信方式、紧急联络人信息，并请老年旅游者当面签字，75周岁以上的老年旅游者应请成年直系家属签字，且宜由成年家属陪同。

5.2.4 应准备《安全告知书》一式两份，并当面为老年旅游者逐条讲解，待老年旅游者理解具体内容后签字，组团社和老年旅游者各留存一份。《安全告知书》应包括旅游活动的潜在风险、旅游行程中的安全注意事项等内容。

5.2.5 应口头提醒并书面提供老年旅游者一份《出行提示清单》，具体内容应包含身份证、护照等证件携带提醒；常用药品、衣物等必要物品携带提醒；提前到达机场、车站、码头的时间提醒等。

5.2.6 应详细介绍旅游意外保险产品及其适用对象，应推荐其购买包含紧急救援在内的旅游意外险，并宜要求符合投保年龄规定的老年旅游者购买普通旅游意外险。

6. 团队计划的落实

6.1 组团社应与地接社共同做好团队计划的落实工作。

6.2 应严格选择旅游服务供应商，验明资质，考察服务质量与安全保障能力，并定期对供应商进行优化。

6.3 应严格按照产品设计规范与相关旅游服务供应商沟通、落实产品和服务要素。

6.4 组团社应将游客年龄、身体状况、特殊需求等详细信息有效传递给地接社、承运单位、旅游景点、饭店等相关旅游服务供应商，然后根据产品设计规范，以书面形式向供应商强调具体要求。

7. 接待服务

7.1 旅游协助

7.1.1 导游/领队在团队出发与迎接、参观游览与行程中、离站/末站等服务环节中，应随时主动做好搀扶、搬运行李、协助系好安全带、代办邮寄、托运等辅助服务。

7.1.2 导游/领队应针对老年旅游者的特殊需求做好各项物质准备，备有老花镜、放大镜等老年人常用物品。

7.2 安全提醒

7.2.1 出行前应就老年旅游产品的潜在风险、老年旅游者的身体健康要求等内容做好口头安全提醒，并出示《安全告知书》，以保证老年旅游者选择适宜的老年旅游产品。

7.2.2 导游/领队应在行前告知老年旅游者旅游沿途的地理、气候、风俗等情况，提醒老年旅游者带好带齐通信设备、相关证件证明、衣物、应急和日常药品等。

7.2.3 导游/领队应核对每位老年旅游者的通信方式，同时应为每位老年旅游者发放便携式集合信息卡片并详细讲解卡片内容，卡片上宜载明导游与司机的联系方式、乘坐汽车车牌号等关键信息，应提醒老年旅游者认真阅读、随身携带、妥善保管该卡片。

7.2.4 导游/领队应在游览过程中及时告知老年旅游者停留时间、集合时间及地点，及时清点人数，防止老年旅游者走失，保证老年旅游者的人身安全。

7.2.5 导游/领队应提醒老年旅游者按时服用常用药，时刻关注老年旅游者在旅途中的活动及身体状况，及时告知老年旅游者不适合其参加旅游活动的情形，对自由活动应尽安全提示义务。

7.2.6 导游/领队应提醒老年旅游者在饭店退房时清点并拿好自己的行李物品。

7.2.7 导游/领队应提醒老年旅游者在用餐时注意卫生，饮食不宜过冷过热，规律进餐，饮酒适度。

7.2.8 导游/领队应就可能发生危及老年旅游者人身、财物安全的情况，不厌其烦地向老年旅游者予以说明。

7.3 旅游讲解

7.3.1 导游/领队应耐心、细心和热心地为老年旅游者提供讲解。

7.3.2 导游/领队讲解时应放慢语速、提高声调、咬字清楚，以便老年旅游者理解。

7.3.3 导游/领队应耐心细致地回答老年旅游者提出的问题。

7.4 相关信息介绍

7.4.1 导游/领队应及时告知游程安排、用时和沿途休息区、卫生间等公共设施情况，合理安排中途停车与休息。

7.4.2 导游/领队应介绍所乘坐飞机、客车或轮船等交通工具上的常用设施，帮助老年旅游者正确安全地使用。

7.4.3 导游/领队应介绍入住饭店的名称、位置、周边环境和联系方式，为每位老年旅游者发放饭店位置指示卡。

7.4.4 导游/领队应介绍饭店主要设施设备的使用方法，特别是逃生通道。

7.4.5 导游/领队应引导老年旅游者进房入住，提醒老年旅游者记住房间号码，并将自己的房间号码告知老年旅游者和酒店前台。

7.4.6 导游/领队应讲清饭店内就餐形式、地点以及时间，告知有关活动的时间安排、集合地点和停车地点。

7.4.7 导游/领队在餐馆应细心引导老年旅游者入座，介绍餐馆卫生间等公共设施设备的位置和使用注意事项。

7.5 服务对接

7.5.1 全陪/领队应及时提醒地陪落实各项活动安排并告知团队老年旅游者的特殊需求。

7.5.2 全陪/领队应协同地陪监督、提醒司机平稳驾驶、及时休息、保证安全,切勿超速和疲劳驾驶,在急转弯时需小心慢行。

7.5.3 全陪/领队应协同地陪及时主动与景区管理人员沟通,在游客拥挤时为老年旅游者开设绿色通道,提醒景区讲解员耐心细致地为老年旅游者进行讲解。

7.5.4 全陪/领队应协同地陪提醒饭店在客房内必要地方放置防滑垫,谨防老年旅游者摔伤,宜提醒饭店多关注老年旅游者住店状况,提前制订应急预案,工作人员应协助老年旅游者解决入住期间遇到的问题。

7.5.5 全陪/领队宜协同地陪提醒餐馆制作符合老年旅游者需求的菜品,将老年旅游者的饮食禁忌及特殊要求提前转达给餐馆工作人员。

7.5.6 全陪/领队应协同地陪做好购物安排,对于强制购物或违法购物安排应予以及时劝阻。

7.6 保健服务

7.6.1 包机、包船、旅游专列和100人以上的老年旅游团应配备随团医生服务。

7.6.2 团队应配备急救用品、简单常用医疗器械和常用药品。

7.6.3 团队应配备防止晕机晕船晕车的药物,制订产生晕机晕船晕车时的紧急预案。

7.6.4 随团医生在旅途中应为老年旅游者讲解保健知识,接受咨询。

7.6.5 随团医生应提醒老年旅游者注意饮食平衡,规律进餐,饮酒要适度。

7.6.6 随团医生应提醒老年旅游者随气候变化及时增减衣物,注意防止受凉感冒或天热中暑。

7.6.7 随团医生宜提醒老年旅游者参加活动量力而行,注重休息和睡眠,避免过度疲劳。

7.6.8 随团医生在旅途中应随时关注、及时询问老年旅游者的健康状况和身体感受,应提醒老年旅游者规范使用自备药。

7.7 应急处理

7.7.1 老年旅游者遭遇突发病情或意外事故时,导游/领队应在第一时间拨打紧急救助电话,寻求专业医护和救援人员,并将突发事件情况及时上报组团社,同时组织周围力量开展第一时间的紧急救助工作。

7.7.2 老年旅游者遭遇突发病情或意外事故时,随团医生应对病人和伤者进行紧急救护,并应在专业医护人员到达后做好协助救护工作。

7.7.3 在完成及时送医的工作后,组团社应第一时间通知老年旅游者紧急联络人并协助安排家属探望及处理后续事宜。

8. 后续服务

8.1 回访服务

组团社应通过随团发放《游客旅游服务评价表》、电话回访等方式认真听取老年旅游者对旅游产品的意见和建议，不断改进旅游产品，提高老年旅游产品的市场满意度。

8.2 投诉处理

8.2.1 组团社应为老年旅游者提供便利的投诉渠道，宜上门为老年旅游者提供投诉处理服务。

8.2.2 组团社应认真受理、记录老年旅游者投诉内容，依法及时作出处理。

8.2.3 对于老年旅游者针对第三方的投诉或诉讼，组团社应给予积极协助，跟踪处理过程，做好对老年旅游者的心理安抚工作。

8.2.4 老年旅游者对地接和地陪服务产生投诉的，地接社应协助组团社处理好投诉。

8.3 保险索赔

保险事故发生后，组团社应协助老年旅游者或其家属向保险公司索赔。

《规范》适用于60周岁以上（含60周岁）的老年旅游产品消费者在旅行社报团出游。针对老年游客所关注的行程设计、保险、解决投诉等多个环节都有规定。

《规范》要求，旅行社应选择符合老年旅游者身体条件、适宜老年旅游者的旅游景点和游览、娱乐等活动，不应安排高风险或高强度的旅游项目。连续游览时间不宜超过3个小时，可安排一定时间的午休。

在选择交通工具上，火车、汽车是"银发族"最爱的交通工具。《规范》规定，若乘坐火车，过夜或连续乘车超过8个小时应安排卧铺，尽量安排下铺；若乘客车，宜保持15%的空座率。整个行程应节奏舒缓，连续乘坐汽车不应超2个小时，每个景点应安排充裕的游览时间。

在老年人的饮食和居住饭店选择上，《规范》也作出了相对明确的要求。饮食方面，旅行社宜选择具有接待老年旅游者经验的餐馆。没有电梯的饭店应安排老年人住3层以下。

在住宿方面，宜选择噪声小、隔声效果好、有电梯的饭店。没有电梯的饭店应安排老年旅游者入住3层以下楼层。同时，饭店宜距离医院或急救中心较近，具有无障碍设施。

在购物安排上，如果老年旅游者有购物需求，旅行社应选择货真价实、服务质量较高的购物场所。旅游产品宜一价全包，不宜再安排自费项目。

适老活动策划与组织

据了解，老年人出行，在报团时往往容易遇到一定阻碍。比如，旅行社要求家属陪同，如果没有家属陪同，则要求三甲医院出具健康证明，其家属还需签"免责协议"。75周岁以上报团旅游需直系家属签字。

《规范》针对此现象特别作出了规定：组团社应与保险公司就旅游意外险的投保年龄上限进行沟通协商，为更多老年旅游者提供保险保障。应采集老年旅游者详细信息，包括个人健康状况、个人通信方式、紧急联络人信息，并请老年旅游者当面签字，75周岁以上的老年旅游者应请成年直系亲属签字，且宜由成年家属陪同。

业内人士表示，《规范》中让家属签字可起到告知作用，让家属和旅行社共同关注老年旅游者安全，但此前一些旅行社让家属签的是"免责协议"，这应该具体问题具体分析，根据事发原因及状况决定权责关系。

另外，《规范》还要求组团社应向老年人及其家属详细介绍旅游意外保险产品及其适用对象，应推荐其购买包含紧急救援在内的旅游意外险，并宜要求符合投保年龄规定的老年旅游者购买普通旅游意外险。

任务二
社区治理类活动策划与组织

情境导入

在社区居住的老年人较多，思想较为传统，每逢"清明节""寒衣节"等日子，他们总习惯在路口烧纸，但这种行为不仅污染环境，还容易引发火灾。随着文明祭扫的提倡，社区居委会工作人员张贴了文明祭扫的公告，希望改变居民的祭扫习惯，但效果甚微，于是社区居委会工作人员找到了小王，希望他们能够想办法改变居民传统祭扫习惯，小王需要怎样通过社区治理来实现社区居民文明祭扫呢？请你帮帮他吧。

问题讨论
1. 社区治理是什么？
2. 如何通过社区治理思维来实现社区居民文明祭扫的意识改变？
3. 文明祭扫主题活动应该怎样策划？

【知识导学】

一、社区治理的概念

社区治理是指政府、社区组织、居民及辖区单位、营利组织、非营利组织等基于市场原则、公共利益和社区认同，协调合作，有效供给社区公共物品，满足社区需求，优化社区秩序的过程与机制。社区治理是治理理论在社区领域的实际运用，是指对社区范围内公共事务所进行的治理。社区治理是社区范围内的多个政府、非政府组织机构，依据正式的法律法规以及非正式社区规范、公约、约定等，通过协商谈判、协调互动、协同行动等对涉及社区共同利益的公共事务进行有效管理，从而增强社区凝聚力，增进社区成员社会福利，推进社区发展进步的过程。要做到社区公共事务的治理就必须最大限度地整合社区内外资源，构建社区治理机制，调动社区居民参与，达成社区事务的良好治理。

社区治理区别于政府行政管理，其权力运行方式并不总是单一的、自上而下的。社区治理并不是通过发号施令、制定执行政策等来达到管理目标，它通过协商合作、协同互动、协作共建等来建立对共同目标的认同，进而依靠人们内心的接纳和认同来采取共同行动，联合起来对社区公共事务进行治理。多维度、上下互动的过程使社区治理源于人们的同意和认可，而不是外界的强制和压力。

二、治理思维

1. 需要解决的问题

将传统祭扫行为转变为文明祭扫行为。

2. 问题分析

《城市文明行为促进条例》明确规定，城市禁止烧纸等行为，移风易俗，倡导绿色文明祭扫方式。但社区老年人居多，思想较为传统，认为传统祭扫行为才是尊重祖先，才能够寄托哀思，不认可网络祭扫等新型祭扫方式。社区居委会多次印发提倡文明祭扫的通知都收效甚微。这是传统与文明的碰撞，社区居委会有完成文明倡导工作的压力，需要居民从意识上主动认可文明祭扫，这样才能在行为上有所改变。因此命令式的"禁止烧纸"并不能让居民接纳和认同，需要多方协作来解决。

3. 解决思路

第一，"烧纸"等行为来自传统习俗，从传统文化中历朝历代的祭祀行为，再到如今文明祭扫的提倡的演变过程，从根源上为居民讲解清楚，改变居民传统意识；第二，邀请社区积极的居民参与式体验文明绿色祭扫方式，让他们感受到祭扫形式虽然有变化，但寄托哀思的心意不变，给予居民各种文明祭扫方式方法；第三，进一步让居民思考除了体验

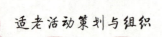

到的文明祭扫方式，还有哪些方式可以寄托哀思，激发居民解决问题的能力；第四，将居民转化为文明祭扫宣传大使，在居民间口口相传，最终实现将传统祭扫转变为文明祭扫的目标。

【技能操作】

一、活动简介

通过开展本次活动，一方面是与居委会工作相结合，于"寒衣节"来临之际，贯彻落实《城市文明行为促进条例》对"文明低碳祭扫"的工作要求；另一方面则是向社区老年居民科普祭扫风俗知识、宣传文明祭扫方式，实现文明祭扫被社区居民的真正接纳。

二、活动目的

倡导政策、改变陋习等。

三、活动前期准备

（1）与社区居委会进行沟通与分工：将活动的思路与环节与社区居委会工作人员进行充分沟通，双方达成共识。社区居委会负责确定活动的场地，并邀请热心社区事务的居民参与。

（2）资料收集：《城市文明行为促进条例》中对文明祭扫的要求条款、文明祭扫方式有哪些、所在城市为方便居民文明祭扫都有哪些措施，并制作成图文详细的PPT，方便与居民交流。

（3）链接社会资源：联系传统民俗文化讲师，与讲师沟通主题，需要讲解历朝历代祭扫方式的演变、近现代祭扫方式的变化、文明祭扫提倡的原因和文明祭扫的益处。

（4）活动物资准备：活动横幅、《文明祭扫倡议书》、文明宣传大使绶带、文明祭扫宣传大使勋章，在活动场地装饰追思墙，准备鲜花若干、信纸若干、卡片若干、写字笔若干。

（5）体验环节设计：鲜花哀思环节——向每位居民发放一枝鲜花，引导居民手持鲜花进行默哀；哀思墙环节——引导居民写好哀思卡片贴在哀思墙上，以寄托对亲人的思念。

四、活动步骤

文明祭扫活动步骤见表7-2-1。

表 7-2-1 文明祭扫活动步骤

环节	内容	备注
活动开场	主持人介绍活动目的与流程安排	
祭扫风俗与新时期文明祭扫知识的科普宣传	民俗老师介绍传统祭扫风俗的来源、发展，现代"文明祭扫"的优势与益处	链接社会资源
	文明公祭环节，"一束鲜花寄亲人"，送上鲜花进行默哀； 居民在信纸或卡片上写下对已故亲人想说的话语，贴在追思墙上，以寄托思念之情	体验式活动
互动分享	社工倾听居民心声，同寄哀思； 与居民探讨哪些方式属于文明祭扫； 宣读并发放《文明祭扫倡议书》	
文明祭扫宣传活动	为居民授予文明祭扫宣传大使勋章； 让参加本次活动的居民成为文明祭扫宣传志愿者大使，以入户和社区宣传的方式宣传文明祭扫	通过正强化的方式，起到激励效果

文明祭扫宣传活动如图 7-2-1~图 7-2-4 所示。

图 7-2-1　民俗老师介绍传统祭扫风俗

图 7-2-2　用鲜花寄托哀思

图 7-2-3　文明祭扫追思墙

图 7-2-4　文明祭扫宣传

五、注意事项

（1）活动主题较为沉重，因此活动过程中语气温和，庄严肃穆。
（2）在活动过程中需要提前准备引导语，让居民在学习和体验中了解文明祭扫的意义。

【实战演练】

两人一组，分别扮演老年活动工作者和老年人，扮演老年活动工作者的同学拟写"一束鲜花寄亲人"和"哀思墙"的引导语，扮演老年人的同学对引导语进行评价。

任务三 老年志愿服务活动策划与组织

老年人因为退休离开工作岗位，拥有更多的闲暇时间，然而社会角色的转变可能会使他们产生不适应感，做志愿者可以让他们获得满足感和成就感，还可以实现他们年轻时未能完成的心愿。因此，老年志愿服务活动的策划与组织对于一个老年活动工作者尤为重要。

子任务一　建立老年志愿者长效管理机制

情境导入

老年人退休离开工作岗位，身体状况良好，人生阅历丰富，愿意继续在社会发挥余热，选择成为所在社区的志愿者。但许多老年人体会不到价值感，慢慢对志愿服务失去兴趣。社区居委会希望将老年志愿者组织起来，实行志愿者"积分兑换"，那么小王应如何设计老年志愿服务"积分兑换"活动呢？

问题讨论

1. 老年志愿服务有什么作用和特点？
2. 老年志愿服务"积分兑换"如何实现？

【知识导学】

2017年12月1日实施的《志愿服务条例》指出，志愿服务是指志愿者、志愿服务组织和其他组织自愿、无偿向社会或者他人提供的公益服务。志愿者是指以自己的时间、知识、技能、体力等从事志愿服务的自然人。志愿工作具有志愿性、无偿性、公益性、组织性。

老年志愿服务是以老年人作为志愿者，利用自己的时间、技能、资源向有需要的人群、社区、社会提供非营利、无偿、非职业化援助的行为。

一、老年志愿服务特点

1. 时间优势

我国目前实行男性年满 60 周岁、女性年满 55 周岁退休，他们离开工作岗位，拥有充裕的时间，是志愿服务可常态化的保证。

2. 经验优势

老年人不仅有丰富的人生阅历，也在曾经的工作岗位上积累了一定的技能，老年人具备智慧是巨大的宝库。

3. 心理优势

老年人经过岁月的磨砺，心智成熟稳定，具备处理突发状况的能力。良好的心理品质也是志愿者的必备条件。

4. 体力劣势

由于老年人的生理发展，身体状况是走下降趋势的，无法从事体力劳动的社会服务活动。

5. 缺乏系统服务技能

志愿服务具有组织性，老年人大多凭借一腔热情开展志愿服务，如果没有系统的服务技能和培训，在开展服务中可能存在服务风险，打击老年人服务的积极性。

二、老年志愿服务的作用

老年志愿者在志愿服务、社区建设、社会发展、公益事业中发挥着巨大作用，是助人为乐的典范，也是城市文明的先锋，更是社区工作的生力军，他们是一支重要的、特殊的人力资源。

【技能操作】

一、长效机制设计

1. 设计思路

（1）调研社区老年志愿者服务情况，了解清楚社区以往的老年志愿者都开展了哪些志愿服务、社区居委会是否有与志愿服务相关的制度或做法。

（2）可实施的管理制度，是做好志愿服务的前提。如果社区具备志愿服务相关制度或已有一定的老年志愿服务基础，可在原有基础上完善志愿服务制度，并强调"积分兑换"的激励机制；如果社区完全没有志愿服务经验，则需要完整设计志愿服务管理制度。

（3）一般来说，志愿服务管理制度包含以下几个部分（相关内容可参考中国志愿服务网上的内容）：①总则。阐述志愿服务基本要求与宗旨等。②招募与注册：招募志愿者条件、招募方式、注册方式。③志愿者培训：新老志愿者常规培训、专业服务技能培训等。④志愿者活动的条件和范围。⑤志愿者工作流程。⑥志愿者的权利与义务。⑦志愿者退出机制。⑧奖惩制度。

2. 老年志愿者的需求

（1）老年志愿者在服务方面的需求：参与志愿服务后可分享感受；参与在其熟悉的社区里开展的志愿服务；参与有关长者类的志愿服务；参与更多服务岗位。

（2）老年志愿者在维系方面的需求：与有共同志向的志愿者加深了解；队伍维系形式的多样性（如出游、茶话会、生日会等）。

（3）老年志愿者在培训方面的需求：提升服务技能（沟通技巧、设计服务方案等）；有志愿者概念；活动岗前培训；外出交流及培训。

二、以老年志愿者"积分兑换"为例的管理制度

本案例中提到的社区具有一定的志愿服务基础，并调研了社区的可实行志愿服务的需求，因此与志愿服务管理制度重合部分，此处不再赘述。

1. 老年志愿服务管理与建档

建立健全志愿者服务档案。详细记录志愿者姓名、性别、年龄、政治面貌、联系方式、个人特长和服务意向等基本情况，为每位志愿者发放"志愿服务卡"。在积极组织志愿者开展志愿服务活动的同时，详细记录志愿者提供免费服务的时间、地点、内容、服务时长、累计服务时长及见证人等基本信息。

（1）志愿者登记表，填写后存档。

（2）志愿者花名册，以电子档案为主，填写后定期更新和备份，作为志愿者日常工作文档。

（3）志愿服务情况登记表，定期更新和备份，统计志愿者参加活动和工时。

（4）志愿服务"积分兑换"卡，派发给志愿者，在活动后由工作人员填写服务内容和工时，并加盖服务确认章。志愿服务"积分兑换"卡如图7-3-1所示。

图7-3-1　志愿服务"积分兑换"卡
（a）卡正面；（b）卡背面

2. 开展志愿服务活动（以为社区其他老年人服务为主）

（1）老年志愿服务内容见表7-3-1。

表7-3-1　老年志愿服务内容

序号	对应需求	服务活动	内容
1	居家照顾需求	老年人居家服务（老年人主动提出需求）	对于行动不便或自理能力较差以及身体能力较差的老年人，可通过电话呼叫或定期上门等形式为老年人提供上门帮助，处理基本的日常生活问题，如卫生打理、物品购置等
2	情感陪伴需求	老年人居家服务（社区或志愿者主动上门提供服务）	建立老年人健康档案，以特殊老年人（高龄、独居、行动不便等）为主要服务对象；以社区党群服务中心为依托，辅以志愿者，开展定期上门服务，通过沟通、互动，从而在心理上、精神上给予老年人安慰；与老年人聊天，谈论老年人感兴趣的问题或当下发生的人生百态，为阅读困难的老年人读报等
3	文化娱乐需求	社区文娱服务	在组织和吸引社区居民参与的基础上，广泛开展丰富多彩的社区文化娱乐活动，活跃社区文娱生活，促进社区居民之间和谐相处
4	社区参与需求	社区科普服务	在社区广泛开展宣传环保知识、植绿护绿、清理白色垃圾、促进垃圾分类收集和综合利用等环境保护与治理活动

（2）服务形式。

根据志愿者的技术特长或性格特征，安排适当的服务项目，最大限度地挖掘和体现志愿者的服务价值，做到统筹安排和提供"菜单"自选相结合。

定期开展志愿服务活动。围绕社区医疗服务、居家服务、社区文娱服务、社区科普服务等社区工作，不定期组织志愿者服务活动。

3. 完善志愿服务激励机制

为进一步激发志愿者参与志愿服务的热情，促进爱心传递与城市文明建设风尚，建立和完善志愿者服务机制和管理措施，将精神激励和物质奖励相结合，创造良好的社区服务氛围。

（1）星级志愿者的评定与奖励。

为调动社区居民参与志愿服务活动的积极性，建立优秀志愿者评比奖励制度和星级评定标准，实行星级会员制，授予社区志愿者星级证书。

①星级志愿者的评定。

对志愿者的无偿服务时间进行累计记录，并按照累计服务时长兑换积分和评定星级，服务1小时=1积分

一星志愿者：累计获得15积分可评定为"一星志愿者"。

二星志愿者：累计获得30积分可评定为"二星志愿者"。

三星志愿者：累计获得60积分可评定为"三星志愿者"。

四星志愿者：累计获得75积分可评定为"四星志愿者"。

五星志愿者：累计获得105积分可评定为"五星志愿者"。

②评选年度十佳志愿者。

每年召开优秀志愿者表彰会议，对优秀志愿者进行表彰和嘉奖；在五星志愿者中评选"年度十佳志愿者"并予以证书和奖章，奖励一次出游采摘。

（2）积分使用与兑换。

通过志愿者服务时长累计获得的积分可通过以下方式使用或兑换：

①物资兑换：1积分可在社区居委会兑换等价1元的物资，10积分起兑。

②课时兑换：每10积分可兑换一节免费学生辅导课；每30积分可兑换一节技能培训课程（摄影、化妆、财务）。

③心理辅导兑换：每20积分可兑换一节亲子教育辅导课程；每80积分可兑换一次免费心理咨询（一对一）。

4. 特殊情况

对于因年老、生病等各种因素不再参与志愿服务的志愿者，根据其需要，社区将优先安排志愿者为其提供等时间的服务；积分可由其指定人员继续使用。

【实战演练】

尝试制定一份完整的志愿者管理制度。

子任务二　老年志愿者的招募与培训

情境导入

目前，社区已经建立了符合社区发展的老年志愿者管理制度，为了将"积分兑换"的志愿服务落实到位，小王需要招募老年志愿者，还需要对他们进行培训，小王应该怎样做？

问题讨论

1. 老年志愿者如何招募？
2. 老年志愿者应该如何培训？

【技能操作】

一、老年志愿者招募方案

1. 前期准备

（1）前期宣传：条幅或海报——可在社区周边或社区公告栏张贴进行宣传，以吸引居民的注意力；由社区老志愿者进行宣传，邀请年轻的潜在志愿者参加招募活动。

（2）工作人员培训：对参加招募活动的工作人员进行提前培训，做好活动中的分工。工作人员需了解并能表达出"积分兑换"志愿者招募的要求与老年志愿服务的概况，指导老年人填写《志愿者信息登记表》。

（3）准备物资：宣传单、展架、签字笔、志愿者登记表等。

2. 招募外展活动设计

招募外展活动设计见表7-3-2。

表7-3-2 招募外展活动设计

环节	内容
活动准备	场地布置、人员分工就位、物资分配等
介绍"积分兑换"制度与志愿者招募	由工作者介绍"积分兑换"志愿服务制度，由有经验的社区志愿者介绍志愿服务发展历程。说明志愿者招募要求与后续培训安排，引导有意愿的居民填写信息登记表
志愿者信息登记	引导报名的志愿者或商户完成信息登记，解答疑问，告知下一步培训安排

注：志愿者招募也可与平时社区举办的各类文化活动相结合，在举办面向老年人的文化活动时，人流量较大，可在活动会场设置志愿者招募处，方便老年人了解志愿服务，并吸引他们进行志愿者报名登记。志愿者招募现场如图7-3-2所示，志愿服务活动现象如图7-3-3所示。

图7-3-2 志愿者招募现场

图7-3-3 志愿服务活动现场

二、老年志愿者培训规划

老年志愿者培训前需进行社区需求调研和志愿者能力调研，一般老年志愿者培训有如下几个板块，见表 7-3-3。

表 7-3-3　老年志愿者培训规划

培训板块	培训内容（不限于以下内容）	培训目的
益学堂	丝网花学习，烘焙学习； 针织学习，织布学习； 舞蹈学习，太极扇学习； 串珠学习，绘画学习	增加志愿者服务技能
通识培训	志愿者概念培训； 沟通技巧培训	确立志愿者价值观 提升志愿者能力
岗前培训	大型活动岗前培训	提升志愿者能力
外出交流培训	联系其他机构交流志愿服务	提升志愿者见识
培育志愿领袖	培育社区志愿者领袖； 开展领袖会议	提升志愿者执行、策划能力

三、注意事项

（1）招募可与平时社区举办的各类文化活动相结合，在举办面向老年人的文化活动时，人流量较大，可在活动会场设置志愿者招募处，方便老年人了解志愿服务，并吸引他们进行志愿者报名登记。

（2）注意在培训过程中工作者既是教育者，又是倾听者，要注重让老年志愿者充分表达自己的感受。

（3）培训的语言在具备专业性的同时，也要辅以生活化的案例，以帮助老年志愿者理解。为老年志愿者提供培训如图 7-3-4 所示。

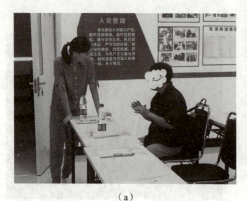

(a) (b)

图 7-3-4　为老年志愿者提供培训

（a）培训示意一；（b）培训示意二

【实战演练】

（1）根据所学内容，设计一次益学堂活动。
（2）思考在大型活动中有哪些岗位适合提供给老年志愿者？

子任务三　老年志愿服务

情境导入

老年志愿者接受培训后，希望开展志愿服务，但如何将学习的知识运用到实际生活中？没有志愿服务的机会怎么办？老年志愿者们很着急，这时候社工小王应该怎么解决这些问题呢？

问题讨论

如何引导老年志愿者开展志愿服务？

【技能操作】

一、重点人群志愿服务

（1）引导志愿者与服务对象对接，协调志愿服务的时间与安排，正式开展志愿者上门服务。

（2）选出社区10个困难老年人作为重点服务对象，成为该项目的直接受益人员，将志愿者与10个服务对象结成对子，为每个服务对象提供3~4次的上门服务。

二、志愿者提供上门服务

在活动期间，老年志愿者根据社区居委会工作需要和安排开展上门服务（陪诊、陪同外出、做饭、做卫生等）；志愿者可根据其志愿服务记录，在"积分兑换"处兑换相应奖励；老年服务工作者不定期回访直接受益人接受服务的效果，作为对志愿者的服务评估。

上门服务分为常规入户探访，将服务融入平时的邻里互助中；主题入户探访，以节日为主题，设计专业的上门服务内容，在节日来临之际将社区对老年居民的慰问品送到老年人家中。由于新冠疫情的影响，大量志愿者参与值守、巡街，而且为了缓解老年人居家无法外出活动的压力，特别组织志愿者开展"防疫不防心，手工传真情"活动，丰富了老年人居家生活。志愿者上门提供服务如图7-3-5所示，志愿者探访慰问老年人如图7-3-6所示。

图 7-3-5　志愿者上门提供服务

图 7-3-6　志愿者探访慰问老年人

三、开展为老服务活动

结合社区与居民需要，老年服务工作者引导老年志愿者共同开展 6 次为老服务活动，包括健康宣教（如老年人常见病的预防与照护讲座、义诊活动）、心理健康关爱（心理健康讲座、节日关怀与陪伴活动）、生活知识科普（防诈骗宣传科普活动、继承法与家庭财产安全宣传活动）和节日关怀类等主题活动。

前两次活动由老年服务工作者主要组织策划，引导志愿者在活动物资准备、活动场地布置、活动签到、维护会场秩序和收拾会场等环节进行志愿工作，并在活动后积极引导老年志愿者分享活动中发现的问题和感受，促进志愿者能力的提升；同时，也为老年志愿者起到示范作用。后四次活动，老年服务工作者组织策划者角色弱化，主要由志愿者进行活动策划，并全程陪伴志愿者开展志愿服务活动策划和执行，在必要的时候给予他们指导和协助，通过这样的方式提升志愿者的组织策划能力。为志愿者明确工作内容如图 7-3-7 所示，志愿者策划开展活动如图 7-3-8 所示。

图 7-3-7　为志愿者明确工作内容

图 7-3-8　志愿者策划开展活动

【实战演练】

选择一个老年活动，为志愿者设计不同的服务岗位，完成志愿者分工表。

子任务四　老年志愿者的激励与维系

情境导入

如果一味让老年志愿者无私奉献，他们的热情可能很快退去，体会不到荣誉与价值感，为了能够让老年志愿者真正成为社区的一支重要人力资源，并提供持续性的志愿服务，就离不开对志愿者的激励与维系，社区工作者小王应该如何增强志愿者的黏性和真正实现志愿者的积分兑换呢？请帮帮他吧。

问题讨论

1. 如何有效激励志愿者参与活动？
2. 如何有效维护志愿者的运行体系？

【技能操作】

一、积分兑换与荣誉表彰

1. 积分兑换

需要整合所在社区的资源和了解志愿者希望兑换的内容，一般来说有如下几种兑换形式：

（1）物资兑换：根据志愿者的积分累计情况，进行生活用品的兑换。

（2）志愿服务兑换：根据志愿者的积分累计情况，进行家政服务或享受心理辅导等志愿服务兑换。

（3）培训课程兑换：根据志愿者的积分累计情况，志愿者可免费参加老年大学的课程学习。

（4）活动兑换：根据积分累计情况，志愿者可免费参加出游、参观、采摘等活动。

2. 荣誉表彰

通过荣誉表彰向居民汇报老年志愿服务成果，说明志愿者在社区中发挥的作用，提升"积分兑换"的品牌效应；表彰优秀的志愿者，激励更多社区居民成为志愿者，参与社区爱心服务。

（1）制作展示视频、展示立牌、展架、服务手册、横幅等宣传物资，作为整年老年志愿服务成果展示资料，活动前后放置于场地周边。

①视频：记录一年以来开展的老年志愿活动照片、居民与志愿者对社区和志愿服务的评价、对志愿服务未来持续发展的期待。

②展示立牌：活动背景板。

③展架：内容包括"积分兑换"志愿服务的发展历程（最初成立、中间多年开展的工作、如今的革新与焕发生机），志愿服务近一年的工作（可拆分为社区活动类、入户服务类、特殊时期疫情期间服务类），服务内容，星级评定方法，奖励内容。

④服务手册：社区志愿服务发展历程，志愿服务内容与评级激励方法，近年来的服务照片，志愿者服务技巧，可增加多个空白页作为笔记本使用。志愿者表彰用品如图7-3-9所示。

图7-3-9　志愿者表彰用品

（2）公布志愿者服务情况，表彰志愿者的工作，进行服务成果兑换，激励志愿者的服务热情。

①志愿者服务情况资料统计，星级志愿者评定结果。

②星级志愿者评定证书或奖杯。

（3）活动中招募新的项目成员。

摆放招募宣传台，为有意愿加入的老年人进行信息登记。星级志愿者评选如图7-3-10所示，志愿者大合影如图7-3-11所示。

图7-3-10　星级志愿者评选

图 7-3-11　志愿者大合影

二、志愿者维系活动

定期开展志愿者维系活动，可以维系志愿者团体，增加归属感。一般可开展茶话会、看电影、生日会等活动。

【实战演练】

设计一本服务手册。

参 考 文 献

[1] 赵学慧. 老年社会工作理论与实务［M］. 北京：北京大学出版社，2013.
[2] 吴旭平. 老年休闲活动规划与执行［M］. 北京：化学工业出版社，2020.
[3] 袁慧玲. 老年人活动策划与组织［M］. 北京：海洋出版社，2017.
[4] 段世江. 老年人参与志愿者活动：积极老龄化的重要实现途径［M］. 北京：社会科学文献出版社，2020.